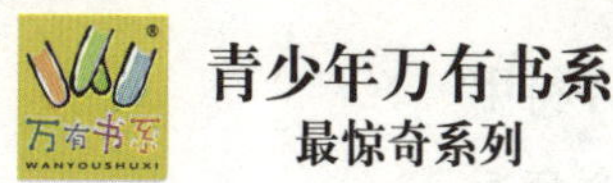

青少年万有书系
最惊奇系列

不可不知的
世界之最

BUKE BUZHI DE SHIJIE ZHI ZUI

青少年万有书系编写组 编写

北方联合出版传媒（集团）股份有限公司
辽宁少年儿童出版社
沈阳

图书在版编目（CIP）数据

不可不知的世界之最/青少年万有书系编写组编写.—沈阳：辽宁少年儿童出版社，2014.1（2021.8 重印）
（青少年万有书系.最惊奇系列）
ISBN 978－7－5315－6043－2

Ⅰ.①不… Ⅱ.①青… Ⅲ.①科学知识－青年读物 ②科学知识－少年读物 Ⅳ.①Z228.2

中国版本图书馆CIP数据核字(2013)第003924号

出版发行：北方联合出版传媒（集团）股份有限公司
　　　　　辽宁少年儿童出版社
出 版 人：胡运江
地　　址：沈阳市和平区十一纬路25号
邮　　编：110003
发行（销售）部电话：024－23284265
总编室电话：024－23284269
E－mail：lnse@mail.lnpgc.com.cn
http://www.lnse.com
承 印 厂：三河市嵩川印刷有限公司

责任编辑：朱艳菊　谭颜葳
责任校对：那一文
封面设计：红十月工作室
版式设计：揽胜视觉
责任印制：吕国刚

幅面尺寸：170mm×240mm
印　　张：12　　　字数：330千字
出版时间：2014年1月第1版
印刷时间：2021年8月第3次印刷
标准书号：ISBN 978－7－5315－6043－2
定　　价：45.00元

全案策划　唐码书业（北京）有限公司
WWW.TANGMARK.COM
图片提供　台湾故宫博物院　时代图片库 等
www.merck.com　www.netlibrary.com
digital.library.okstate.edu　www.lib.usf.edu　www.lib.ncsu.edu

ZONGXU 总序

青少年最大的特点是多梦和好奇。多梦，让他们心怀天下，志存高远；好奇，让他们思维敏捷，触觉锐利。而今我们却不无忧虑地看到，低俗文化在消解着青少年纯美的梦想，应试教育正磨钝着青少年敏锐的思维。守护青少年的梦想，就是守护我们的未来。葆有青少年的好奇，就是葆有我们的事业。

正是基于这一认识，我社策划编写了《青少年万有书系》丛书，试图在这方面做一些有益的尝试。在策划编写过程中，我们从青少年的特点出发，力求突出趣味性、知识性、神秘性、前沿性、故事性，以最大限度调动青少年读者的好奇心、探索性和想象力。

考虑到青少年读者的不同兴趣，我们将丛书分为“发现之旅系列”、“探索之旅系列”、“优秀青少年课外知识速递系列”、“历史地理系列”、“最应该知道的为什么系列”和“最惊奇系列”六大系列。

“发现之旅系列”包括《改变世界的发明与发现》《叹为观止的世界文明奇迹》《精彩绝伦的世界自然奇观》和《永无止境的科学探索》。读者可以通过阅读该系列内容探究世界的发明创造与奇迹奇观。比如神奇的纳米技术将如何改变世界？是否真的存在“时空隧道”？地球上那些瑰丽奇特的岩洞和峡谷是如何形成的？在该系列内容里，将会为读者一一解答。

“探索之旅系列”包括《揭秘恐龙世界》《走进动物王国》《打开奥秘之门》。它们将带你走进神奇的动物王国一探究竟。你将亲临恐龙世界，洞悉动物的奇趣习性，打开地球 生命的奥秘之门。

“优秀青少年课外知识速递系列”涵盖自然环境、科学科技、人类社会、文化艺术四个方面的内容。此系列较翔实地列举了关于这四大领域里的种种发现和疑问。通过阅读此系列内容，广大青少年一定会获悉关于自然以及人类历史发展留下的各种谜团的真相。

“历史地理系列”则着重于为青少年朋友描绘气势恢宏的世界历史和地理画卷。其中《世界历史》分金卷和银卷，以重大历史事件为脉络，并附近千幅珍贵图片为广大青少年读者还原历史真颜。《世界国家地理》和《中国国家地理》图文并茂地让读者领略各地风情。该系列内容包含重大人类历史发展进程的介绍和自然人文风貌的丰富呈现，绝对是青少年读者朋友不可错过的知识给养。

“最应该知道的为什么系列”很好地满足了广大青少年朋友的好奇心和求知欲。此系列分生物、科技、人文、环境四卷，很全面地回答了许多领域我们关心的问题。比如，生命从哪里来？电脑为何会感染病毒？为什么印度人发明的数字会被称作阿拉伯数字？厄尔尼诺现象具体指什么？等等，诸多贴近我们生活的有意义的话题。

“最惊奇系列”则为广大青少年读者朋友介绍了许多世界之最和中国、世界之谜。在这里你会知晓世界上哪种动物最长寿，宇宙是如何起源的，中国人的祖先来自哪里，传说中的所罗门宝藏又在哪里等一系列神秘话题。这些你都可以通过阅读《青少年万有书系》之“最惊奇系列”找到答案。

现代社会学认为，未来社会需要的是更具有想象力、创造力的人才。作为编者，我们衷心希望这套精心策划、用心编写的丛书能对青少年起到这样的作用。这套丛书的定位是青少年读者，但这并不是说它们仅属于青少年读者。我们也希望它成为青少年的父母以及其他读者群共同的读物，父女同读，母子共赏，收获知识，收获思想，收获情趣，也收获亲情和温馨。

谁的青春不迷茫？愿《青少年万有书系》能够为青少年在青春成长的路上指点迷津，带去智慧的火花，带来知识的宝藏。

Contents

目录>>

BUKEBUZHI DE SHIJIE ZHI ZUI

PART 1

宇宙之最篇 1

PART 2

生物之最篇 17

SKYCRUISE SWITZERLAND

Part 1

宇宙之最篇

宇宙奥秘之最

宇宙之始

最初的宇宙物质都聚集在一起，密度很高，温度也非常高，在 100 亿摄氏度以上。

距离地球最远的星系

迄今为止，天文学家发现的距离地球最远的星系是于 1994 年发现的名为 8C1433+63 的星系。它距离地球大约 150 亿光年，也就是说，从这个星系发出的光信号要历经150亿年才能到达地球。天文学家还发现，该星系似乎还包含一些恒星，但这些恒星在其光信号到达地球时就已经年迈了。因此，天文学家估计，该星系中距离地球最近的一些恒星的年龄至少为 160 亿年。

宇宙大爆炸后的近 1 亿年是宇宙形成阶段的“婴儿期”。科学界至今对这个时期知之甚少，这个时期遂被称为“黑暗时代”。据说，正是由于诞生在这个时代的所有天体辐射出的能量将星云中原子状态的氢分解为离子，才塑造了我们今天的宇宙。天文学家一直在搜寻那些诞生于“黑暗时代”的天体，8C1433+63 星系的发现无疑将为研究宇宙起源提供新的线索。

最大、最古老的黑洞

在 2004 年 6 月出版的《天体物理学报》上，美国斯坦福大学的天文学研究小组发表了他们的最新研究成果。该小组称他们发现了迄今为止最庞大、最古老的黑洞，即 Q096+6930 黑洞。

Q096+6930 黑洞位于大熊座星系中央，与地球的距离约为 127 亿光年，也就是说，它在宇宙大爆炸之后 10 亿年内就已经形成了。

黑洞引力（模拟图）

黑洞中隐匿着巨大的引力场，这种引力大到任何东西，甚至连光都难逃它的“手掌心“。

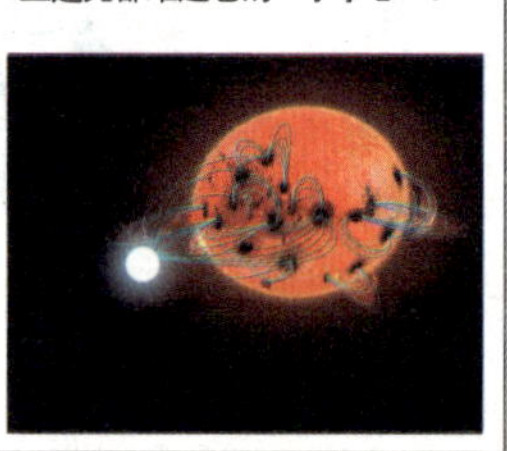

这个黑洞大得令人吃惊，其质量是太阳质量的 100 多亿倍，这就意味着该黑洞能够在自己的引力场中吸纳上千个太阳系。领导该项研究的美国斯坦福大学天文学副教授罗杰·罗马尼评说道：“这个黑洞的体积大得实在令人吃惊，像这样巨大的黑洞是很少见的。”

距离地球最近的星团

距离地球最近的、成员星较多的星团是毕星团，它属于疏散星团，距离我们 143 光年。

毕星团是著名的银河星团之一，位于金牛座。它的几颗亮星构成二十八宿中的毕宿，因

【延伸阅读】

黑洞为什么这样神秘?

黑洞很容易让人望文生义地想象成一个“黑窟窿”，其实不然。之所以叫它黑洞，是因为它本身不会发出任何可见光。黑洞是宇宙中最神秘的物体，但这些神秘的物体也曾经是宇宙中最明亮的物体，只是在其生命结束时的爆发中脱掉了明亮的外壳，只留下了超压缩的内核。这个内核有着极强的引力，光也不能从它那里逃逸，所以也就不会有人看到它。它不仅不可见，而且还能吞噬所有靠近它的物质。

此被称为毕星团。根据毕星团的赫罗图推断，毕星团的年龄大约为 4 亿年。

毕星团几乎是球形的，有 300 多个成员星，总质量约 300 个太阳质量，中心聚度也很高，比太阳附近的恒星密度大好几倍。

毕星团还是一个移动星团。大约在 8 万年以前，毕星团离太阳最近，只有现在距离的一半；现在，它正以 43 千米 / 秒的速度远离我们；6000 万年以后，它将成为一个普通的银河星团，那时最亮的成员星为 12 等。

【延伸阅读】

什么叫星团？

天空中有很多星星密密麻麻地聚在一起，天文学家把这种由 10 个以上的恒星组成的、互相吸引的恒星群体叫星团。一般认为，星团里的星星有共同的起源。星团可分为两大类：球状星团和疏散星团。我们把由恒星群组成的球形一样的星团叫做球状星团，而疏散星团是指结构松散、形状不规则的星团。

最明亮的超新星

在恒星世界里，有时会出现一种非常奇怪的现象：一颗本来较暗的恒星突然之间变得亮起来。天文学家把这种亮度发生剧烈变化的恒星称为变星（古人则称其为“客星”）。变星有很多种，其中亮度变化最剧烈的就是超新星。

本来暗淡的恒星为什么会突然变亮呢？一般认为，这主要是由恒星猛烈爆炸释放出的巨大能量所导致的。据历史记载，最明亮的超新星是我国于 1054 年 7 月 4 日记录的金牛座超新星。这颗超新星的光亮持续了 23 天，而且它的亮度很高，即使白天人们都能看到它的光芒。

球状星团

由成千上万颗、甚至几十万颗恒星密集而成的集团，因为呈球对称或接近球形而得名。

最有名的星云

最有名的星云是金牛座中的蟹状星云，它是一颗在 1054 年爆发的银河系内的超新星留下的遗迹。因为这个星云的形状有点像螃蟹，所以被取名为蟹状星云。1731 年，它被英国天文爱好者比维斯发现。

根据中国古代的记载，在现在蟹状星云的位置上，曾经有过超新星，那就是 1054 年 7 月出现的、特亮的金牛座“天关客星”。它在爆发过程中抛射出来的气体云形成了现在的蟹状星云。1921 年，美国科学家把两批相隔 12 年的蟹状星云照片进行仔细和反复的比较之后，确认星云的椭圆形外壳仍在高速膨胀，速度达到 1300 千米 / 秒。1942 年，荷兰天文学家奥尔特也确认，蟹状星云就是 1054 年超新星爆发后形成的。

蟹状星云

蟹状星云因形状有如螃蟹而得名，它是强红外源、紫外源、X 射线源和 γ 射线源，总辐射光度的量级比太阳强几万倍。

蟹状星云还是强红外源、紫外源、X 射线源和 γ 射线源，它的总辐射光度的量级比太阳要强几万倍。1968 年发现的该星云中的射电脉冲星，它的脉冲周期是 0.0331 秒，为已知脉冲星中周期最短的一个。蟹状星云脉冲星的质量约为一个太阳质量，其发光气体的质量也约达一个太阳质量，可见该超新星爆发前是质量比太阳大若干倍的大天体。

【延伸阅读】

何谓双星?

如果用望远镜观测星空，常常可以看到一些恒星两两成双靠在一起，互相环绕着运行，这就叫双星。其中较亮的一颗叫主星，较暗的一颗叫伴星。主星和伴星亮度有的相差不大，有的却相差很大。研究双星不但可以了解恒星的形成和变化过程，而且对了解银河系的形成演化过程也是很有帮助的。

最亮的恒星

冬季星空，从猎户座三星向东南方向看去，你会发现全天最亮的恒星——大犬座 α，即天狼星。

天狼星距离地球只有 8.6 光年，视星等为负 1.45 等。因为它本身发光很强，又距离我们很近，所以分外明亮耀眼。希腊悲剧作家埃斯库罗斯称它为“炽热的犬”；而古埃及人称它为“索提斯”，意为水上之星。古埃及人在每年 7 月下旬都急切地盼望它在黎明前升起，因为从这时起，尼罗河就进入雨季，河水可以灌溉两岸大片良田。

天狼星是一对著名的双星，明亮的主星称为天狼 A，比它暗万倍的伴星叫天狼 B，它们各在较扁的椭圆轨道上相互绕转。天狼 A 的质量约是太阳的 2.1 倍，表面温度为太阳表面温度的 2 倍，色白偏蓝。天狼 B 的直径比地球小，质量却与太阳质量相当，表面温度高于太阳，但光度仅为太阳光度的 2.4%，因此被称为白矮星。

天狼星

空中最亮的恒星为天狼星。它是大犬座中的一颗双星。双星中的亮子星是一颗比太阳亮 23 倍的蓝白星。

最小的恒星

到目前为止，人们所知最小的恒星为 OGLE-TR-122b，它比木星大 16%，但是比已知的其他星系的行星都要小。这颗恒星处于太阳系和银河系之间的中心位置，与一颗面向银河系中心而与太阳类似的恒星相伴。因为它的质量相对较小，因而与类似太阳的恒星相比，核能的产量相对较低。它每 7.3 天围绕这颗恒星环绕一周。

天文学家认为，这颗小恒星的发现将有助于人们更好地了解存在于恒星和行星定义之间的灰色区域。现有理论认为，如果早期原始恒星云团的质量不够大，那么它们将无法演化为真正的恒星，最终只会成为一颗褐矮星，即“失败的恒星”。在发现这颗小恒星前，天文学家只是从理论上计算出了成为一颗真正的恒星所需具有的最低质量，而这一发现则是首次实际观测到了这类拥有“极低”质量的天体。

这样说来，人们原来发现的巨大行星很可能就是小恒星。因此，天文学家认为，应对任何新发现的行星进行谨慎确认。

最年轻的行星

最年轻的行星是金牛座内行星。

美国航空航天局 2004 年对外宣布，他们发现了一颗形成不超过 100 万年的“婴儿”行星，

他们称之为金牛座内行星。这颗行星是目前已知的所有行星中最为年轻的一颗。

这颗“婴儿”行星大约诞生在100万年前，属于距地球420光年的金牛座，并围绕着一颗年龄与之接近的恒星公转。目前，研究人员已经发现了100多颗太阳系外的行星，但这些行星基本都在10亿岁以上。

白矮星（右）和红巨星（模拟图）

白矮星是恒星的一种，光度低、密度高、温度高，颜色呈白色，体积比较小，因此被命名为白矮星。当一颗恒星进入中年期时，它将变为一颗红巨星，体积变大，温度降低，发出的光也越来越偏红。最后，在红巨星的中心部位将逐渐形成一颗白矮星。

这颗行星的发现过程颇为有趣。天文学家利用斯皮策红外线望远镜对金牛座5颗恒星进行观察时，在金牛座CoKu 4号恒星周围的尘埃盘上发现了一个没有尘埃的环状区域。专家们推断，这一区域中可能有一颗或几颗行星。后来，射电望远镜拍摄的图片证实了专家们的推测，最年轻的行星就这样被人们发现了。

哈勃太空望远镜

是以天文学家哈勃命名，在轨道上环绕地球的望远镜。1990年发射升空，是天文史上最重要的仪器。

【延伸阅读】

为什么恒星的颜色各不相同?

恒星的颜色是由它们的温度决定的，蓝色的恒星表面温度是最高的，红色恒星表面的温度最低，而黄色和白色的恒星表面温度处于前二者之间。恒星的温度单位是开尔文，一般说来，蓝色恒星表面温度在1万开尔文以上，如参宿七、水委一和轩辕十四等。白色恒星表面温度为7700至11500开尔文，如天狼星、织女星、牛郎星等。黄色恒星表面温度为5000至6000开尔文，如太阳、五车二和南门二等。红色恒星表面温度为2600至3600开尔文，如参宿四和心宿二等。光谱L型矮星的表面温度为1500至2000开尔文。

银河系最古老的行星

2003年7月11日，美国航空航天局的哈勃太空望远镜发现了银河系内最古老的行星。该行星围绕由一颗脉冲星和一颗白矮星组成的双星系统运转，其质量相当于木星的2.5倍，处于代号为M4的球状星团核心区域附近。M4星团是离地球最近的球状星团，有超过10万颗恒星，但它缺乏形成行星所需的重力元素。因此科学家认为，该行星可能在宇宙诞生早期就已经存在了。

据天文学家推测，这颗行星约在127亿年前，即宇宙大爆炸后约10亿年就形成了。它最初可能在M4星团的边缘围绕一颗类似太阳的年轻恒星运转，随后这两颗星一起落入恒星密集的星团核心区域，并被一颗中子星及其伴星俘获，形成了一个混合系统。随着时间的推移，该行星所围绕的恒星以及中子星就变成了后来的白矮星和脉冲星。

天文学家认为，M4星团中的这颗行星表明，宇宙在诞生早期，即大爆炸后的10亿年内，就可能快速孕育出了第一批行星，这也意味着宇宙中行星的数量也许比人们最初认为的要多。

太阳系最大的行星

木星是太阳系八大行星中最大的一颗，按距离太阳由近及远的次序排在第五位。

木星直径约为14.3万千米，是地球直径的11.25倍，体积为地球的1316倍，质量是太阳系其他行星质量总和的2.5倍。天文学上，木星这类巨大的行星称为巨行星。木星公转一周约12年，而自转一周还不到10小时。由于它自转太快，致使星体变扁，赤道半径与极半径相差5000千米之多。木星内部由铁和硅组成的固体核称为木星核，木星核很热，温度可能高达2万摄氏度。

此外，木星还是天空中最亮的星星之一，比最亮的恒星天狼星还亮。

最美丽的行星

土星是太阳系八大行星之一。按离太阳由近及远的顺序，土星排在第六位；而按体积和质量，土星则仅次于木星，排在第二位。土星被称为太阳系中最美丽的行星。淡黄色、橘子形状的星体四周飘浮着绚烂多姿的彩云，腰部还缠绕着光彩夺目的光环，就像是一顶飘行于茫茫宇宙之中的漂亮的遮阳帽。土星的这些美丽光环是由无数个小块物体组成的，它们在土星赤道面上绕土星不停旋转。

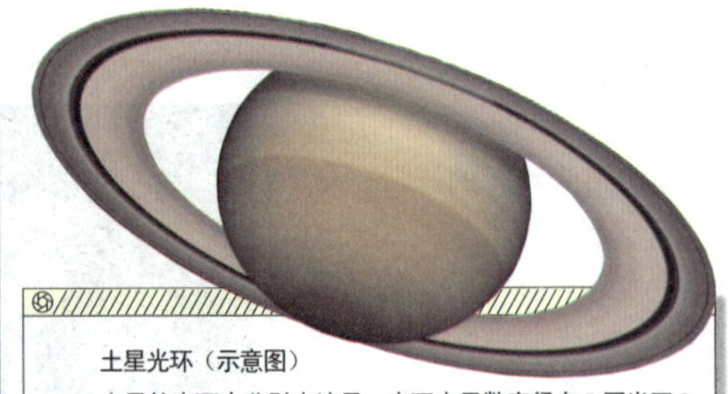

土星光环（示意图）

土星的光环十分引人注目。光环由无数直径在7厘米至9米之间的小冰块组成，环的结构极其复杂，在阳光照射下显得色彩斑斓。

此外，土星还是太阳系中卫星数目较多的一颗行星，许多大大小小的卫星紧紧围绕着它旋转，就像一个小家族。到目前为止，已发现的土星卫星有60颗，形态多种多样。其中最著名的土卫六上有大气，这也是迄今发现的太阳系中唯一有大气存在的卫星。

木星

木星是太阳系行星家族中的老大，它不但体积、质量最大，而且亮度也很高。在浩瀚天际中看到的木星表面五彩缤纷，绮丽而奇异。

卫星最多的行星

木星是迄今为止发现卫星最多的行星，其卫星总数达63颗，俨然一个小型的太阳系。

1610年1月，意大利天文学家伽利略以望远镜发现了木星最亮的4颗卫星，由内而外依次为木卫一、木卫二、木卫三、木卫四，这4颗卫星被人们统称为伽利略卫星。它们在离木星40万至190万千米的轨道上环绕木星运行。

1892年，美国天文学家巴纳德发现了木卫五；接着，木星的其他一些卫星皆被人们通过照相

木星和它的卫星们

木星古称岁星，是太阳系八大行星中最大的一颗，也是拥有卫星最多的行星。图为木星和它最著名的两颗卫星，处于上方的是木卫一，下方的是木卫二，我们可以明显地看出两个卫星颜色不同。

观测或行星际探测器的拍摄相继发现；1950 年，人们发现了 12 颗较大的木星卫星；后来，“旅行者 1 号”、“伽利略号”分别于 1979 年、1995 年飞临木星系，又发现了许多更小、离木星更远的天然卫星。至此，人类所知的木星系卫星总数达到 63 个。随着科学的发展进步，这个数字还很有可能继续增加。

距离太阳最近的行星

水星是最靠近太阳的行星，它的直径为 4878 千米，比地球小 40%，比月球大 40%，是太阳系八大行星中最小的一个。水星甚至比木星的卫星木卫三和土星的卫星土卫六还小。

在古代，中国人称水星为辰星，西方人则称它为墨丘利。墨丘利是罗马神话中专为众神传递信息的使者，神通广大，行走如飞。或许正是由于水星在空中移动得太快，西方人才给它起了这个名字。水星的自转周期是 58.65 天，而它在 88 个地球日里就能绕太阳一周，是太阳系中运动最快的行星。

水星的密度较大，在八大行星中仅次于地球。水星表面和月球表面很相似，到处都是陨石撞击形成的起伏山峦。水星上既没有空气也没有水，所以昼夜温差非常大，最高温度达 427 摄氏度，而最低温度可达零下 173 摄氏度。因为没有大气散射太阳光，水星的天空通常都是漆黑一片。

距离地球最远的行星

2003 年，美国哈佛大学天文学家对外宣布，他们运用一种新的科技手段发现了一颗名为 OGLE-TR-56b 的行星，这是迄今为止人类发现的距离地球最远的行星。

这颗新发现的行星位于人马座，与地球相距 5000 光年。它比以前发现的太阳系外最远的行星还要远 30 倍，体积比木星稍小，每 29 小时绕自己的恒星转一周。据观测，OGLE-TR-56b 表面覆盖着大量铁水，气候环境十分恶劣。

太阳系最大的类地行星

太阳系中最大的类地行星是地球。

类地行星是以硅酸盐岩石作为主要成分的行星。它们跟类木行星有很大的区别，因为类木行星主要由氢、氦和水等成分组成，而不一定有固体的表面。类地行星的结构大致相同：一个主要成分是铁的金属中心，外层被硅酸盐岩石包围。它们的表面一般都有峡谷、陨石坑、山脉和火山。太阳系有四个类地行星：水星、金星、地球与火星，当中只有地球有活跃的水循环。

距地球最远的行星（右下）：OGLE-TR-56b

美国天文学家于 2003 年在西雅图举行的美国天文学年会上宣布了这一发现。这一发现很有可能开辟了发现类地行星的新途径，因为这是天文学家用凌星方法发现的第一颗行星。

旋转最奇特的行星

在行星大家庭里，天王星有着独一无二的特征，即它的赤道面与公转轨道面的夹角为 97 度 55 分。这就是说，天王星的自转轴几乎是在它的轨道面上，它是躺着绕太阳运动的，是太阳系中公转最奇特的行星。

为什么天王星会躺着自转呢？科学家普遍认为：行星是由早先的许多微行星相互碰撞，彼此融合形成的。行星长大的过程中不断受到微行星的撞击，就会在微行星撞击的方向受到一个作用力而发生自转。随着原始行星的长成，这些原始行星之间也会发生碰撞，而且这样的碰撞所产生的影响十分大。现在大多数天文学家认为，在天王星形成的最后阶段，曾受到另一个处在原始行星阶段的大天体的撞击，这使它的自转轴出现了非常大的倾斜。

当然，这只是其中的一种解释，还存在着其他不同的理论。比如，日本天文学家就曾提出：天王星的附近有几颗围绕着它逆向运行的大卫星，正是那几颗大卫星作用于天王星的潮汐力，或者很早以前曾与之发生过碰撞，才使它有如此大的倾斜。

地球以外最具居住条件的行星

地球以外最具居住条件的行星是被命名为581c的星球，它围绕着红矮星Gliese581运转。

地球是宇宙中人类唯一能栖居的星球吗？这个困惑推动着天文学家不断向宇宙深处探索。经过不断探索，科学家在太阳系外发现了一颗可能适合人类居住的星球，据估计，它的温度、体积与地球相似，而且还可能有液态水。

行星581c（右下）

这是欧洲天文学家在2007年4月发现的，也是首次在太阳系之外发现的一颗可能适合人类居住的行星。这颗行星温度同地球相似，大小也跟地球差不多，可能还有液态水。

这一发现被认为是“搜寻宇宙生命的一个重要里程碑”。

行星581c上温度适宜，平均温度在零摄氏度到40摄氏度之间。它是迄今发现的第一颗位于母星可居住地带的行星。

最怪异的行星

2007年，以色列科学家对外宣布，他们发现了太阳系外的一颗新行星HAT-P-2b。它与母星（距离地球大约400光年）非常靠近，仅为地球和太阳之间距离的7%，它的一年等于5.6个地球日，因此其气候变化非常大。

令科学家感到奇怪的是，HAT-P-2b的平均密度是水的6.6倍，比木星的密度大8倍。人类迄今已经发现了大约200颗太阳系外的行星，其中14颗沿着椭圆形轨道围绕母星运行，而所有已经被发现的行星密度都与木星或水的密度大致相同。

这颗行星的发现使天文学家认识到，宇宙中存在着许多和我们已知的不同的行星体系。

太阳系最神秘的星体

冥王星曾是太阳系九大行星中发现最晚、离太阳最远、直径最小、表面温度最低、自转周期最特别、亮度变化最难理解、人们了解最少、至今仍未有航天器飞抵的行星，而它的“身世”也最为波折。

海王星被发现后，科学家们曾历时半个多世纪，找寻影响海王星的神秘星体。直到1930年，年轻的美国天文学家汤博在闪视比较仪拍摄的照片中发现了冥王星。西方人以罗马神话中的冥王普鲁托来命名冥王星，正是因为它离太阳太远，神秘地隐匿在黑暗中。最初，人们以为冥王星的体积有地球的数倍之大，因此将其列为太阳系第九大行星。后来，随着海王星附近柯伊伯小行星带的发现，冥王星又被认为是海王星的卫星，或是小行星，因为它的体积太小，和小行星带中的某些小行星差不多大。此后，随着观测手段的不断进步，科学家对

恩克彗星

周期最短的彗星，也是第二颗按预言回归的彗星。1786年由法国天文学家梅尚发现，德国的 J.F. 恩克首先算出它的轨道，预报了它的下次回归时间。恩克彗星是公认的金牛座流星雨的母彗星。

于冥王星的行星地位更是争议不断。2006年8月24日，冥王星正式降格为矮行星。从此，太阳系只有八大行星了。

冥王星的神秘之处还在于它独特的运行方式。冥王星和海王星像立交桥上行驶的车辆，它们的公转轨道投影虽有交叉点,但它们不会相撞。另外，冥王星的卫星冥卫一查龙不但体积很大，而且公转周期和冥王星的自转周期一样，所以它们始终保持同一面相对，这在太阳系中是独一无二的。科学家们至今无法断定此现象的产生原因。

作为太阳系遥远边界上的一个天体，冥王星的诸多谜团对天文学家有很大的吸引力。相信在不久的将来，随着“新视野号”探测器飞临冥王星，我们会更多地了解它的真面目，它的地位也可能再次改变。

最早发现的小行星

谷神星是人类最早发现的小行星，位于火星与木星之间的小行星带中。谷神星是由意大利天文学家皮亚齐于1801年发现的，最初它被列为八大行星之一。它的直径约933千米，等于月球直径的1/4，质量约为月球的1/50，在1990年以前发现的小行星中排名第一，故又被称为1号小行星。

据统计，太阳系中约有50万颗小行星和八大行星一样绕着太阳公转，目前已登记在册的小行星超过8000颗。它们大多体积很小，最早发现的谷神星、智神星、婚神星和灶神星四大小行星中，谷神星是最大的一颗。

科学家发现，谷神星在很多方面很像地球，它所含淡水可能比地球还多，而球状外形表明它也受到重力控制。此外，谷神星内部物质也不是均匀分布的。电脑模型表明，谷神星的内部分为不同层次，稠密物质在核心，比较轻的物质靠近表层。它的表层可能富含冰水，其内是一个多岩石的核心。

每年5月11日前后会发生谷神星冲日的天文现象。届时，谷神星、地球与太阳将呈一条直线，地球位于两者之间。此后十多天时间里，谷神星的亮度会达到最高值，只要天气晴好，天文爱好者通过双筒野外望远镜即可整夜观测谷神星。

回归周期最短的彗星

恩克彗星是亮度较微弱、回归周期最短的一颗彗星。它最早在1786年1月17日被人们发现，但直到1818年11月26日又被发现后，才由法国天文学家恩克用6个星期的时间，计算出了它的轨道，确定其周期为3.3年。恩克预言1822年5月24日它会再回到近日点，果然，它准时回来了，成了第二颗按预言回归的彗星，人们称之为恩克彗星。

恩克彗星不大，最亮时只相当于5等星，多数时间无彗尾，只是一团模模糊糊的云絮。从发现到现在，恩克彗星回归了57次，是“回娘家”最勤的一颗。目前，这颗彗星的轨道越来越小，每回归一次，周期都会缩短3个小时，有人估计，总有一天它会跌入太阳或自行碎裂。

冥王星和冥卫一

冥王星与冥卫一是独一无二的组合，因为它们的自转是同步的，所以始终保持同一面相对。

宇宙探索之最

最古老的天文台

天文台主要是进行天文观测和研究的机构。古代，人类从实际需要出发，很注意对天体的观测。因此，一些文明古国早就建立了天文台。在古希腊文明的极盛时期，埃及的亚历山大城就建造了著名的天文台。

相传在我国夏朝时就有天文台，称为清台，商代时称为神台，周朝称为灵台。周文王的灵台建在都城丰邑东面，西安西南约 40 千米的地方至今还有灵台村。东汉时修建的灵台高约 30 米，上有浑仪、相风铜鸟及铜表等仪器。但这些古天文台现在多不存在了。目前世界上保留下来的最古老的天文台，是 632 年建于韩国庆州的瞻星台。我国保存下来的最古老的天文台是河南登封市的观星台。唐朝开元年间，这里建立了石表，元代初年在此石表北面建立了永久性的观星台，目前还有遗迹存在。

最早的流星雨记录

在晴朗的夜空，我们经常可以看见天空中有流星划过。有时候，一大片流星会连续不断地划空坠落，这样就形成了流星雨。流星或流星雨都是天体小块从地球外部闯进地球大气，与大气摩擦燃烧而发光的现象。没有烧完的流星落到地面便形成陨石，如果有许多流星落到地上，就称为陨石雨。

《竹书纪年》中“帝禹后氏八年雨金于夏邑”，记录的便是公元前 2133 年降落在今河南省的一场陨石雨，这是人类历史上最早的陨石雨记录。之后关于流星雨的记录不断，总数达二三百条之多，对于流星雨的描述都非常生动形象，常用“星陨如雨”、“众星交流如织”、“流星如织”等加以形容。有些记录很全面，包括时间、地点、流向、个数、在天空中的位置，有的还记录了颜色和响声。

庆州瞻星台

庆州瞻星台是世界现存的最古老的天文台，建于新罗第 27 代王善德女王（632 ～ 646 年）时期，用于观测天气及星座。

早在春秋时代，我国人民就知道陨石是天上的流星陨落而来的。明末著名科学家宋应星也说“星坠为石”。北宋科学家沈括曾在他的名著《梦溪笔谈》中记载了流星陨落的全部过程，从摩擦生热发光，光球的大小，爆炸声，流星飞行的方向，余热，陨石的形状、大小，陨石坑，直到陨石的性质和收藏经过等都有记录，甚至还对它们的来源进行了探索，提出了基本正确的观点。

流星雨和陨石记录为研究流星雨和陨石提供了依据，对认识天体的起源和演化、彗星的轨道、天体的化学成分等问题都有重要价值。

登封观星台

登封观星台位于河南登封市告成镇，它是一座具有测影、观星和计时等多种功能的天文台。

流星

天体小块闯入地球大气层时，和大气层的摩擦越来越剧烈，最终燃烧起来，产生光和热，从而成为流星。

【百科链接】

最早分离太阳光的人：

最早分离太阳光的人是英国科学家牛顿。1666 年，牛顿用三棱镜分离了太阳光，证明太阳光由七种色光组成。

最早的太阳黑子记录

太阳黑子是在太阳的光球层上发生的一种最基本、最明显的太阳活动。

我国是世界上最早发现太阳黑子的国家。殷商的甲骨文中就有关于太阳黑子的记载，战国时期及汉代也有不少太阳黑子的相关记载。但目前世界上公认最早的太阳黑子记录是《汉书·五行志》，其中说道：“河平元年……三月己未，日出黄，有黑气大如钱，居日中央。”河平元年三月己未即公元前 28 年 5 月 10 日。

我国古代关于太阳黑子的记录不但数量多，而且记录较为详细。从汉河平元年到明末，我国共有 100 多次太阳黑子的记录，这些记录既有准确的日期，又有对黑子形状、大小、位置甚至变化情况的详细描述。这些记录为研究太阳黑子的活动及其对地球的影响提供了十分宝贵的资料。

最早的日食记录

公元前 1217 年 5 月 26 日，生活在今河南安阳一带的人们突然感到天昏地暗。人们仰望天空，发现之前光芒四射的太阳突然产生了缺口，光色也暗淡了下来。但是，太阳在缺了很大一部分后，却又开始复原，天色也渐渐明亮起来。这便是人类历史上关于日食的最早记录，它是被刻在一片甲骨上的。

我国古代人对日食的观察记录具有连续性。例如在《春秋》这本编年史中，记载了公元前 770 年至公元前 476 年间发生的 37 次日食。

最古老的星表

早在汉代以前，中国的古人们就给天上的星星分了组并起了名字，甚至还测量了它们的位置并作了记录。这种用于记录星星的名字和位置的记录册，叫做星表。

公元前 4 世纪，即中国的战国时代，魏国人石申写了《天文》一书，此书中的一些片断在唐人所编著的《开元占经》中有所记载，后人便以此辑录了一份《石氏星表》，其中记载有二十八宿和 120 颗恒星的位置。这是世界上最古老的星表。而西方最早的星表是在公元前 3 世纪或公元前 2 世纪测编的，比《石氏星表》要晚一个多世纪。

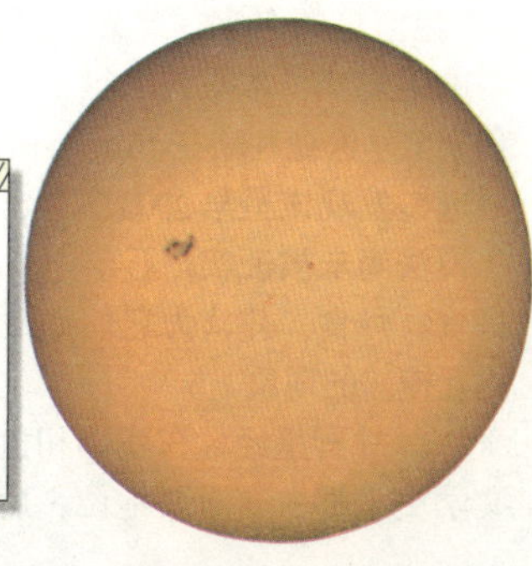
太阳黑子

图中的黑色斑点即为太阳黑子。黑子本身并不黑，之所以显得黑是因为它的温度比光球低一两千摄氏度，在更加明亮的光球衬托下，它就成为没有什么亮光的、暗黑的黑子了。

北斗七星

北斗七星属大熊星座的一部分，从图形上看，北斗七星位于大熊的背部和尾巴。

【延伸阅读】

恒星的一生是怎样“度过”的？

恒星和人类一样,也有自己的一生,这一生也包括孕育期、幼年期、少年期、壮年期、中年期和老年期。恒星的各种名称与这些时期的对应关系为：星胎是孕育期，原恒星是幼年期，主序前星是少年期，主序星是壮年期，巨星是中年期，白矮星是老年期。大多数恒星的一生，基本上都是这样“度过”的。

最早的天文学著作

早在春秋战国时期，我国的天文观测研究就已经取得了相当高的成就。当时鲁国的史书《春秋》中已有关于哈雷彗星的记录。而西方在1682年才由哈雷发现了哈雷彗星，比中国晚了2000多年。

战国时期还出现了天文学专著，齐国的天文学家甘德著有《天文星占》，魏国人石申著有《天文》，后人将这两部著作合为一部，称为《甘石星经》。《甘石星经》是世界上现存最早的天文学著作。

《甘石星经》记录了木、火、土、金、水五大行星的运行情况以及它们的出没规律。书中还测定了121颗恒星的方位，记录了800颗恒星的名字。此外，据说甘德还用肉眼发现了木星的卫星，比意大利天文学家伽利略在1610年用天文望远镜发现该星早2000多年，但这一说法尚未被证实。石申则发现了日食、月食，并认为它们都是天体相互掩盖的现象。

《甘石星经》在我国和世界天文学史上都占有重要地位，后世许多天文学家在测量日、月、行星的位置和运动时，都以《甘石星经》中的数据为基础。

《石氏星表》成了后世许多天体测量的基础，是我国天文历法中一份重要的基本数据资料。

人类最早认识的星座

在众多的星座中，大熊座是一个十分著名的星座，也是人类最早认识的星座，古今中外的天文学家都很重视它。

在古代的中国，天空没有受到什么污染，人们通过肉眼就可以看到大熊星座中明亮的七颗星，它们呈一个勺子的形状，就是人们常说的北斗七星。古人给它们取了7个“文绉绉”的名字：天璇、天玑、天枢、天权、玉衡、开阳、摇光。北斗七星比较容易辨认，而且常常被人们当做一个整体来观测，所以它在一定程度上可以算是人类最早认识的星座。在北半球中高纬度地区，北斗七星所在的大熊座全年可见。

浑仪（左）与浑象

浑天仪是浑仪和浑象的总称。浑仪是测量天体球面坐标的一种仪器，而浑象是古代用来演示天象的仪表。

第一台自动天文仪器

我国古代的宇宙理论大体分为三种，即盖天说、宣夜说和浑天说。这三种学说中，浑天说被认为是正统的官方学说，在汉代以后的千余年广泛流行。浑天说认为地在天之中，天似蛋壳，地似蛋黄，日月星辰附着在天壳之上，随天周日旋转。为了演示天象并观测天体方位，西汉的耿寿昌发明了浑天仪。东汉中期，张衡在此基础上大胆创新，于117年设计并制造了完整的演示浑天说思想的漏水转浑天仪，这是世界上最早的自动天文仪器。

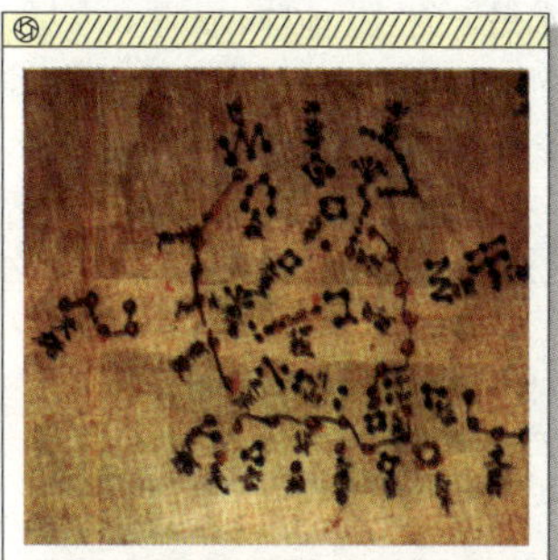

敦煌星图

敦煌星图是敦煌经卷中发现的一幅古星图，为世界现存古星图中星数较多而又较古老的一幅，约绘制于唐中宗时期（705～710年），1907年被英国人斯坦因盗走，现存英国大英博物馆。

这台仪器用精铜做成，主体是一个空心铜球，代表天球。球内有一根铁轴贯穿球心，代表天轴，球体可以绕着这根轴转动。轴与球面有两个交点，一个代表北天极，一个代表南天极。球外有两个圆环，一个是代表地平线的地平圈，一个是代表子午线的子午圈。球体半露在地平圈以上，北天极高出地平圈36度，这就是东汉都城洛阳的地理纬度。球的表面刻有二十八宿和其他恒星，还刻有天赤道圈和黄道圈，两者成24度夹角。天赤道圈和黄道圈上刻有二十四节气，以冬至日为起点，两个圆周各分为365.25度。

张衡采用齿轮系统把浑象和计时用的漏壶联系起来，用漏壶滴出的水的力量带动齿轮，齿轮带动浑象绕轴旋转，一天一周，与天球同步。这样可以准确地把天象的变化表示出来，人在屋子里看着仪器，就可以知道某星正从东方升起，某星已到中天，某星就要从西方落下了。

最早描绘在纸上的星图

唐代敦煌经卷中的一幅古星图，是世界现存古星图中星数较多而又最古老的全天星图，约绘制于唐中宗时期（705~710年）。星图从12月开始，按照每月太阳的位置将黄道和天赤道分为12段，先把紫微垣以南诸星用类似墨卡托圆筒投影的方法画出，再将紫微垣画在以北天极为中心的圆形平面投影上。全图按圆圈、黑点和圆圈涂黄三种方式绘出了1350颗星。这种画法克服了横图和盖图的缺点，是现代星图的鼻祖。

由于古代的测量技术有限，此星图上恒星的位置是按照肉眼观测估算各恒星之间的相对距离而点定的。

第一个测量子午线长度的人

僧一行，本名张遂，唐高宗咸亨四年（673年）出生于魏州昌乐（今河南濮阳市南乐县），青年时期出家当了和尚，法名一行。他在天文、历法、仪器制造等方面都有很大的功绩，是世界上第一个测量子午线长度的人。

僧一行设计了一种叫覆矩的测量工具以测量北极仰角，还根据观测数据绘制了24幅《覆矩图》。他计算出北极高度每差1度，南北两地即相隔351里80步，合现代的长度是151.07千米，这个数据实质上就是地球子午线上1度的长。他的测量虽然不十分精确，但却是人们大规模测量子午线的开端。

僧一行塑像

一行和尚主持编订的《大衍历》比当时流传的《大明历》、《皇极历》、《麟德历》都要准确得多，对日本、印度的历法有过重大影响，是当时世界上最先进的历法。

最早提出地球围绕太阳转的人

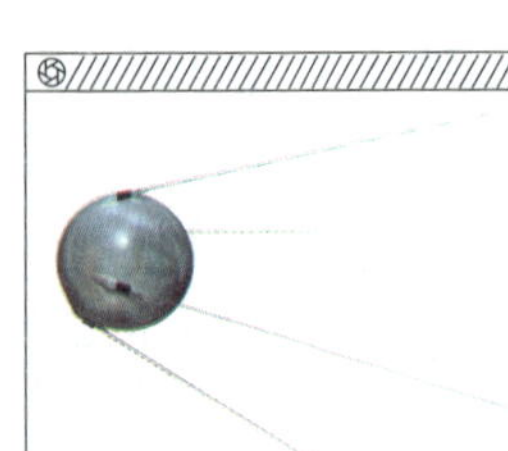

"斯普特尼克 1 号"卫星

"斯普特尼克 1 号"的构造并不复杂，它是一个金属球状物，内含 2 个雷达发射器和 4 条天线，还有多个气压和气温调节器。它通过向地球发出信号，显示太空中的气压和温度变化。

波兰天文学家哥白尼是最早提出地球围绕太阳转的人，是近代天文学的奠基人。

哥白尼经过长期的天文观测和研究，创立了日心说，认为宇宙的中心是太阳，而不是地球，否定了在西方统治 1000 多年的地心说。日心说的创立是天文学上一次伟大的革命，它不仅引起了人类宇宙观的重大革新，而且从根本上动摇了欧洲中世纪宗教神学的理论支柱。

但由于时代的局限，哥白尼的日心说保留了所谓完美的圆形轨道等论点。开普勒建立行星运动三定律、牛顿发现万有引力定律后，日心说才逐渐建立在了更加稳固的科学基础上。

第一颗人造卫星

1957 年 10 月 4 日，苏联宣布，他们成功地把世界上第一颗绕地球运行的人造卫星"斯普特尼克 1 号"送入轨道。

这颗卫星的球体直径为 55 厘米，重 83 千克，绕地球一周需 1 小时 35 分，距地面的最大高度为 900 千米。由于运行轨道和赤道成 65 度夹角，它每日可两次在莫斯科上空通过。尽管这颗卫星只运行了 92 天，但它却推动了各国空间技术的发展。

人造卫星是载人宇宙飞船的前导，科学家在此后加紧准备载人空间飞行。1957 年 11 月 3 日，为了给载人航天做预实验，苏联又发射了一颗载有名叫莱依卡的小狗的"卫星 2 号"人造地球卫星。

最早的行星探测器

人类发射了人造卫星以后不久，就开始了行星探测器的研制工作。太阳系内有 8 颗大行星，它们分别是水星、金星、地球、火星、木星、土星、天王星、海王星。人们探测的第一个目标就是离地球最近的金星。

曾经的九大行星

在冥王星被"开除"出行星家族之前，太阳系共有九大行星，按照离太阳由近及远的顺序排列为：水星、金星、地球、火星、木星、土星、天王星、海王星、冥王星。

1961 年 2 月 12 日，苏联发射了"金星 1 号"探测器，但却在距地球 756 万千米时通信中断，无法得到探测的结果。美国于 1962 年 7 月 22 日发射了"水手 1 号"探测器，但因火箭偏离轨道，发射失败。1962 年 8 月 27 日，"水手 2 号"发射成功。同年 12 月 14 日，"水手 2 号"从距金星 34800 千米处飞过，探测了金星的大气温度，揭开了人类探测金星的序幕。

此后，人们发射了更多的金星探测器，它们向地球送回了大量的资料，使人们对金星的了解更加丰富了。目前，人类已发射了各大行星探测器，我们对太阳系的认知也越来越深入。

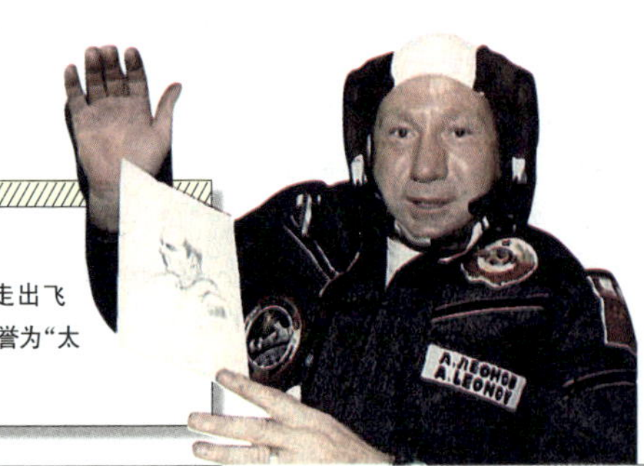

列昂诺夫

列昂诺夫是第一个走出飞船、在太空中漫步的人，被誉为"太空行走第一人"。

第一个漫步太空的人

1965年3月18日，苏联的A.列昂诺夫中校与P.别利亚耶夫乘坐的"上升2号"宇宙飞船在拜克努尔航天发射基地升空。8时30分，列昂诺夫离开坐椅，穿好宇宙服，身背氧气筒，经过连接在宇宙飞船一端的一个气闸室，走出飞船船舱，进入了宇宙空间。他的动作过程很像是潜水员从潜水艇中进入海底，只不过潜水员通过的是一个水闸，而列昂诺夫通过气闸的危险性要大得多。

宇航员阿姆斯特朗

尼尔·阿姆斯特朗，美国宇航员，以在执行第一艘载人登月宇宙飞船"阿波罗11号"任务时成为第一位踏上月球的人而闻名。

由于飞船和宇航员都处于失重状态，宇航员根本无法行走，只能慢慢飘动。动作稍有疏忽，宇航员便会飘离飞船永远回不来了。为了保证安全，宇航员需用一根5米长的缆索把自己紧紧拴住。缆索中装有电话线，以保证舱内外两名宇航员正常通话。列昂诺夫就这样在空中停留了20分钟左右后，由原通道安全回到了舱内。在20分钟内，他共飘了12分9秒。从发回的电视图像上看，他的动作笨拙得可笑，但是这证实了人是可以在宇宙空间中停留并活动的，他成了太空中漫步的第一人。

"阿波罗11号"发射升空

1969年7月，"阿波罗11号"终于在月球着陆，"阿波罗登月计划"达到高潮，阿姆斯特朗也成为登陆月球的第一人，美国在月球探测中取得了最为辉煌的成果。

人类首次登月

1969年7月16日，美国发射了实现人类首次登月的登月飞船"阿波罗11号"。

"阿波罗11号"的主要部分是巨型火箭"土星5号"，飞船安装在这个火箭的顶部。整个火箭高110米，相当于36层楼那么高，火箭直径10米。第一级火箭有5台发动机，它们各有692.8吨推力，点火后，这个3200吨的巨物便飞速升空。

月球上的第一个人类脚印

人类第一次登月成功后在静海基地留下的脚印，至今仍完好地保留在月球上。

"阿波罗11号"载有3名宇航员，指令长是尼尔·阿姆斯特朗，此次是他的第二次太空任务。他于7月21日打开登月舱舱门，踏上了月球，留下了月球上的第一个人类脚印。19分钟后，另一名宇航员奥尔德林走出了登月舱。登月舱停留了21.6小时，两人在月球表面树起了旗帜，安放了仪器，在登陆处还树立了一个牌子，上面刻着：人类首次月球登陆处，1969年7月，我们为了全人类带着和平之意而来。7月22日，阿姆斯特朗奉命指挥"阿波罗11号"指令舱离开月球轨道，踏上了返回地球的旅途。7月25日，"阿波罗11号"指令舱载着3名航天英雄平安回到地球，人类首次登月宣告圆满结束。

"阿波罗11号"发射成功及阿姆斯特朗等人成功登月使载人登月的千年梦想变成了现实。此后，美国又相继6次发射"阿波罗号"飞船，其中5次成功，共有12名航天员登上月球。

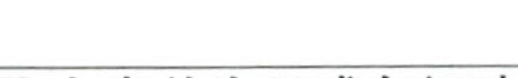

人类首次月球车行驶

1971年7月31日，“阿波罗15号”宇航员大卫·斯科特和詹姆斯·艾尔文进行了人类首次月球车行驶。他们驾驶四轮月球车，越过陨石坑和砾石，在崎岖不平的月球表面行驶了数千米。斯科特和艾尔文成为在月球上漫步的第7位和第8位宇航员，而且是首次在月球上驾车行驶的人。

他们于1971年7月30日在月球的雨海基地登陆，并于美国东部时间31日上午9时25分离开“隼号”登月舱。几分钟之后，他们从宇宙飞船上卸下月球车，开始了他们的勘探旅行。

当宇航员在埃尔鲍陨石坑的边沿停下时，位于休斯顿的任务控制台打开了月球车上的电视摄影机，以便向地球传送清晰的彩色图像。电视观众同步观看了宇航员挑选和采集月球岩石标本的情况。

【延伸阅读】

为什么月亮总是同一面冲着地球?

细心的人会发现，我们看到的月亮总是同一面。这是为什么呢？经过长期的观察，人们发现月亮会自转，而自转的周期刚好跟它绕着地球公转的周期一样。所以不管月球运转到哪里，我们在地球上看到的月亮都是同一面，月亮上的阴影也总是同一个样子。还有一些科学家在以上结论的基础上提出：由于引力和摩擦力作用，现在月球运行时是没有升降变动的，月球的自转周期也没有改变。所以，月球将永远保持以同一面朝向我们的状态。

人类在月球上停留的最长时间

1972年12月7日至19日，美国空军中校尤金·塞尔南和哈里森·史密斯博乘“阿波罗17号”航天飞机进行了为期12天13小时51分的登月旅行，创造了74小时59分的人类在月球上停留时间最长的纪录。

最早的空间站

空间站是一种在近地轨道长时间运行，可供多名航天员在其中生活、工作和巡访的载人航天器。小型的空间站可一次发射完成，较大型的可将组件分批发射，在太空中组装成为整体。

1971年4月19日，苏联发射了第一座空间站“礼炮1号”，从此，载人太空飞行进入了一个新的阶段。“礼炮1号”空间站由轨道舱、服务舱和对接舱组成，呈不规则的圆柱形，总长约12.5米，最大直径4米，总重约18.5吨。它在约200多千米高的轨道上运行，站上装有各种试验设备、照相摄影设备和科学实验设备。它与“联盟号”载人飞船对接组成居住舱，容积100立方米，可住6名宇航员。“礼炮1号”空间站在太空运行了6个月，相继与“联盟10号”、“联盟11号”两艘飞船对接组成轨道联合体，每艘飞船各载3名宇航员，他们共在空间站停留了26天。宇航员完成了大量的科学实验项目，但在返回地球的过程中，由于座舱漏气减压，“礼炮1号”于同年10月11日在太平洋上空坠毁，宇航员不幸遇难。

2008年9月25日，我国发射的“神舟七号”飞船实现了航天员的出舱行走。随后的“神八”实现了与“天宫一号”的交会对接。而之后的“神九”实现了首次载人空间交会对接的重要任务。这些飞船都是为了在太空建设短期有人照料的空间站而服务的。

月球车

月球车是由宇航员驾驶在月面上行走的车，主要用于扩大宇航员的活动范围和减少体力消耗，还可随时存放宇航员采集的岩石和月壤标本。

Part 2

生物之最篇

动物之最

最大的史前动物

史前最大的动物是恐龙，其中震龙的身材最高大，身长39至52米，身高可以达到18米，体重达到130吨。2至3头震龙头尾相接地站在一起，就可以连接足球场的两个球门。震龙走起路来大地都要颤抖，就像是地震一样，这就是“震龙”一名的含义。

震龙生活在大约1.62亿年到1.36亿年间的侏罗纪晚期。在动物分类学上，震龙属于蜥臀目、蜥脚亚目、梁龙科。除了震龙之外，当时生活在地球上的身材巨大的蜥脚亚目（一般称为蜥脚类）恐龙还包括梁龙科的梁龙（身长26米）、雷龙（身长21米，体重25吨）、超龙（身长42米，肩部高5.19米，臀部高4.58米）、马门溪龙（身长22米）以及腕龙科的腕龙（身长25米，体重30至50吨）等。

这些巨大的恐龙都以植物为食，它们高大的身躯和长长的脖子使得它们可以吃到高树上的叶子。恐龙的食量很大，但是它们的嘴却相对很小，于是它们只能不停地吃，以满足它们的食量。科学家推测，马门溪龙一天要用23个小时来进食，这恐怕也是世界之最了。

震龙复原图

震龙是生活在侏罗纪晚期的一种巨型草食性恐龙，因体重过大走路的时候地动山摇而得名。

【百科链接】

世界上规模最大的白垩纪恐龙化石群集中地：

世界上规模最大的白垩纪恐龙化石群集中地在加拿大艾伯塔省的恐龙公园。这里保存有60多种不同种类的恐龙化石。

现存最大的陆地动物

现存的陆地动物中，个体最大的是大象。大象可以分为两类，一类是非洲象，一类是亚洲象。其中，非洲象体形更为高大，身长6至7米（包括鼻子），高耸的肩膀达3至4米，体重最高达10吨。雌性和雄性非洲象都长有象牙，主要用来采集、搬运食物或作为攻击武器。非洲象的平均寿命一般为60至70岁。目前，非洲象群在撒哈拉沙漠以南分布比较广泛，但种群出现破碎化隔离状况，这种情况在西非和东非尤为严重。

正在洗澡的非洲象

大象用鼻子可一次吸水9升。夏天洗完澡后，大象还会用鼻子吸些沙土，喷在身上，以防止蚊、虻蜇咬。

亚洲象分布在热带地区，常在海拔1000米以下的沟谷、河边、竹林和阔叶林中游荡。亚洲象全身深灰色或棕色，体表散生有毛发。成年雄性亚洲象肩高约2.4至3.1米，重约2.7至5吨，雌象体形稍小。同非洲象相比，亚洲象体形较小，耳

朵较小，前额较平，鼻子前端只有一个手指状突出物（非洲象有两个）。

体形最大的猫科动物

虎在猫科动物中体形最大、力量超群，也最为可怕。虎分布于亚洲的许多地区，虎的适应能力很强，不管是在寒冷还是炎热的地区都能生存。

东北虎是体形最大的亚种虎。一般的东北虎体长1.8至3.5米，尾长1至1.5米，体重180至340千克。东北虎头大且圆，眼睛大且突出，前额上有数条黑色横纹，中间串通，略似“王”字；耳短且圆，耳的背面为黑色，中央有一块白色斑块；前脚外侧斑纹比较少，后脚斑纹较多；体毛夏季呈棕黄色，冬季呈淡黄色。东北虎的腹部和四肢内侧为白色，背部和体侧有许多横向排列的比较窄的黑色条纹，两条互相靠近，形似柳叶，尾上约有10余条黑色环状斑纹，尾尖为黑色，虎皮上的这些斑纹在树林和草丛中可成为极好的保护色。东北虎全身的体毛比其他亚种虎体毛长得多，尾毛也不例外，因此其尾由于毛长而显得十分丰满，看上去比其他亚种虎的尾略显肥大。

东北虎

因人类活动区扩展、森林植被破坏，东北虎的栖息地和食物越来越少，分布范围日益缩小，数量急剧下降，现存数量极少，被列为世界濒危动物，在中国属国家一级保护动物。

东北虎主要生活在我国东北大兴安岭、长白山及俄罗斯西伯利亚地区。它们没有固定的巢穴，白天在以红松为主的针叶、阔叶混合林中隐蔽睡觉，或在山崖间卧伏休息，夜间捕食，傍晚和黎明时也很活跃。东北虎经常袭击大中型动物，如羚羊、野猪、野兔、鹿等，有时也吃一些带有酸甜味道的浆果。它们的平均寿命为20至25年。

陆地上最高的动物

长颈鹿是非洲的一种特有动物，脖子很长，雄性长颈鹿身高可达6米，是陆地上最高的动物。

长颈鹿

长颈鹿通常生一对角，终生不会脱掉，皮肤上的花斑网纹则为一种天然的保护色。长颈鹿喜欢群居，一般十多头生活在一起，有时多达几十头。

长颈鹿有一双锐利的眼睛，能敏锐地观察四周。当天敌靠近到一定距离时，长颈鹿便会腾起四蹄，飞奔而去，时速可达56千米，使天敌望尘莫及。如果遭受偷袭，长颈鹿也毫不示弱，它们会用那铁扫帚似的长腿给予坚决反击，甚至可以把狮子踢倒。长颈鹿的脑袋也是很厉害的自卫武器，它的前额有一块突出的坚硬骨瘤，晃动起来犹如一个大铁锤。

长颈鹿主要分布在非洲的埃塞俄比亚、坦桑尼亚和赞比亚等国。但是，许多学者认为长颈鹿的祖先曾生活在距今两千万年至两三百万年间中国和印度的一些地方，不过它们颈和腿没有现代长颈鹿那么长。后来，由于气候变化导致食物缺乏，脖子短的长颈鹿因为够不着高树上的树叶而相继死去，脖子长的则生存了下来。

奔跑速度最快的动物

猎豹是动物界当之无愧的短跑冠军。据测，一只成年猎豹能在几秒钟之内加速到每小时 110 千米。但这并不意味着它们在捕猎中万无一失，因为这些短跑冠军们总是缺乏足够的耐力。如果不能在短距离内捕捉到猎物，它们就会放弃追捕，等待下一次出击。

猎豹

猎豹虽然跑得快，但还是经常处于饥饿的状态，因为高速的追猎带来的后果是体力的高度消耗。如果一只猎豹连续追猎 5 次不成功或猎物被抢走，就有可能饿死，因为它再也没有力气捕猎了。

猎豹的长相和其他的猫科动物不怎么相像。猎豹的头比较小，鼻子两边各有一条明显的黑色条纹，从眼角处一直延伸到嘴边，如同两条泪痕。它们的身材修长，身长约 140 至 220 厘米，高度约 75 至 85 厘米。它们的四肢也很长，有利于它们的奔跑。猎豹的爪子有些类似狗爪，它们不能像其他猫科动物一样把爪子完全收回到肉垫里，而只能收回一半。

猎豹的毛发呈浅金色，上面点缀着黑色的圆形斑点，背上还长有一条像鬃毛一样的毛发。有些种类的猎豹背上的深色“鬃毛”相当明显，而身上的斑点比较大，像一条条短的条纹，这种猎豹被称为王猎豹。王猎豹曾被认为是一个独立亚种，但后来研究发现，它们独特而美丽的花纹只是基因突变的产物。

【延伸阅读】

在哪里发现了最多的三趾马动物群化石？

三趾马动物群化石发现最多的地点是我国甘肃省和政县。三趾马是马进化中的一个旁支，三趾马动物群研究是我国古脊椎动物学诞生的标志。

最长寿的动物

在人们的观念中，龟是世界上最长寿的动物。但研究发现，世界上最长寿的动物不是龟，而是生活在深海中的绿茸线蛇。

绿茸线蛇就像树木生长年轮那样，每过一年就会在尾部长出一个明显的环圈。生物学家曾在南太平洋的深海中发现了一条绿茸线蛇，它尾部的环圈竟达 1867 个，也就是说，它在海底已经生活了 1867 年之久。更令人惊奇的是，它还是一条幼蛇，据说它能活 20 多万年。

最短命的脊椎动物

澳大利亚的研究人员发现，脊椎动物中最短命的是生活在澳大利亚大堡礁的虾虎鱼。它们的寿命只有 59 天，在短短不到两个月时间里就要完成其他脊椎动物十几年甚至几十年才能完成的事情。

虾虎鱼属鲈鱼目虾虎鱼亚目，全球大约有 800 多种，主要栖息在热带海域。一般说来，虾虎鱼的生殖周期只有 25 天。因为时间有限，它们很快就能孵化出小宝宝，3 周后，幼年虾虎鱼就能长成身长 11 至 12 毫米的成年虾虎鱼。

虾虎鱼

虾虎鱼主要栖息在海水中，是食肉类鱼，种类繁多，但大都身体细长，体型非常小。

最聪明的动物

猩猩属于灵长目，是哺乳动物（人除外）里最高等的种类，人们通常把它们称作类人猿。现在世界上有四种类人猿，其中以黑猩猩最聪明。黑猩猩主要分布在非洲的中部和西部，它们一般身高1.2至1.4米，体重60至75千克。它们头部较圆，眉骨高耸，眼睛深陷，耳朵大而且向两侧直立，鼻子小，嘴巴突出，唇长而薄，没有颊囊，手脚粗大，上臂较长，没有尾巴，全身除面部外，都披着乌黑的毛。

四肢爬行的黑猩猩

黑猩猩在灵长类动物中与人类血缘最为接近，尽管它们也能短暂地直立行走，但它们的骨骼和身体显然更适应四肢着地的行走方式。

黑猩猩的脑和面部的肌肉很发达，能做出喜、怒、哀、乐等多种表情及复杂多样的动作。它们尤其善于用前肢做出各种动作和手势，来表达它们的感情和思想，甚至还能使用简单的工具。由于黑猩猩和人类有着很近的亲缘关系，因而它们便成了科学家研究几百万年前的古人类的重要研究体。

最毒的动物

世界上最毒的动物是毒箭蛙。毒箭蛙主要生活在巴西、圭亚那、智利等地的热带丛林里。它们的体形大多很小，主要以蚂蚁和螨为食。

毒箭蛙

毒箭蛙体形娇小，身长一般不超过5厘米，但皮肤颜色十分鲜艳，这可能是一种警戒色，因为它在背上藏着的毒液足可以使任何动物毙命。

毒箭蛙背部的皮肤里埋有许多毒腺，能分泌出一种黏液，这种黏液既可以润滑它们的皮肤，又可以保护它们不受伤害。但这种黏液奇毒无比，仅十万分之一克的黏液便能使一个人中毒死亡。

早在哥伦布发现美洲大陆以前，印第安人就已利用毒箭蛙的毒来制作有毒的箭和标枪了。他们用锋利的针把蛙刺死，然后放在小火上烘。当蛙被烘热时，毒液就从腺体中渗出来，印第安人把它们擦抹在兵器上，就制成了有毒的兵器。毒箭蛙的毒性虽然很烈，但只要手上没有伤口，一般不会中毒，但接触时间过长可能会引起皮疹。因此，印第安人虽然用手去捕毒箭蛙，但携带时却是用树叶把它们包卷起来的。

跳得最高的动物

沫蝉身长虽只有6毫米，但它跳起来的高度相当于它身高的100倍，这打破了跳蚤保持的纪录，沫蝉因此成为跳得最高的动物。研究认为，沫蝉弹跳力如此发达是为了逃避来自鸟和其他昆虫的袭击。从事此项研究的剑桥大学动物学家麦克罗姆说：“沫蝉的弹跳能力令人难以置信，这使它们几乎不能被捕捉到。”

沫蝉的后腿肌肉非常健壮，就像随时待发射的弹弓，可以瞬间爆发。沫蝉在起跳前双腿固定蓄力，起跳的初始速度为每秒3.1米，是跳蚤起跳速度的3倍。沫蝉起跳时承受的重力约为其体重的400倍。

最大的食肉动物

树懒

树懒是哺乳动物的一种，形状略似猴，产于热带森林中，因动作迟缓，常用爪倒挂在树枝上数小时不移动而得名。

棕熊是熊类中的庞然大物，也是世界上最大的食肉动物。

棕熊的体长一般为150至200厘米，尾长13至16厘米，体重150至250千克，较大的可达400至600千克。

棕熊分布于中国东北、西北和西南，以及欧亚大陆、北美洲大陆的大部分地区，栖息于山地针叶林或针阔混交林等地带。它们的食物很杂，包括各种昆虫、鲑鱼等鱼类、鸟类及野兔、土拨鼠等小型兽类，也吃腐肉，有时还对驼鹿、驯鹿、野牛、野猪等大型动物发动攻击。棕熊虽体形庞大，但奔跑速度很快，捕猎时能够轻松地追赶上猎物。棕熊一般个体独居，只有雌熊才与3岁以下的幼仔住在一起。

棕熊有冬眠的习性，从每年10月底或11月初开始，一直到翌年3月或4月。为了积累冬眠期间所需的能量，一只棕熊秋天大约要吃掉400至600千克的浆果和其他食物。

最懒的动物

世界上最懒的动物莫过于树懒。树懒可以倒挂在树上一连几个小时一动不动，饿了就摘些随手可得的树叶、嫩芽和果子。身边的食物够不着、不得不挪动自己的身体时，它们仍是倒挂在树上，用后肢在树枝上懒洋洋地移动。如果食物再远一些，它们就干脆选择忍饥挨饿。当然，你大可不必担心，它们忍饥挨饿的本领非常高，即使饿上一个月也死不了。

【延伸阅读】

蚯蚓吃什么?

对于蚯蚓，大家都很熟悉，可是，你知道蚯蚓吃什么吗？由于蚯蚓是生活在泥土中的动物，所以很多人会说蚯蚓吃土。的确，蚯蚓每天都要吞食大量的泥土，不过它的消化能力有限，只能吸收泥土中的腐烂有机物和很小的生物，然后再将泥土以小土粒或粪便的形式排泄出来。因此，它真正的食物是土里的腐殖质。有时，蚯蚓也吃一些植物的残叶。

树懒每小时只能跑100米左右，甚至比爬行动物中的乌龟还要慢。树懒不仅以行动缓慢而闻名，它那奇特的倒挂树枝的本领也是哺乳动物中独一无二的。树懒主要生活在南美洲的热带丛林中，它们常年栖息在树上，甚至一生都在同一棵树上生活。无论是休息、睡觉、生儿育女，它们都是脚朝上、头朝下的倒悬姿势。

树懒的四肢长而结实，有锋利的钩爪，前肢有两爪，后肢有三爪，所以能倒钩在树枝上。它们只能用后肢站立，不能行走。由于长期不动，它们粗糙的爪子上寄生了大量绿色的地衣和藻类植物，这成了它的天然保护色。

棕熊

棕熊的体形健硕，肩背隆起，粗密的被毛有着不同的颜色，一般为金棕或者棕黑色。冬天时被毛会进一步长长，最长能到10厘米，到了夏季则重新变短，颜色较冬季要深。

形态最特殊的鹿

麋鹿是世界上形态最特殊的鹿，它原产于中国，因其形态怪异，其角似鹿角，尾巴像驴尾，蹄像牛蹄，颈像骆驼，故又称四不像。

麋鹿

麋鹿是中国特有的物种，它曾在中国生活了数百万年，也曾在故土绝迹。后通过放养，中国终于重新建立了麋鹿的自然种群。

麋鹿的身体长约2米，肩高1.3米，尾巴比其他鹿类长，可达65厘米。雄性麋鹿较大，体重约250千克，雌性麋鹿则相对较小，体重约100千克。雄性麋鹿角枝形态十分特殊，没有眉叉，主干在离头部一段距离后，分为前后两枝，前枝再分两叉，后枝则长而直。随着年龄的增长，角枝次级的分叉也更为复杂。

19世纪，麋鹿濒临灭绝。中国特产的麋鹿在国内几乎完全灭绝，而当时欧洲各家动物园里总共还剩下18只麋鹿。后来通过放养，到1981年止，全世界饲养的麋鹿才增加到1100多只。现在麋鹿已在饲养条件下成功繁殖，在世界许多动物园内存活了下来。

最大的毒蛇

眼镜王蛇是世界上最大的毒蛇，一般蛇身全长3至6米，分布于中国南部至菲律宾和印度尼西亚一带。眼镜王蛇的背面呈黑褐色，有40至50个窄的白色镶黑边的带状横斑纹，颈背有一“∧”形白色斑纹，腹面灰褐色，有黑色线状斑纹。

眼镜王蛇喜欢独居。白天出来捕食，夜间隐匿在岩缝或树洞内歇息。它们有时爬上树，后半身缠绕树枝上，前半身则悬空下垂或昂起。眼镜王蛇之所以有名，是因为它除了捕食老鼠、蜥蜴、小型鸟类、牲畜外，连金环蛇、银环蛇、眼镜蛇等有毒蛇种也捕杀。

眼镜王蛇和其他眼镜蛇一样，被激怒时前段身体会竖起，呈扁平状，发出“呼呼”的愤怒的声音。由于该蛇个体很大，排毒量也很大，平均每条蛇咬物一次排出的毒量达100毫克。因此，人被其咬后中毒反应严重，如抢救不及时就会死亡。

生活在最高地区的哺乳动物

野牦牛是世界上生活在最高地区的哺乳动物，它们能爬上6100多米的高原。

野牦牛又被称为“青藏高原图腾”，它们高大威猛，全身披着黑色的长毛，成群结队，不惧寒冬酷暑。野牦牛主要分布于西藏中北部地区的羌塘（藏语意为“北部平原”）和羌塘自然保护区。这里海拔大部分在4500米以上，年平均气温零下6摄氏度至零摄氏度，冬季可降到零下40摄氏度，即便是夏天也经常大雪飘飘。历史上这里几乎无人居住，因此被称为“生命禁区”。

野牦牛具有很高的价值，几乎全身都是宝，它们也因此遭到大量捕杀。据统计，目前野牦牛总数可能不超过1.5万头。国际野生动物保护专家呼吁，人类应保护这些珍贵的野生动物。他们建议北纬34度以北，从西藏、青海到新疆边界的羌塘、可可西里和阿尔金山保护区应该向人类永久“关闭”，以作为野牦牛和其他物种的最后避难所。

眼镜王蛇

眼镜王蛇不仅毒性十分强，而且还很凶狠，在眼镜王蛇的领地很难见到其他种类的蛇，它们要么逃之夭夭，要么成为眼镜王蛇的腹中之物。

舌头最长的动物

我们称经常说别人闲话的人为长舌妇，但你知道吗，动物界有一个名副其实的“长舌妇”——变色龙。变色龙的舌头超过它的体长，是动物界中舌头最长的。

众所周知，变色龙可以根据环境改变肤色，以达到保护自己的目的。这种特异功能一直被人们看作是大自然的杰作。但是，变换肤色并非是变色龙最独特之处，它的舌头才是大自然真正的杰作。

变色龙主要以蝗虫、蚱蜢、蝶、蝇、蚊等昆虫为食。它发现猎物时，会慢慢靠近目标，趁其不备以闪电似的速度喷射出舌头，把虫子粘住，迅速吞进肚里。原来，变色龙的舌头为棒状，由弹性纤维组成，舌上有一种黏性分泌物。捕食时，舌内血管快速充血，舌肌收缩，所以能极快地喷射出来。

研究还发现，变色龙的舌头在捕食时真正的作用其实是阻碍猎物的运动。在与猎物接触前，它舌头的尖端首先形成一个具有空气负压的“吸力杯”。接触猎物后，其舌头组织如同真空泵一般将“吸力杯”拖拽回来。这样使得猎物先被困住，动弹不得，乖乖成为变色龙的腹中美食。

最小、最轻的鱼

澳大利亚科学家证实，世界上最小的鱼是胖婴鱼，这种鱼体长仅七八毫米。

这种鱼十分轻，约100万只才能凑足1千克，可以说是脊椎动物中当之无愧的小字辈。成年鱼具幼虫特征，成熟期为一个月，外形酷似蠕虫状细线。相对于娇小的身体而言，胖婴鱼的眼睛却出奇的大。身体除眼睛外没有色素沉着，全身透明。胖婴鱼的寿命非常短，仅有两个月。

大鲵

大鲵由于肉嫩味鲜，具有较高的经济价值，所以长期遭到人们大量捕杀，数量锐减，有的产地大鲵已濒临灭绝。

最大的两栖动物

娃娃鱼，学名鲵，分小鲵和大鲵两种，是世界上个体最大的两栖动物。娃娃鱼是3亿多年前与恐龙同时代生存并延续下来的珍稀物种，是极其珍贵的活化石，有着极高的研究价值和经济价值。

鲵分布在阴凉、河底多岩石、河岸多洞穴的河流中。它们白天躲藏在岩石底下或是河岸的洞穴中，日落之后，就开始从隐匿处出来，在缓缓流动的河水中捕获食物，直至天亮。

近年，由于生态环境恶化、人为捕杀等原因，大鲵物种濒临灭绝。现在全世界仅有3种大鲵，即日本大鲵、美国隐鳃鲵和中国大鲵。

2003年6月4日，珠海繁殖的一批中国大鲵与公众见面，其中一条长约1.3米、重达40千克，是目前世界上最大的娃娃鱼。

变色龙

变色龙的肤色会随着周围环境的颜色而改变，有利于捕食。它的舌头很长，是自己身体长度的2倍。它用长舌捕食是闪电式的，只需1/25秒便完成。

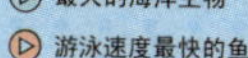

洄游 指鱼类的一种周期性、定向性和群集性的迁徙运动。

【百科链接】

毒性最强的鱼：

世界上毒性最强的鱼是长翅狮。长翅狮又名狮子鱼，分布于珊瑚礁区域，因其胸鳍似雄狮的鬃毛而得名。长翅狮姿态优雅，色彩艳丽，深受人们喜爱，但其鳍棘有毒，某些种类毒性可致命。

巢穴最精致的鱼

人们往往认为鸟类是筑巢的高手，其实生活在海底的鱼类也是筑巢的专家。其中，刺鱼所筑的巢最为精致。

筑巢前，雄性刺鱼首先选择一个合适的地点，之后就衔来水草的根和茎，用肾脏分泌出来的黏液把它们黏合在一起。筑巢时，雄性刺鱼一边向巢泼水，一边不断将黏液涂于其上，还将口伸入水底的泥沙中，衔些泥沙撒于巢底。雄性刺鱼这样反复地工作，直到把巢筑得结实为止。筑好的巢中空而略呈圆形，内壁光滑如漆。雄性刺鱼筑好巢后便寻找雌鱼来此产卵。

最大的海洋生物

蓝鲸是目前人们所知的体形最大的动物，其庞大程度甚至超过了恐龙。

蓝鲸一般体长为24至34米，体重达到150至200吨，相当于25只非洲象的重量总和。鲸是用肺呼吸的，蓝鲸的肺足有1.5吨重，肺活量也大得惊人，它一次可吸入1.5升空气。它的头顶上有两个外鼻孔，呼气时可从鼻孔里喷出约10米高的雾珠状水柱，像喷泉一样，颇为壮观。

不可思议的是，这样庞大的动物竟然以磷虾这种微小的动物为主要食物。为了支持如此庞大身躯的活动，蓝鲸一次可以吞食近200万只磷虾，每天吃掉的磷虾总量达4000至8000千克。

此外，蓝鲸还是世界上声音最洪亮的动物。它发出的低频叫声可达188分贝，在850千米以外用专用测试设备都能听到。

蓝鲸

由于多年来世界各国在各大海洋中竞相猎捕蓝鲸，现在体长在25米以上的蓝鲸已经很少见了。另外，由于它的食物磷虾因大量捕捞而减少，这种世界上最大的动物前景堪忧。

游泳速度最快的鱼

在3万多种鱼中，论游泳速度，冠军非旗鱼莫属。旗鱼在辽阔的海域中疾驰如箭，游速能达120千米/小时，比轮船的速度快3至4倍。如从天津到上海1300多千米的海路，旗鱼只要花10个多小时就能游完全程，而轮船则要花费近2天时间。

旗鱼

游泳的时候，旗鱼会放下背鳍，以减少阻力；长剑般的吻突可将水很快向两旁分开；不断摆动的尾鳍犹如推进器；加上流线型的身躯和发达的肌肉，旗鱼就能像离弦的箭那样飞速地前进了。

旗鱼的身体呈优美的流线型，嘴巴似长剑，可把水很快往两旁分开，减少水的阻力。旗鱼的尾柄特别细，但肌肉很发达，这样摆动起来非常有力，就像轮船的推进器。

最凶猛的海洋生物

虎鲸是海洋中最凶猛的动物。虎鲸体长 8 至 10 米，背中央三角形的大背鳍高度达 30 至 40 厘米，游动时相当于舵，进攻时又可用于攻击。虎鲸的上下颌每侧生有 10 至 13 个尖圆锥状、大而有力的牙齿，但并不锋利，因此它们主要用于攫取而不是咀嚼食物，被虎鲸咬住的食物往往都是被整个吞下。

虎鲸是群居性的，它们常以 3 至 4 头小群或 30 至 40 头大群进行集体狩猎，甚至敢于攻击比它们大 10 倍的须鲸。虎鲸很团结，它们会先将猎物上下左右团团围住，咬掉猎物的背鳍、尾巴等，使其难以游动，然后撕下其身上大块的肉，再咬掉嘴唇和舌头。所以长须鲸、座头鲸、灰鲸、蓝鲸等大型鲸类都畏惧虎鲸的这种群攻，对它们避而远之。

虎鲸除了围猎蓝鲸等大型鲸类外，也猎食其他哺乳动物、大型鱼类和企鹅等动物。据说，一头长 6.4 米的虎鲸的威力，相当于 13 头海豚和 14 只海豹，不愧为海洋中最凶猛的动物。

眼睛最大的海洋生物

大王乌贼是世界上眼睛最大的海洋生物。其眼睛直径可达 38 厘米，比蓝鲸眼睛还要大 3 倍，比普通唱片的直径还大 8 厘米。

大王乌贼是所有无脊椎动物中体积最大的，也是海底世界里最大的软体动物。早在 19 世纪末，人们对大王乌贼就有过这样的记载：它的身长为 3 米，触手长可达 15 米；它的眼睛直径达 30 厘米，这在整个动物世界中是独一无二的。

鹦鹉螺

鹦鹉螺这种古老的软体动物是国家一级保护动物，也是《华盛顿公约》I 类保育动物，在研究动物进化上有很高价值。

大王乌贼一般生活在大洋深处，白天在深海中休息，晚上游到浅海觅食。它们的性情极为凶猛。据记载，有一次人们目睹了一只大王乌贼与抹香鲸搏斗的过程。大王乌贼用它粗壮的触手和吸盘死死缠住抹香鲸，抹香鲸则拼出全部力气咬住大王乌贼的尾部。它们在海中猛烈翻滚，搅得浊浪冲天，后来又双双沉入水底，不知所终。一般来说，这种搏斗多半是抹香鲸获胜，但也出现过大王乌贼用触手钳住抹香鲸的鼻孔，使其窒息而死的情况。

虎鲸

虎鲸是一种大型齿鲸，身长 8 至 10 米，体重 5 至 8 吨，背呈黑色，腹为灰白色，背鳍弯曲长达 1 米，性情凶猛，善于进攻猎物。

现存最古老的海洋生物

海洋中现存的最古老的生物是有“海洋活化石”之誉的鹦鹉螺。

鹦鹉螺是有螺旋状外壳的软体动物。鹦鹉螺的贝壳很美丽，构造也颇具特色。这种石灰质的外壳大而厚，左右对称，沿一个平面做背腹旋转，呈螺旋形。贝壳外表光滑，呈灰白色，后方间杂着许多橙红色的波状纹。壳的内腔由隔层分为 30 多个壳室，它柔软的身体占据壳的最后一室，其他部分则充满空气以增加浮力。各室间有一管相连，可调节壳室中的气体量。它们依靠充气的壳室在水中游泳，或以漏斗喷水的方式“急流勇退”。

鹦鹉螺基本上属于底栖动物，平时多在 100 米的海水底层用腕部缓慢地匍匐而行，也可以利用腕部的分泌物附着在岩石或珊瑚礁上。鹦鹉螺现存的种类不多，但都是暖水性动物。它们是印度洋和太平洋海域特有的种类，在我国台湾岛、海南岛和南海诸岛海域也有发现。

潜海最深的哺乳动物

深深的海底既有巨大的浮力，也有极大的压力，在这双重阻力下却不乏潜水好手，如各种鱼类、海豚、海豹和海龟等，但真正的潜水冠军当推号称“海中霸王”的抹香鲸。

抹香鲸体呈圆锥形，雄性最大体长达 23 米，雌性 17 米，头部呈圆桶形，约占体长的 1/3，上颌齐钝，远远超过下颌。由于头部特别大，抹香鲸又有“巨头鲸”之称。抹香鲸的鼻子也十分奇特，只有位于左前上方的左鼻孔畅通，右鼻孔堵塞，所以它呼吸的雾柱是以 45 度角向左前方喷出的。

头重脚轻的体形使抹香鲸极适宜潜水，它以屏气法潜入水下可达 1 小时之久，最大潜水深度达 2200 米，是海洋哺乳动物中的“潜水冠军”。

抹香鲸

抹香鲸是齿鲸中最大的一种，头极大，前端钝，所以又称为“巨头鲸”，主要栖息于南北纬 70 度之间的海域。

最大的浮游生物

世界上最大的浮游生物是水母。

水母是一种非常漂亮的水生动物。它虽然没有脊椎，但身体却非常庞大，主要靠水的浮力支撑巨大的身体。

水母体形像一把透明伞，伞状体直径有大有小，大水母的伞状体直径可达 2 米。有的水母的伞状体还带有各色花纹。伞状体边缘长有一些须状条带，这种条带叫触手，有的触手长可达 20 至 30 米，相当于一头鲸的长度。在蓝色的海洋里，这些游动着的色彩各异的水母伸出长长的触手，显得十分美丽。

水母

水母的伞状体内有一种特别的腺，可以释放出一氧化碳，使伞状体膨胀。遇到敌害或者大风暴的时候，水母就会自动将气放掉，沉入海底。海面平静后，它只需几分钟就可以生产出气体让自己再次膨胀并漂浮起来。

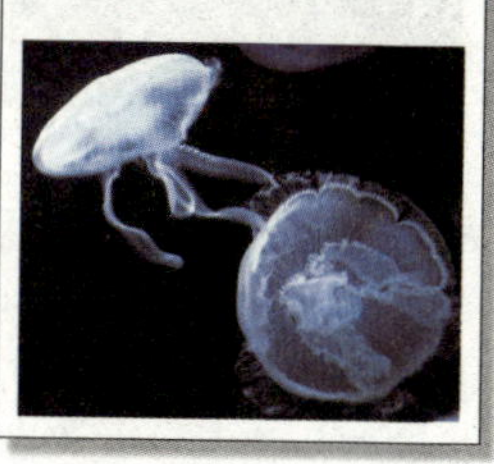

水母进食、消化、排泄都必须在水中完成，它身体含水量可达 98%。水母的身体由内外两层胚层组成，两层间有一个很厚的中胶层，不但透明，而且有漂浮作用。运动时，水母利用喷水反射前进，远远望去，就好像一顶顶圆伞在水中迅速漂游。水母在繁殖期常集体出没，届时，成千上万的“白点”点缀海面，非常壮观。

【延伸阅读】

龙涎香为什么被称为“香料之王”？

龙涎香是一种名贵的动物香料，它就产自抹香鲸。这是因为抹香鲸常年以乌贼为食，常常一口吞下乌贼，但乌贼坚硬的角喙能够抵御胃酸的侵蚀，逐渐在抹香鲸的小肠里形成一种黏稠的深色物质，即龙涎香。龙涎香所含香料成分的蒸汽压都极低，挥发较慢，但香气强度极高，在非常低的浓度下就能被闻到，是使香水保持芬芳的最好物质，常用做香水固定剂。因此，龙涎香被称为“香料之王”。

最小的有袋动物

海马是世界上最小的有袋动物。它们体长一般不超过 10 厘米，有的体重不足 25 克。

海马属于鱼类，但外形与鱼相差很大，因其头部长得很像马头，因此被称为海马。海马全身没有鱼鳞，只有甲胄一般的环状骨板，用以保护身躯和内脏。海马游泳时会扇动背鳍，头朝上尾巴向下直立前进。

海马

海马通常生活在珊瑚礁的缓流中，因为它们不善于游水，故而经常用适宜抓握的尾部紧紧钩住珊瑚的枝节、海藻的叶片，以免被水流冲走。

与一般动物不同的是，海马家族中，后代是由雄海马来抚养的。在繁殖期，雌海马将卵排入雄海马腹部，在雄海马靠近尾部的地方有一个口袋状的孵化囊，称为“育儿袋”，卵子就在育儿袋中受精并孵化。雄海马要精心呵护这些小海马，并不断调整育儿袋内海水的盐度，以使这些小海马逐渐适应海水环境。小海马长大后，雄海马便会使出全身力气，将后代从育儿袋内排放到海水里。当小海马离开雄海马后，雄海马就完成了它的任务，不会继续照顾小海马。

此外，海马还是一种传统药材，具有壮阳、治疗呼吸系统疾病及心脏病等功效。

陆地上最大的龟

陆地上最大的龟是象龟。象龟头大，颈长，皮肤松皱，柱状腿粗壮似大象，故得名象龟。象龟最重可达 375 千克，背甲长可达 1.5 米。象龟的背甲中央高隆，前后缘略呈锯齿状，微向上翘起。背甲、四肢和头尾均为青黑色，背甲上有不规则的黑斑。

象龟生活在太平洋以及印度洋的热带岛屿上，主要以青草、仙人掌为食。它们害怕强烈的阳光，每天要睡 16 个小时，雨季下山活动，旱季则爬到多雾的山顶生活。象龟的寿命很长，一般可达 300 岁。

象龟是一种珍贵的观赏动物。因近年来人类的大量捕猎，象龟已濒临灭绝。

象龟

象龟个体庞大，肉味鲜美，是珍贵的观赏动物，但因大量捕猎，现已濒临灭绝。

最大的鱼

世界上最大的鱼是生活在海洋中的鲸鲨。

鲸鲨是鲨鱼中个体最大的，体长一般 10 米左右，最长可达 20 米，体重可达 20 吨，是世界上现存最大的鱼类。它的身体呈灰褐色或青褐色，有许多黄色斑点或横纹。它的口很宽大，几乎与头等宽，牙齿却很细小，上、下颌各长有数百颗牙。它的鳃弓具有角质鳃耙，鳃耙分成许多小枝，交叉结成海绵状的“过滤器”。觅食时它只要一张开大口，海水与小生物便一起涌进口中，然后闭上口，水就从鳃耙的缝隙中排出，而小生物就留在口中成了它的食物。

鲸鲨主要分布于热带海洋中，有时也会洄游到我国南海、台湾海峡、东海及黄海南部。它们游动速度缓慢，常漂浮在水面上晒太阳。鲸鲨虽然体型巨大，但性情温和，以浮游生物、甲壳动物、软体动物及小鱼为食，从不攻击人，所以被称为“海洋中温和的巨人”。

鸟类之最

世界上飞得最高的鸟

据科学资料记载，大雁是目前世界上飞得最高的鸟类。

大雁是雁属鸟类的通称，它们体形较大，喙的长度几乎与头部长度相等，颈部则较粗短，翅膀长而尖，羽毛多为褐色、灰色或白色，尾羽一般为16至18枚。

大雁的平均飞行高度为1万米。据可靠资料记载，生活在我国西北部高山湖泊地区的一种叫斑头雁的夏候鸟是大雁中飞得最高的。它每年从印度起飞，飞越世界第一高峰珠穆朗玛峰后到达西藏。科学家还发现，斑头雁在1万多米的高空飞行，居然不畏惧炎炎烈日和稀薄的空气。而这一高度空气最为稀薄，温度恒定，是其他鸟类望而却步的死亡区域。

另外，大雁的飞行速度很快，如红色胸脯的鸬鹚、绒毛鸭、美国的海鸭和灰雁等，每小时可飞90至100千米。

斑头雁

斑头雁不仅是世界上飞得最高的鸟类，还十分忠于爱情，一般出入成双成对，一旦丧偶，便成为孤雁，不再婚嫁。

世界上视力最好的鸟

我们经常用鹰的眼睛来形容一个人目光锐利，事实上，鸟类中鹰的视力的确最好，不仅视野宽阔，目光也极其敏锐。

鹰的眼睛有两个中央凹：正中央凹和侧中央凹，这使得鹰眼的视野近似球形，因此能看到非常宽广的地域。

鹰

鹰泛指小型至中型的白昼活动的隼形目鸟类，一般飞行能力强，眼力敏锐，寿命比较长。

此外，鹰眼的瞳孔也很大，在一定范围内，瞳孔越大，分辨率越高。所以，一只雄性鹰可以侦察到人眼觉察距离30倍远的猎物。即便在2000米的高空翱翔，鹰也能准确地发现和辨认地面上的兔、鸡以及水里的某些可成为食物的小动物。

世界上羽毛最长的鸟

日本通过人工杂交方法培育成的长尾鸡，尾羽的长度十分惊人，是世界上羽毛最长的鸟类。

长尾鸡体态类似于家鸡，但体形略小。它们的喙短而略弯曲，头部有鲜红的肉质单冠；翅膀短圆形，不宜高飞和远距离飞翔；体羽有白、褐、花斑及黑等不同颜色。雄鸡尾羽尤其长，一般达6至7米。最长的羽毛是1974年培育出的一只雄鸡的尾羽，羽长12.5米。如果让它站在四层楼房的阳台上，它的尾羽可以一直拖到底楼的地面。

【百科链接】

世界上最大的飞鸟：

世界上最大的飞鸟是生活在非洲东南部的柯利鸟，它翅长2.56米，体重达18千克，是世界上能飞行的鸟中体重最大的。

世界上最稀少的鸟

朱鹮是世界上最稀少的鸟。朱鹮一般身长 80 厘米左右，体重约 1500 至 2000 克，喙长而弯曲，喙尖及腿、趾部均为朱红色，春夏两季羽毛呈铅灰色，秋冬则变为粉白色。朱鹮通常群聚在海拔 1200 至 1400 米的疏林地带。它们经常在河流、塘库及农田边活动，以昆虫和泥鳅、青蛙、螃蟹、小鱼、虾等水生动物为食。朱鹮奉行“一夫一妻”，繁殖期为每年 3 至 6 月。它们营巢于松树、栎树等高大的树杈上，每次产卵 2 至 4 枚，雌雄朱鹮轮换孵化和育雏。

朱鹮

朱鹮又称朱鹭，是一种极为珍稀的鸟，素有“东方宝石”之称，被世界鸟类协会列为“国际保护鸟”。

朱鹮曾广泛分布于东亚地区，后因环境恶化等因素导致种群数量急剧下降，濒临灭绝。1981 年，我国鸟类学家在陕西省洋县发现了世界上幸存的 7 只野生朱鹮。此后，我国大力开展保护朱鹮的工作和科学研究，取得了显著成果。目前，朱鹮的总数已增加到一两千只。

世界上最小的鸟

世界上最小的鸟是蜂鸟。

蜂鸟，顾名思义就是和小蜜蜂差不多大小的一种鸟，因它飞行采蜜时也发出嗡嗡的响声，所以被称为蜂鸟。

蜂鸟的体重很轻，只有 2 克左右，即便是体形最大的巨蜂鸟体长也不过 20 厘米，体重不足 20 克。

蜂鸟身体虽小，飞行本领却很高。蜂鸟的翅膀很灵活，每秒钟能振动 50 至 70 次，飞行速度快得惊人，每小时可达 50 千米，飞行高度可达 4 至 5 千米，蜂鸟也是世界上振翅最快、散热最快、新陈代谢最强的鸟类。蜂鸟不仅飞得快，还能做长距离飞行，有的蜂鸟甚至可以一刻不停地飞行 800 多千米。

蜂鸟主要生活在拉丁美洲的古巴等地。它们的主要食物是花蜜和小昆虫，所以在百花盛开、草木繁茂的季节，人们常能看到它们忙碌的身影。蜂鸟的羽毛艳丽，非常漂亮，因此又被称为“神鸟”、“花冠”、“森林女神”等。

【百科链接】

世界上最大的鸟类化石：

最大的鸟类化石是隆鸟的化石，高达 5 米。这种鸟原来生活在马达加斯加岛上，7 世纪时灭绝。

世界上最凶猛的鸟

北美洲生活着一种世界上最凶猛的鸟，它不仅不怕狮子，甚至还能把狮子吃掉！这种鸟就是秃鹰。

秃鹰全身羽毛丰满，它的身体比一般的鸟大，头尾体长可达 1 米，两翅端距达 2 米多，长着一个坚钩似的“铁嘴”和两只尖锐的利爪。

秃鹰生性凶猛残暴，兔、羊、鹿等动物都是它的“家常便饭”。几十只秃鹰在一起啄食一头牛，3 个小时就可以把它吞掉。即使遇到森林之王狮子，它们也不惧怕。它们利用居高临下的空间优

秃鹰

秃鹰又名白头海雕或美洲雕，它是北美洲特有的一种大型猛禽，还是美国的象征和国鸟。一只成年秃鹰体长可达 1 米，翼展可达 2 米多，十分雄壮威猛。

领环　指某些鸟的喉部或上胸部位具特殊色彩的斑块或项圈。

势，采取突然袭击的方式俯冲向狮子，嘴爪并用，经过一番激烈格斗，狮子就会因长处无法施展而败阵，最终葬身于鹰腹之中。

世界上嘴巴最大的鸟

在鸟类家族中，有一种巨嘴鸟，是世界上嘴巴最大的鸟。

这种鸟体长一般只有 60 厘米，而它的喙长却可达 24 厘米，喙宽竟达 9 厘米，喙占了体长的 1/3，所以被称为巨嘴鸟。巨嘴鸟的喙表面是一层薄而硬的壳，中间贯穿着极纤细、多孔隙的海绵状骨组织，里面充满空气，因此巨大的喙对巨嘴鸟来讲并无沉重的压力。巨嘴鸟的喙上半部是黄色的，略带淡绿色，下半部呈蔚蓝色，喙尖则是一点殷红。这样漂亮的嘴巴再配上四周有一圈天蓝色羽毛的眼睛、橙黄色的胸脯及漆黑的背部，显得非常好看。

巨嘴鸟生活在拉丁美洲阿根廷到墨西哥之间的热带丛林中，大约有 87 种。巨嘴鸟的食物主要有果实、种子和昆虫等。它们吃东西时十分有趣，总是先用喙尖啄起食物，然后仰起脖子，把食物向上抛起，再张开大嘴，让食物直接落进喉咙，整个过程就像演杂技一样。

世界上寿命最长的鸟

安第斯兀鹫又叫康多兀鹫，也有人叫它安第斯神鹰或南美神鹰，它的寿命一般为 50 年，是寿命最长的鸟类。安第斯兀鹫一般体长约 1.3 米，翼展 3 米多，体重可达 11 千克。据说最大的一只两翅展开达 5 米，被人们称为“难以置信的巨鸟”。这种鸟飞得很高，平均飞行高度为 5000 至 6000 米，最高时可达 8500 米。

巨嘴鸟

巨嘴鸟是最喧闹的森林鸟之一，可发出隆隆巨响声、号角声与刺耳的嘎嘎声。它们以果实、大型昆虫、蜥蜴和雏鸟为食，并将巢筑在高高的树洞内。

大角猫头鹰

大角猫头鹰是鸮形目鸟类中体形最大的一种，夜间活动，以小型哺乳动物为食。

安第斯兀鹫生活在南美洲安第斯山脉的高峰上，也经常出没于秘鲁的海岸。多数鸟类学家认为，安第斯兀鹫虽然身体巨大，视力极好，但是爪子短钝，抓握食物的能力较差，因此它一般不捕食，只以动物尸体为食，有时也吃些鸟蛋。

尽管如此，安第斯兀鹫威武堂堂的外表使它享有“百鸟之王”的美誉。而智利人更是把安第斯兀鹫尊为国鸟，作为国徽和军徽的主要标志。

世界上最大和最小的猫头鹰

北极地带的大角猫头鹰可算是猫头鹰之王。它体长足有 1.4 米，静止时就好像一个人蹲在那里。大角猫头鹰非常耐寒，白天多半栖居在冰山雪窟里，夜晚时才飞到开阔地带觅食。它的两只橘黄色的大眼睛在夜里闪闪烁烁，就好像两个电灯。假使有人靠近，它就会竖起周身的羽毛，把嘴磨得咯咯作响以示威。到了繁殖季节，它们常常以老鹰或乌鸦废弃的旧窠为巢，或者干脆就在悬崖峭壁的洞中居留。

在南美，有一种和麻雀一样大小的侏儒猫头鹰，是世界上最小的猫头鹰。它们多栖居在沙漠地区的巨大仙人掌上，常利用啄木鸟啄出的树洞做窝，一个树洞就能住下六七个家族。这种猫头鹰的羽毛上有两个黑点，常被人误认为是眼睛，所以人们也称它为“四眼鸟”。

世界上最晚发现的鹤

黑颈鹤是人类最晚发现和认识的一种鹤。黑颈鹤是世界性的珍稀水禽之一，主要分布在中国、印度，不丹和尼泊尔等国境内也有少量分布。

黑颈鹤雌雄体形相似，全身长约120厘米，因其颈上端1/3为黑色，故而得名。黑颈鹤栖息于海拔2500至5000米的高原，也是世界上唯一生长、繁殖在高原的鹤。中国的西藏地区是黑颈鹤的主要繁殖地和越冬地，所以黑颈鹤又被称为西藏鹤。它们通常生活在沼泽、湖泊及河滩地带，主要以绿色植物的根、芽为食，也捕食软体动物、昆虫、蛙类、鱼类等。

藏语中黑颈鹤的发音为“中中”或“中中嘎莫”，意为鹤、白鹤。藏族人非常喜爱黑颈鹤，视之为吉祥的神鸟而倍加爱护。青海的藏族人更赋予它高贵的名字“哥塞达日子”，意为牧马人，有高尚、纯洁、权威之意。

世界上体形最大的鸟

产于非洲的鸵鸟是当今世界上最大的鸟。

鸵鸟的身高可达2.75米，身长达2米，体重达156.5千克。鸵鸟头颈很长，翅膀却很短，由于两翼已经退化，加之躯体肥大，不能飞行。但它的脚很长，跑得很快，它奔跑起来快马都追不上。鸵鸟在奔跑时如果“心血来潮”，一步就可以跨过1.5米。假使你坐在汽车里追踪鸵鸟，用计程表测速的话，你会发现它们可以不怎么费力地在一刻钟至半小时内将时速提高到50千米，有时甚至可提高到70千米。另外，经驯服的鸵鸟是很听使唤的。

非洲鸵鸟

非洲鸵鸟分布于非洲西北部、东南部和南部，栖息于荒漠、草原和灌丛等地，是世界上体形最大的现生鸟类。

世界上最重的飞鸟

大鸨是我国草原上最大的鸟，也是猎禽中最大的种类，同时是世界上能飞的最重的鸟类。大鸨身长约1米，体重达18千克。雄鸟头、颈和前胸为青灰色，喉部近白色，细长的纤羽在喉侧向外突出如须；雌鸟喉部无须，上体大部淡棕色，满布黑色横斑，两翅大部灰白，飞羽为黑色。

黑颈鹤

黑颈鹤体长110至120厘米，体重4至6千克，长颈、长脚，体态婀娜多姿，黑色的颈羽像一条黑丝绒的围脖，裸露的红色头顶看上去非常华丽。

大鸨主要栖于草原和荒漠草原，常在麦田和油菜田中活动。它们有粗壮的腿和3个健壮的脚趾，善于奔走，在草原上，能以70千米/小时的速度疾驰，但飞行却很缓慢。大鸨的鸣叫器官已经退化，不会发声。大鸨于每年春末夏初繁殖，筑巢于草原坡地或岗地，每窝产卵2至3枚，雌雄轮流孵卵。孵卵期28至31天，35天左右幼鸟初具飞行能力。大鸨在每年秋季结群南迁越冬。

【延伸阅读】

啄木鸟为什么不会得脑震荡？

科学家发现，啄木鸟的头部很特殊：头颅坚硬，骨质松而充满气体，似海绵状；头的内部有一层坚韧的外脑膜；在外脑膜与脑髓间有狭窄的空隙，它可以减弱震波的流体传动。啄木鸟有三层防震“装置”，再加上啄木鸟头部两侧有强有力的肌肉系统，可起到防震作用，另外，它的眼睛和舌头也能缓冲撞击时带来的冲击，因而啄木鸟不会发生脑震荡。

漂泊信天翁

漂泊信天翁的翼展长达 3.5 米，它们生活在南太平洋，平均寿命为 22.8 年，一生有 90% 的时间生活在海上，是一种飞行能力十分强的鸟类。

世界上游水最快的鸟

巴布亚企鹅是世界上游水最快的鸟，每小时可游 27.4 千米，主要分布于哥伦比亚、委内瑞拉、圭亚那、苏里南、厄瓜多尔、秘鲁、玻利维亚、巴拉圭、巴西、智利、阿根廷、乌拉圭等地以及福克兰群岛、南极大陆、南极半岛等。

巴布亚企鹅体长 60 至 80 厘米，眼睛上方有一个明显的白斑，喙细长，喙尖呈红色，眼角处有一个红色的三角形，显得眉清目秀。

巴布亚企鹅通常以石子或草筑巢。雌企鹅每次产 2 个蛋，孵化期约 36 天。它们通常在近海较浅处觅食，但有时亦潜至海中 100 米处。

世界上翼展最宽的鸟

南太平洋有一种鸟，名叫漂泊信天翁，因为其终生漂泊于海上故而得名。漂泊信天翁翼展可达 3.5 米，是世界上公认的翼展最宽的鸟。

漂泊信天翁 4 岁后就能准确回到出生地寻找配偶，并于一两年后确定配偶。6 至 7 岁时，成年的雌鸟便可产卵，幼鸟羽毛丰满后，便开始终生的海上漂泊。漂泊信天翁在 10 个月的时间里可以飞行 1.5 万千米。

信天翁最大的敌人就是人类。许多信天翁都是因为被渔船使用的长钩钩住，最终不能挣脱而溺死在海中的。

世界上飞行最远的鸟

燕鸥是飞得最远的鸟类。它们在北极繁殖，却在南极越冬，每年在两极之间往返一次，行程数万千米。

燕鸥体态优美，其长喙和双脚都是鲜红色的，就像是用红玉雕刻出来的一样。头顶是黑色的，像是戴着一顶呢绒的帽子。其背面的羽毛是灰白色的，若从上面看，它们会和大海融为一体；而其腹面的羽毛则是黑色的，海里的鱼若从下面望上去，很难发现它们的踪迹。加上尖尖的翅膀，长长的尾翼，燕鸥集中体现了大自然的巧妙雕琢和完美构思。

它们繁殖和越冬时总是处在两极的夏季，而两极的夏季，太阳总是不落的，所以它们是地球上唯一长期生活在光明中的生物，所以被人们称为“白昼鸟”。

不仅如此，它们还有非常顽强的生命力。1970 年，有人捉到了一只腿上套环的燕鸥，结果发现，那个环是 1936 年套上去的。也就是说，这只燕鸥至少已经活了 34 年。由此算来，它在一生当中至少已经飞行了 150 多万千米。

世界上学话最多的鸟

非洲灰鹦鹉能学会 800 多个单词，是世界上学话最多的鸟。

非洲灰鹦鹉体长约 35 厘米，属于大型鹦鹉。这种鹦鹉身体为深浅不一的灰色；眼睛周

巴布亚企鹅

巴布亚企鹅又名金图企鹅，体形较大，身长约 60 至 80 厘米，重约 6 千克，通常在近海较浅处觅食，主要食物为鱼和南极磷虾。

【百科链接】

最大的鸟卵化石：

17 世纪中叶以前，在马达加斯加岛南部生活着一种象鸟，现在已经绝迹。象鸟卵化石的长径为 35.6 厘米，是迄今发现的最大的鸟卵化石。

围有一片狭长的白色裸皮；头部和颈部的灰色羽毛带有浅灰色滚边；腹部的灰色羽毛则带有深色滚边；主要飞行羽为灰黑色；尾羽呈鲜红色；鸟喙呈黑色；虹膜呈黄色。其幼鸟尾羽尖端带有黑色，虹膜为浅灰色，随着发育会逐渐变为黄色。

非洲灰鹦鹉

非洲灰鹦鹉是世界各地大型鹦鹉中最常见的种类之一，以擅仿人语而闻名，一直以来是宠物鸟市场上最受欢迎的种类之一。它们的高智商与优秀的模仿能力是最为人所称道的天赋。

非洲灰鹦鹉一直是宠物鸟市场上最受欢迎的种类之一。它们的高智商与优秀的模仿能力是最为人所称道的天赋，也是世界各地中大型鹦鹉中最常见的种类之一。

世界上最钟情的鸟

犀鸟非常重感情。每年的春末夏初，雌雄犀鸟结对后，总是相亲相爱地一起觅食、栖息。

它们选择天然大树洞营巢产卵，雌鸟产完卵后，就卧在树洞里孵卵，雄鸟衔泥将洞口封闭，只留一个投食的小孔。雌鸟卧巢孵卵期间，全由雄鸟衔食从小孔中喂食。孵出的雏鸟羽毛长齐之前，寻找全家食物的任务均由雄鸟承担。白天奔忙过后，雄鸟在夜晚还要栖息在洞外的树上“站岗放哨”，防止妻儿受到敌人的侵害。待幼鸟羽毛丰满，雌雄鸟才破洞团聚，并共同带领小鸟试飞觅食。

一对犀鸟中如有一只死去，另一只绝不会另寻新欢，而是在忧伤中绝食而亡，故被誉为“钟情鸟”。

世界上最漂亮的鸟

孔雀属鸟纲雉科，是世界上最漂亮的鸟。以云南产的绿孔雀为例，雄孔雀体长约 2.2 米，羽色绚丽，多带光泽；雌孔雀无尾屏，羽色亦稍逊。人们常说，“孔雀美，多在尾”，也就是说孔雀开屏是最美的。

每当春暖花开时节，孔雀开始发情，雄孔雀追随于雌孔雀周围，并把鲜艳夺目而具有眼状的尾羽展开如扇状，不断抖动，互相摩擦而发出“沙、沙、沙”的声音，在金色阳光的照耀下，其尾羽光彩夺目，这就是孔雀开屏。

孔雀开屏

雄性绿孔雀羽毛翠绿，开屏时尾羽闪耀紫铜色光泽，十分美丽。

【延伸阅读】

最奇怪的“飞行”动物是什么？

一般的蜥蜴是在陆地生活，不会飞。但西双版纳密林中的蜥蜴却与世界各地的蜥蜴不同，因为它是一种会飞的陆地“怪物”。西双版纳密林中的蜥蜴，身体两侧有翼膜，它们凭借翼膜可以在树林之间自由地滑翔飞行，故被称为飞蜥。

龄期 昆虫幼虫连续两次蜕皮所经历的时间。

昆虫之最

最美丽的昆虫

兰花螳螂是最美丽的昆虫，也是螳螂目中最漂亮的一种。它们的步肢演化成类似花瓣的构造，能随着花色的深浅调整自己的颜色，模拟兰花而不被猎物察觉。有一种螳螂长得极像粉红淡雅的兰花，其高超的伪装技能，让人赞叹不已。

兰花螳螂具有掠食本能，只要是活的昆虫，如苍蝇、蜘蛛、蜜蜂、蝴蝶、飞蛾等，它们都会捕食。因为兰花螳螂主要是在兰花上等待猎物上门，所以它们捕食的对象多半也是围绕花朵生活的小型节肢动物、爬虫类或鸟类。

兰花螳螂翅膀长好的时候就进入了其成年阶段，这时雄性的体形只有雌性的一半大小。交配时，雄螳螂会把精囊放进雌螳螂的储精囊中，以后雌性产的卵就会在储精囊受精。因此只要交配一次，雌性就可以持续产下受精卵。在夏末交配后，雌螳螂会在 1 至 14 天之间产下卵块，并将其固定在树枝上，卵块中含有 30 至 50 颗卵。雌性通常一季可以产下 5 至 7 个卵块，经过 2 至 3 个月的时间，在春天温度上升之后，卵块就会孵化，幼体纷纷钻出卵块。幼体经过 3 个月的成长，蜕皮 6 至 7 次之后就会成年，开始交配产卵。而成体在交配产卵之后 2 至 3 周内就会死亡。也就是说，兰花螳螂的寿命大都不超过一年，在春季出生，到冬季就死亡了。

兰花螳螂

兰花螳螂堪称世界上进化得最完美的生物，不同种类的兰花植株上生活着不同的兰花螳螂，它们能随着花色的深浅调整自己身体的颜色，非常漂亮。

对人类健康危害最大的昆虫

对人类健康危害最大的昆虫是蚊子。蚊子属于昆虫纲双翅目蚊科，全球约有 2700 种。雄蚊触角呈丝状，触角毛一般比雌蚊浓密，以花蜜和植物汁液为食。雌蚊则以动物血液为食。

蚊子的触须和步足上分布着很多轮生的感觉毛，每根感觉毛上密集地排列着圆形或椭圆形细孔。蚊子可以凭着这种传感器感知空气中动物体散发出来的二氧化碳，从而正确并敏捷地确定吸血对象的位置。蚊子的唾液中有一种具有舒张血管和抗凝血作用的物质，它使血液更容易汇流到被叮咬处。

蚊子主要的危害是传播疾病。据研究，蚊子传播的疾病达 80 多种，疟疾、流行性乙型脑炎等都是蚊子传播的。

蚊虫叮咬过的皮肤

蚊子的唾液中有一种具有舒张血管和抗凝血作用的物质，可使血液更容易汇流到被叮咬处。蚊子唾液中的物质还会使被叮咬者的皮肤出现起包和发痒症状。

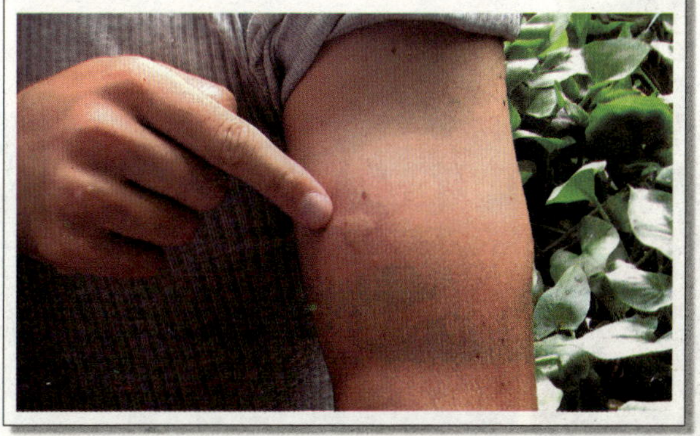

对建筑物危害最大的昆虫

对建筑物危害最大的昆虫是白蚁，俗话说“千里之堤，毁于蚁穴”。小小的白蚁往往会给人们带来无法估量的损失。

白蚁，亦称虫尉，属节肢动物门、昆虫纲、等翅目，类似蚂蚁营社会性生活，也分为蚁后、蚁王、兵蚁、工蚁。白蚁体软而扁，白色、淡黄色、赤褐色或黑褐色均有，不同种类的体色不一样。口器为典型的咀嚼式，触角为念珠状。

白蚁主要有台湾家白蚁、黄翅大白蚁、黑翅土白蚁、海南土白蚁、近歪白蚁、新白蚁、堆砂白蚁、树白蚁、散白蚁、木鼻白蚁、原白蚁等类型。

白蚁所造成的损失是惊人的，它们对农作物的危害，尤其是对甘蔗的危害颇为严重。它们还危害树木，破坏房屋建筑，特别是对砖木结构、木结构建筑的破坏尤为严重。白蚁隐藏在木结构内部，往往会破坏或损坏木结构的承重点，造成房屋突然倒塌。

在我国，危害建筑的白蚁种类主要有家白蚁、散白蚁等属。其中，家白蚁属的白蚁是破坏建筑物最严重的。它的特点是扩散力强，群体大，破坏迅速，在短期内即能造成巨大损失。

此外，白蚁严重危害江河堤防，我国古代文献上已有较为详细的记载，近代的记载更为详尽。它们在堤坝内密集营巢，迅速繁殖，巢穴星罗棋布（除家白蚁外），蚁道四通八达，有些蚁道甚至穿通堤坝的内外坡。汛期水位升高时，堤坝常常出现管漏险情，更甚者塌堤垮坝。

白蚁巢穴

在非洲与澳大利亚常见的高大白蚁巢，由十几吨泥土砌成，通常有五六米高，最高可达九米，呈圆锥形塔状，为当地特有的景观。

蝗虫

蝗虫喜群居，繁殖能力极强。众多的蝗虫出现在同一地方，给农作物造成极大损害，形成蝗灾。据估算，一个蝗虫大群体每天吞食的粮食达 8 万多吨，相当于 40 万人一年的口粮。

对农业危害最大的昆虫

对农业危害最大的昆虫是蝗虫。蝗虫属于昆虫纲蝗科，共有 4500 多种。其成虫都有一对发达的大颚，主要咬食禾本科植物的叶和茎，如小麦、玉米、高粱、水稻、粟、芦苇、稗草和荻等，饥饿时也取食大豆等双子叶植物。蝗虫主要栖息在粗放耕种、低产（杂草丛生）的庄稼地以及苇地、荒地、库区、盐碱滩涂等地方，天敌有鸟、蛙和蛇等。

蝗虫善飞善跳，它后足强大，跳跃时主要依靠后足。蝗虫飞翔时，后翅起主要作用；静止时，前翅覆盖在后翅上起保护作用。蝗虫可连续飞行 1 至 3 天。蝗虫飞过时，群蝗振翅的声音非常惊人，就像海洋中的暴风呼啸。另外，蝗虫的繁殖能力极强，雌虫有产卵器，可插入土中产卵。

蝗虫可分为迁移型和非迁移型，二者皆对作物有很大的威胁，尤以前者破坏性最强，其所到之处绿色植物几乎被啃食殆尽。

【百科链接】

最大和最小的飞蛾：

世界上最大的飞蛾产于澳大利亚和圭亚那，据记载，其前翅面积达 263 平方厘米，翅展为 28 厘米。而最小的飞蛾发现于英国和加那利亚群岛，体长和翅展都仅为 0.2 厘米左右。

尾须　昆虫腹部端节背侧之后的一对须状构造，有感觉和防护的功用。

最重的昆虫

世界上最重的昆虫是热带美洲的巨大犀金龟，它属鞘翅目犀金龟科或独角仙科。其头部和前胸背板大多有明显突出的分叉角，形似犀牛角，故得名。

这种犀金龟从头部突起到腹部末端长达15.5厘米，身体宽10厘米，其重量竟有约100克，比最大的鹅蛋还重。犀金龟多栖息于林区或经济林区，危害桑、榆、无花果等树木的嫩枝，或一些瓜类的花。幼虫栖居于阔叶树的树干中，将树穿成大孔，或栖居于土内危害甘蔗、玉米、大豆、花生等作物。

竹节虫

竹节虫是拟态的典型动物之一，它们的体色和体形都有保护作用。它们多以灌木和乔木的叶片为食，危害森林。

寿命最短的昆虫

如果“寿命”一词在昆虫中指成虫生活的天数，那么蜉蝣是昆虫中最短寿的。我国古代早有记载，“蜉蝣，……朝生暮死”。确实，多种蜉蝣成虫的寿命只有几小时，寿命最长的不超过一星期。我国著名的文学家苏轼在《前赤壁赋》中说，“寄蜉蝣于天地，渺沧海之一粟”，就是以蜉蝣的寿命比喻人生苦短的。

春夏之交的傍晚时刻，水面上常积聚着大群刚羽化的蜉蝣。飞行时，雄虫会突然抓住雌虫进行交尾。交尾后，雌虫产卵于水中。而雄虫交尾后大都立即死去，雌虫产卵后也马上死亡。

犀金龟

犀金龟体大威武，呈长椭圆形，脊面十分隆拱，体栗褐到深棕褐色，头部较小，头部和前胸背板大多有明显突出的分叉角。

另外，蜉蝣的成虫口器退化，不具取食功能，它们所需的能量来自从前的积累。这样看来，蜉蝣成虫的唯一功能和任务就是交尾产卵。

最长的昆虫

最长的昆虫是生活在马来半岛的一种竹节虫，其体长有27厘米，比一支铅笔还要长。因为它们常常附身于竹枝上，其身体颜色、形态与竹枝难以分辨，所以称为竹节虫。

竹节虫种类很多，体色各异。头部前端有一对丝状触角，口器为咀嚼式；身体和腿部细如竹节；前翅变为革质，很短，称为覆翅；后翅为膜质，层叠于覆翅之下，飞翔时展开。部分种类的翅已完全退化，但后肢发达，善于跳跃。

竹节虫体内的色素可以因光线、温度、湿度不同而发生变化，由绿色、棕色变为其他颜色。当温度与湿度下降时，它的体色变暗，温度较高、空气干燥时，则变为灰白色。依靠这些巧妙的护身法宝，竹节虫可以巧妙地躲过敌害的追击。

到了繁殖季节，竹节虫会毁掉大批树木，所以人们把它们叫作“森林魔鬼”。

最毒的甲虫

斑蝥，别名“斑猫”、“龙蚝”或“地胆”，属鞘翅目、芫青科、斑蝥属，是最毒的甲虫。

斑蝥全身披有黑色绒毛，翅细长呈椭圆形，质地柔软，体长 11 至 30 毫米，翅基部有两个大黄斑，中央前后有一黄色波纹状横带，足有黑色长绒毛。

斑蝥多群集取食，成群迁飞。遭到惊动时，为了自卫，它们便会从足的关节处分泌出黄色毒液。此黄色毒液内含斑蝥素，其毒性甚强，能破坏高等动物的细胞组织，与人体接触后，能引起皮肤红肿发疱。

目前，全世界约有斑蝥 2300 多种，我国有 29 种。

斑蝥

斑蝥是最毒的甲虫。它的足关节处可分泌黄色毒液，其中含有斑蝥素，能破坏高等动物的细胞组织。

最大和最小的蝴蝶

蝴蝶自古以来为世界各国人民所喜爱，蝴蝶的种类很多，全世界共有 1.4 万余种，我国有 1300 种以上。我国的台湾省是著名的蝴蝶产地，素有“蝴蝶王国”之称，约有蝴蝶 400 余种。

凤蝶是最大的一类蝴蝶，也是最美丽的蝴蝶。凤蝶翅共有 2 对，较大，密生各色鳞片，有红、黄、蓝、黑、白等各种颜色，构成美丽的斑纹，发出金属的光彩。后翅臀区外缘呈波状，并具有尾突，有利于飞行。凤蝶的口器特化成虹吸式口器，平时呈螺旋状卷曲，吮吸花蜜时可伸直。

世界上最大的蝴蝶是南美凤蝶，体长 90 毫米，翅展 270 毫米，相当于中等体形鸟类的翅展。我国最大的凤蝶翅展达 150 毫米。

最小的蝴蝶是小灰蝶，翅展 16 毫米。目前发现的最小的小灰蝶，是我国昆虫学家马恩沛于 1983 年 6 月在云南西双版纳小勐养大象自然保护区的原始森林里发现的，其翅展长度仅 13 毫米。小灰蝶雄雌体色不同，雌蝶通常呈暗色，雄蝶常具有翠、蓝、青、橙、红、古铜等颜色的金属光彩。这类蝴蝶翅膀的正面斑纹比较平淡，反面却色彩丰富。

凤蝶

凤蝶是凤蝶科昆虫的总称，全世界约有 600 种，大部分分布于热带，不过除了南极洲以外，其他的大陆都有发现。

最原始的昆虫

最原始的昆虫是原尾虫。

原尾虫俗称螈，螈字既是形声字，又是会意字，表示这是最原始的昆虫。

凡是昆虫，其头部都长有单眼和复眼，有一对触角，胸部有 3 对足，2 对翅。但是原尾虫无翅，无眼，也无触角，它们常把第一对足高举在头的上方，代行触角的机能。原尾虫体长仅 0.5 至 2 毫米，细长，白色或无色，口器内藏在头内，适于刺吸。其幼虫初孵化时，腹部体节为 9 节，随着虫龄的增长而逐渐增加另外 3 节和一个明显的尾节，这种现象称为增节变态，是其他昆虫没有的，表现了它们的原始性。

原尾虫分布很广，主要生活在潮湿的草根、树皮及砖石下。

【百科链接】

飞得最快的昆虫：

飞得最快的昆虫是澳大利亚蜻蜓，它短距离的冲刺速度可达每小时 58 千米。

分布最广的昆虫

分布最广的昆虫是弹尾目的弹尾虫，它们广泛分布于世界各地，常大批栖息于潮湿隐蔽的场所，如土壤、原木、粪便、洞穴等，以腐烂植物、菌类、地衣为主要食物。有些种类取食发芽的种子和活植物，有些种类栖息于水面，取食水藻，也有一些种类栖息于海滨，取食腐肉。此外，还有少数种类危害大田作物、蔬菜或食用菌类。

弹尾虫体形微小或中等，长形或近圆球形。其体长一般为1至3毫米，个别的种类超过10毫米。体色多样，有暗蓝黑色、白色、黄绿色、红色，有些种类具有银色等金属光泽。体表光滑，有些披有鳞片或毛。

弹尾虫的口器为咀嚼式，平时缩入头内，适于咀嚼或吸食；它们没有复眼，每侧由8个或8个以下的单眼组成小眼群，有些种类也没有单眼；触角丝状，通常4节，少数达6节；在触角后方和眼前方有特殊的感觉器，称为角后器，其形状与数目因种类而异；常有发达的弹器，能跳跃。

已知弹尾目有3个亚目，约6000种，我国已知有190多种。

鸣声最大的昆虫

雄性蝉，俗称知了，是鸣声最大的昆虫。它的发声器每分钟可震动7400次，远在400米之外都能听见它的鸣声。

正在羽化的蝉

蝉的蜕皮被称为羽化。如果一只蝉在双翼展开的羽化过程中受到了干扰，它可能终生无法飞行。

为什么雄蝉会叫？原来，雄蝉肚皮上有两个小圆片，叫音盖，音盖内侧有一层透明的薄膜，这层膜叫瓣膜，声音就是瓣膜振动发出的。音盖相当于蝉的扩音器，它来回收缩扩大声音，就会发出“知了，知了”的叫声。雌蝉腹部虽然也有发声器，但不能发出声音。

雄蝉每天唱个不停，是为了引诱雌蝉来交配。雄蝉的叫声在雌蝉听来就是一首美妙的乐曲。交配受精后，雌蝉用剑一样的产卵管在树枝上刺一排小孔，把卵产在小孔里，几周之后雄蝉和雌蝉就会死亡。

蝉的家族中的高音歌手是一种被称作“双鼓手”的蝉。它的身体两侧有大大的环形发声器官，身体的中部是可以内外开合的圆盘。圆盘开合的速度很快，鸣声就是由此发出的。

弹尾虫

弹尾虫是世界上分布最广的昆虫，1万平方米的土地上约有5亿只弹尾虫，它们最大不超过5厘米。

翅膀扇动最快和最慢的昆虫

研究发现，有一种小蝇是翼振最快的昆虫。这种小蝇翅膀振动的次数可达每分钟133080次。也就是说，这种小蝇翅膀拍一次，即肌肉从紧张到松弛，只需要1/2218秒。

黄凤蝶是翼振最慢的昆虫。蝴蝶的翅膀一般是每分钟拍击460至636次，而黄凤蝶在空中飞翔时翅膀每分钟只拍击300次。

植物之最

世界上最毒的树

箭毒木

箭毒木虽然毒性很强，但其汁液的主要成分具有强心、加速心律、增加血液输出量的功能，是一种有较好开发前景的药用植物。

分布在热带和亚热带地区的箭毒木是世界上最毒的树。

箭毒木学名见血封喉，为桑科见血封喉属植物。这种树很高大，高可达75米。树木基部粗大，树皮呈灰色。春季开花，花单性，雌雄同株。果肉质，呈梨形，紫红色，味极苦。茎皮中的纤维可用来制绳索和纺织麻袋。这种树的树皮或枝条破裂后，可流出一种白色的乳汁，这种乳汁含有剧毒，人或动物误食后会因心脏麻痹而死亡，如果误入眼中，则会导致双目失明。这种树在印度以及中南半岛海拔1000米以下的山地常绿阔叶林中颇为常见，在中国则常见于云南南部、广西南部、广东、海南等地区。

此外，箭毒木汁液具有强心、加速心律、增加血液输出量的功能，是一种具有良好开发前景的药用植物，但它毕竟是毒树，因此专家建议除了要学会识别箭毒木之外，还要教育年幼的孩子不要砍伤树皮，以免汁液流出，造成不必要的意外伤害。

【百科链接】

“不长叶子”的光棍树：

在非洲的沙漠地区，有一种一年到头只长干和枝，不长叶的树，人们称之为“光棍树”。其实，它也不是没有叶子，只是特别小，又过早脱落，不为人注意罢了。光棍树是为了更好地适应沙漠气候才“不长叶子”的。

世界上树冠最大的树

榕树是世界上树冠最大的树。

榕树属于桑树科榕树属，有印度榕、泰国榕、黄心榕等树种。榕树四季常青，树干粗壮，树冠舒展，枝叶繁茂，根系盘踞。从近处看，榕树枝藤交错，犹如一座森林；从远处看，榕树就像浮在水面的绿洲。因树冠大而繁密，榕树又被称为“独木林”。

据载，孟加拉国的一株榕树，树冠可覆盖1万平方米左右的土地，有一个半足球场那么大，是世界上树冠最大的树。据说曾有一支6000至7000人的军队在这株大榕树下乘凉。

树冠庞大的榕树

榕树是桑树科的常绿大乔木，分布在热带和亚热带地区。它的树冠之大常常令人惊叹不已。

体积最大的树

普陀鹅耳枥

普陀寺院内的普陀鹅耳枥树龄200年以上，被列为国家一级保护树种，人称“地球独子”。

地球上的植物，有的个体非常微小，有的个体却很庞大。原产于美国加利福尼亚州的巨杉又高又大，是树木中的“巨人”，所以又名“世界爷”。

巨杉属常绿乔木，一般高100米左右。树干基部有垛柱状膨大物；树皮深纵裂，厚30至60厘米，海绵质；树冠圆锥形。巨杉冬芽小而裸；小枝初现绿色，后变淡褐色；叶鳞状钻形，螺旋状排列，下部贴生小枝，上部的分离部分长3至6毫米，先端锐尖，两面有气孔。球果椭圆形，长5至8厘米；种鳞盾形，淡褐色，长3至6毫米，两侧有翅。

巨杉生长快，树龄长，需播种繁殖，但幼苗易生病害。巨杉除了用来做圣诞树以外，主要经济用途是观光和园艺。位于美国内华达山红杉国家公园中的谢尔曼将军树据估计至少已有3200年的树龄，体积达1489立方米，它是地球上现存最大的巨杉（曾经有数棵更大的巨杉，但已因砍伐而消失）。

仅剩一株的树

享有“海天佛国”盛名的普陀山，不仅以众多的古刹闻名于世，而且也是古树名木的荟萃之地。

在普陀山慧济寺西侧的山坡上，生长着一株名为普陀鹅耳枥的树木。这种树只生长在普陀山，而且目前只剩一株，十分珍贵。

普陀鹅耳枥在植物学上属于桦木科鹅耳枥属。全世界约有该属植物40多种，我国产22种。这种树的木材坚硬，纹理致密，可用于制作家具、农具等。有些种类叶形秀丽，果穗奇特，枝叶茂密，可作为园林观赏植物。最初普陀鹅耳枥分布很广，华北、西北、华中、华东、西南一带都有它们的足迹，但后来都渐渐死亡，几乎全部灭绝。

1930年5月，我国著名植物分类学家钟观光教授在普陀山发现了这最后一棵普陀鹅耳枥，后由植物学家郑万钧教授于1932年正式命名。遗存的这株普陀鹅耳枥高约14米，胸径60厘米，树皮灰色，叶片呈暗绿色，树冠微扁。它虽历尽沧桑，却依然枝繁叶茂，挺拔秀丽，为普陀山增光添色。

谢尔曼将军树

谢尔曼将军树是世界现存最大的巨杉，树高83米，树围31米，树干基部直径超过了11米，在高30米处树干直径仍有6米左右。

【延伸阅读】

铜钱树到底是一种什么样的树？

铜钱树生长在我国淮河及长江流域一带，是一种落叶乔木，高16至17米，叶子长卵圆形，果实生得十分别致，有两个弯月形的膜翅相互连结，中央包着种子，远远望去，树上仿佛吊着一串串的铜钱，风一吹，哗哗作响，铜钱树因此得名。铜钱树属于鼠李科，和我们吃的红枣同属。因此，它可以用于红枣的嫁接。

卷柏

卷柏有顽强的抗旱本领，它在体内的含水量降到 5% 以下时仍能保持生命力，故被称为还魂草。

木材最轻的树

生长在美洲热带森林里的轻木，也叫巴沙木，是生长最快的树木之一，同时也是世界上最轻的木材。轻木四季常青，树干高大，叶子像梧桐，五片黄白色的花瓣则像芙蓉花。我国台湾南部早就有引种。1960 年起，广东、福建等地也广泛栽培。

轻木的木材，每立方厘米只有 0.1 克重，是同体积水重量的 1/10，比我们做火柴用的白杨木还要轻 3 倍多。轻木的木材质地虽轻，可结构却很牢固，因此，它成为航空、航海以及其他特种工艺的宝贵材料。其原产地的居民早就用它来做木筏，往来于岛屿之间。我们现在用的保温瓶的瓶塞，就是用轻木做成的。

最粗的树

古代欧洲有这样一个有趣的传说：一次，古阿拉伯国王和王后带领百骑人马，到地中海西西里岛的埃特纳山游览，忽然天下大雨，百骑人马连忙躲避到一棵大栗树下，庞大的树荫正好把他们全给遮住。于是，国王把这棵大栗树命名为“百骑大栗树”。

据国外媒体 1972 年报道，在西西里岛的埃特纳山附近，确实有一棵叫“百马树”的大栗树，树干的周长竟有 55 米，需 30 多个人手拉手才能围住。树下部有大洞，采栗的人把那里当宿舍或仓库用。这就是世界上最粗的树。

栗树的果实栗子，是一种深受人们喜爱的食物。它含有丰富的淀粉、蛋白质和糖分，营养价值很高，无论生食、炒食、煮食、烹调做菜都可，不仅味甜可口，还具有滋脾补肝、强壮身体的功效。

最会走路的植物

南美洲生长着一种既有趣又奇特的植物，名叫卷柏。这种植物有一种特殊的本领，就是能从一个地方移动到另一个地方，因而成为植物界有名的“旅行者”。

卷柏为什么会“走路”呢？原来，卷柏的生存需要充足的水分，当水分不充足的时候，它就会自己把根从土壤里拔出来，让整个身体缩卷成一个圆球状。由于体轻，只要稍有一点儿风，它就会随风在地面上滚动。一旦滚到水分充足的地方，圆球就会迅速打开，它的根又会重新钻到土壤里安居下来。当水分不足时，它会继续游走，寻找充足的水源。

有人说，卷柏的这种游走在不断地给生存创造好环境。但其实卷柏的这种游走也很危险，常会使它丢了性命。因为游走的卷柏有时候会被风吹起挂在树上，渐渐地枯死；有的滚到路上被车轧扁；有的孩子甚至会把几株卷柏合在一起当球踢。

栗树

栗树树冠丰满，呈半圆形，枝条粗壮，枝叶茂密，是一种优良的庭荫树。

最长寿的植物

龙血树生长在热带和亚热带地区，是世界上寿命最长的植物，一般来说它的寿命在2000至8000年之间。

龙血树属百合科常绿乔木，是一种生长缓慢且耐干旱的喜光植物。龙血树的主干十分粗壮，直径可达1米以上，树高10至20米，树上部多分枝，树的形态呈“Y”字形。树皮灰白纵裂，树叶呈白色，远远望去，就像一把把锋利的长剑密密地倒插在树枝顶端。龙血树生长异常缓慢，几百年才长成一棵，几十年才开一次花，因此十分珍贵。

龙血树浑身都是宝。龙血树的树根、树皮、树叶可以用来治疗肿瘤等疾病。龙血树的树脂防腐性很强，在工业上用途广泛。如果用刀在龙血树上划一下，便会流出像鲜血一般殷红的汁，这种殷红的汁称为“血竭”，是一种名贵的南药，有止血、活血和补血等三大功效，是治疗内外伤出血的重要药品，也可治疗尿路感染、便秘、腹泻、胃痛、产后虚弱、跌打损伤、心慌、心悸等，因此有“圣药”之称。

【延伸阅读】

哪里有“长翅膀”的树？

生长在我国秦岭地区的落叶灌木栓翅卫矛，被称为“长翅膀”的树。其枝条呈绿褐色，硬而直。有趣的是，在它的小枝上从上到下生长着2至4条褐色的薄膜，其质地轻软，如同我们平常所使用的软木塞一般，是木栓质的。它在枝上的排列犹如箭尾的羽毛，枝条四周仿佛长上了翅膀。因此，人们称这种树为栓翅卫矛。栓翅卫矛属于卫矛科，其木材致密、质韧，可制弓、杖、木钉。其枝上的栓翅有助于血液循环，具有消肿之功效。

最矮的树

一般的树木都能长到20至30米高，而在温带的树林里，生长着一种叫作紫金牛的小灌木，它最高也不过30厘米，因此，人们给它起了一个绰号，叫它“老勿大”。它绿叶红果，人们都很喜爱它，常常把它作为盆景。

其实，比起世界上最矮的树来，“老勿大”算是大树了。世界上最矮的树叫作矮柳，生长在高山冻土带。矮柳的茎匍匐在地面上，茎上抽出枝条，长出像杨柳一样的花序，最高不过5厘米。如果拿杏仁桉的高度与矮柳相比，一高一矮相差1.5万倍。

矮柳

矮柳是一种高寒灌丛，主要分布于我国西部的天山、阿尔泰山、青藏高原及其邻近高山以及秦岭（太白山）地区。

与矮柳差不多高的矮树还有生长在北极圈附近高山上的矮北极桦，据说那里的蘑菇长得都比矮北极桦高。

这些树为什么长不高呢？因为高山冻土带和北极圈附近的温度极低，空气稀薄，风大，而且一年中的光照时间很短，所以，这些树只有长得矮小，才能适应这种恶劣的环境。

龙血树

除去药用和工业价值，龙血树还是一种观赏植物，它株形优美规整，叶形叶色多姿多彩，中、小型盆花可点缀书房、客厅和卧室，大型植株可美化、布置厅堂。

生长最慢的树

自然界树木生长的速度千差万别，有的快得惊人，有的却慢得出奇。

在喀拉里沙漠中，有一种名叫尔威兹加的树，它个子很矮，整个树冠是圆形的，从正面看就像小圆桌一般。它的生长速度极慢，100年才长30厘米。与毛竹的生长速度比起来，就像老牛之于汽车。尔威兹加树大概要长333年才能达到毛竹一天生长的高度。

尔威兹加树为什么生长如此慢呢？除了它的本性以外，沙漠中雨水稀少、天气干旱、风大的环境条件也是重要原因。

对紫外线忍受能力最强的植物

太阳光中的紫外线几乎对所有生物都有影响，特别是微生物，受到一定剂量的紫外线照射后，十几分钟就会死亡。所以医院和某些工厂经常用紫外线进行杀毒灭菌。

根据科学家的研究，如果用相当于火星表面的紫外线强度作为标准来照射各种植物，番茄、豌豆等被照射3至4小时就会死去；黑麦、小麦、玉米等被照射60至100小时，它们的叶片就会死去；而南欧黑松被照射635小时后仍旧活着。因此，南欧黑松是对紫外线忍受能力最强的植物。

南欧黑松

南欧黑松树冠呈尖塔形，老树平顶；树皮灰黑色，小枝淡绿褐色；冬芽长1.5至3厘米，先端具突尖，淡褐红色；针叶长8至15厘米，淡蓝绿色。

科学家就此推断，南欧黑松能够在火星上生活一个季节，这意味着在地球以外的行星，如火星上有生物存在的可能。

最能贮水的树

纺锤树

纺锤树生长在巴西高原的东部，树干两头小，中间胀鼓鼓的，最粗的地方直径可达5米，像一个纺锤。

纺锤树生长在南美洲的巴西高原上，是一种身材高大、体形别致的树。远远望去，它们像一个个巨型的纺锤插在地里。纺锤树最高可达30米，四五层的楼房只有它一半高。它的树干两头细中间粗，最粗的地方直径达5米。

一般的树，树干下部粗，上面细，枝条繁多，绿叶茂盛，树冠有的像宝塔，有的像一把撑开的伞，覆盖面积可达几十平方米，甚至更大，常成为人们避暑纳凉的好地方。而纺锤树却不一样，它树冠很小，伸展的枝条屈指可数，叶子也很少，连自己的树干都遮不住。

到了雨季，纺锤树会在高高的树顶上生出稀疏的枝条和心形的叶片，好像一个大萝卜。旱季时，纺锤树的绿叶纷纷凋零，红花却纷纷开放，这时，一棵棵纺锤树就像插有红花的特大花瓶，所以人们又称它“瓶子树”。

纺锤树极能贮水，它的树干内可贮存2吨多的水。旱季时，人们常会砍一棵纺锤树作为饮水的来源。若以每人每天平均饮水3千克计算，砍一棵纺锤树几乎可供四口之家饮用半年。

花托 花的组成部分之一，是花梗顶端长花的部分。

最能贮水的草本植物

茫茫沙漠中，气候特别干燥炎热，年降雨量一般不超过25毫米，有的地方甚至终年滴雨不下。

生长在这些地区的植物对干旱有很强的适应能力。有“沙漠英雄花”美名的仙人掌，就有惊人的抗干旱的能力。墨西哥沙漠中的巨柱仙人掌长得像一根分叉的大柱子，有六七层楼那样高，粗的一个人都抱不拢。在它巨大的身躯里，竟贮存着1吨以上的水。当地人常常砍开这种仙人掌，取水解渴。巨柱仙人掌是最能贮水的草本植物。

巨柱仙人掌为什么可以贮存这么多水呢？原来，长期的沙漠生活使巨柱仙人掌的叶子已经退化成针刺，这样可以减少水分的蒸发；巨柱仙人掌有着又深又广的根系，稍有一点雨水，它就能大量吸收；它的茎生得厚厚的，可减少水分的流失。因此它能贮存大量的水分，像个小水库。

花序最大的草本植物

自然界中的鲜花姹紫嫣红、千姿百态，有一朵花生在一个花枝上的，也有多朵花着生在同一个花枝上的，即多朵小花聚集在一个枝条上，依照特定次序排列，组成花序。

在苏门答腊葱郁的热带雨林中，一些潮湿的低洼地生长着一种草本植物，叫巨魔芋。巨魔芋地下块茎的直径约有0.5米长，从块茎上抽出一枝粗壮的地上茎，约有0.5米高，在靠近地面的地方生有一片叶。最初，整棵植物就裹在这片叶子里。它的肉穗花序包在大苞片里，其中密布着数以千计的黄色的雄花和雌花，花序外面的大苞片内为红色，外为深绿色。其花序高3米，直径1.3米，整个花序和花序下的茎连起来，像一座巨型的蜡烛台。这样大的花序，自然该列草本植物的首位。

巨魔芋

巨魔芋原产于印度尼西亚苏门答腊的热带雨林地区，这种植物一般能活40年左右，它在生命期内只开两三次花，花朵具有惊人的臭味，这种臭味正是它吸引昆虫传粉的法宝。

开花最晚的植物

沙漠中的短命菊，出苗以后几个星期就开花结果，迅速完成生命周期。而大多数草本植物，出苗后在当年或隔年开花。水稻、玉米、棉花是当年开花，小麦、油菜等都是隔年开花。一般木本植物开花比较晚，如桃树3年，梨树4年，银杏出苗后要经过20多年才开花。毛竹则要经50至60年才开花，它一生只开一次花，花开完后就逐渐死亡。

而植物界中开花最晚的是生长在玻利维亚的拉蒙弟凤梨，这种植物的花为圆锥花序，要生长150年才会开花，它的一生也只开一次花，开花后就死亡。

巨柱仙人掌

巨柱仙人掌不但高大无比，而且生命力十分顽强，在烈日、干旱、狂沙的袭击下依然生机勃勃，代表着一种顽强向上的精神。

花序最大的木本植物

在木本植物甚至植物界中，要数巨掌棕榈的花序最大。

开花的巨掌棕榈

巨掌棕榈的顶端会长出极其庞大的圆锥花序，花序高达14米，基底直径12米，像一个大稻谷堆。

巨掌棕榈产于印度。这种棕榈比其他棕榈生长得缓慢，一般30至40年才长20米高。但在它的顶端会长出极其庞大的圆锥花序，花序高达14米，基底直径有12米，就像一个大稻谷堆，花序上的花数超过70万个。但巨掌棕榈开花以后不久就会死去。

含淀粉最多的树

植物所含的淀粉大多集中在果实、种子、块根内，但也有一些植物的淀粉贮存在茎干内。生长在东南亚的菲律宾、印度尼西亚等国的西谷椰子树是目前植物界贮存淀粉最多的树，这种树所含的淀粉就集中在树干内。

西谷椰子树属棕榈科植物，它的叶子很长，约3至6米，终年常绿。它的树干长得很快，内部贮存大量淀粉。但是，它的寿命很短，只有10至20年。它一生中只开一次花，开花后不到几个月就会枯死。西谷椰子树一生中淀粉贮存的最高峰是在开花之前，然而奇怪的是，树干里积存的几百千克淀粉，竟会在它开花后的很短时间内耗尽，枯死后的西谷椰子树只留下空空的树干。为了及时地收获大自然赐给人类的食粮，当地人未等它开花就把它砍倒，刮取树干内的淀粉。自古以来，西谷椰子树的淀粉一直是当地人的重要食粮。他们把刮到的淀粉放在桶内，加水搅拌成米汤，澄清后干燥，然后再加工成一粒粒洁白晶莹的“大米”，这就是著名的“西米”。

【百科链接】

灯笼树：

在我国广东、云南及广西一带，有一种树，其花形似古钟又似下垂的灯笼，故名“灯笼树”。灯笼树的果实在10月份成熟，椭圆形，棕色。有趣的是，它的果梗向下垂，前端却弯曲向上，因此结的果实是直立的。远远望去，仿佛树枝上举着一个个小灯笼。

最会跳舞的植物

神农架有一种植物会闻声而动，有“跳舞草”的美称。它们跳起舞来犹如轻舞双翅的蝴蝶，又似轻舒玉臂的少女，姿态优美，极具观赏价值。

跳舞草

跳舞草是一种濒临绝迹的珍稀植物，属多年生木本豆科植物，直立小叶灌木，野生于深山老林之中，它既不像树，似草非草，叶柄上长出三片叶时，就可闻声起舞。

跳舞草属多年生木本豆科植物，小叶灌木，野生于深山老林之中。它既不像树，也不像草，株高60厘米，苗高25厘米以上。当气温达到24摄氏度以上且无风雨时，跳舞草的两片小叶便以叶柄为轴心绕着大叶自然舞动旋转，时左时右，时快时慢，百十对叶子竞相争舞，美丽非常。而当气温达到28至34摄氏度，特别是雨过天晴时，它们就跳动得更具戏剧性，全株叶片如久别的情人重逢，双双拥抱。

原来，跳舞草对一定频率和强度的声波极富感应性，所以可闻声起舞。另外，据《本草纲目》记载，该植物还具有很高的药用保健价值，全株均可入药，有祛瘀生新、舒筋活络之功效；用其叶片、枝茎阴干泡酒，可治疗坐骨神经痛、风湿骨痛等病；将鲜叶片泡水洗面，可使皮肤光滑白嫩。

感觉最灵敏的植物

有些植物和动物一样有灵敏的感觉。有一种生长在秘鲁索干米拉斯山里的野菜，非常“敏感”。这种野菜脸盆般大小，每朵花有5片花瓣，每片花瓣的边缘生满像针一样的尖刺，碰它一下，它的花瓣会立即弹开来伤人，轻者流血，重者留下疤痕。这些尖刺就是它的“感觉神经”。

但这种野菜还算不上最灵敏的，感觉最灵敏的是毛毡苔。达尔文曾做过一个实验，他把一段细头发丝放在毛毡苔的叶子上，叶子上的绒毛马上卷曲起来把头发按住了。还有人曾把0.000003毫克的碳酸铵（一种含氮的肥料）滴在毛毡苔的绒毛上，它也立刻感觉到了，而这样微小的含量，人和一般动物是感觉不到的。

植物与动物合作的最佳典范

在南美洲巴西的密林中，生长着一种桑科植物，叫作蚁栖树。蚁栖树的叶很像蓖麻叶，树干中空有节，近似竹子，上面密布着无数的小孔。同时，这里也生活着一种啮叶蚁，专门吃树叶。然而，蚁栖树却能免遭其害，其原因是蚁栖树上生活着一种“益蚁”。蚁栖树的茎像一根笛子，益蚁就在这中空的茎里生活。当啮叶蚁爬上来吃树叶时，益蚁就群起而攻之。因此，蚁栖树能正常生长。

益蚁保护了蚁栖树，而蚁栖树的叶柄基部又给益蚁提供了富含蛋白质和脂肪的食物，蚁栖树与益蚁的这种相依为命的关系被称为共生关系，这在生物界里是一种很有趣的现象。同时，蚁栖树与益蚁的共生关系也是动物与植物合作生存的典范。

毛毡苔

毛毡苔的叶面上长着许多像刺一样的长腺毛，长腺毛顶端挂着一颗颗亮晶晶的红色水珠，这种水珠是用来诱虫的香甜黏液。小虫若去饮食甘露，就会被“魔掌”抓住。

含羞草

植物与动物不同，没有神经系统，没有肌肉，一般是不会感知外界的刺激的。而含羞草与一般植物不同，它在受到外界触动时，叶柄会下垂，小叶片也会合闭，此动作被人们理解为“害羞”，故被称为含羞草。

含蛋白质最多的植物

近几十年来的研究发现，螺旋藻是人类迄今为止所发现的最优秀的纯天然蛋白质食品源，并且是蛋白质含量最高的植物。螺旋藻是一类低等植物，是地球上最早出现的光合生物，已在地球上生活了35亿年。它生长于水体中，在显微镜下可见其形态为螺旋丝状，故而得名。

螺旋藻中的蛋白质含量高达60%至70%，相当于小麦的6倍，鸡蛋的5倍，猪肉的4倍，鱼肉的3倍，干酪的24倍，且消化吸收率高达95%以上。另外，它含有丰富的维生素及矿物质，也是铁含量最丰富的食物，因此对防治贫血有积极意义。螺旋藻中脂肪含量只有5%，且不含胆固醇，可使人体在补充必要蛋白质时避免摄入过多热量。

【百科链接】

“孩子树”：

澳大利亚的沙漠地带长着许多像孩童一样的怪树。它们那粗黑的树干顶端长着像头发一样的丝状长叶，朝着一个方向转圈排列，从远处看去，很像孩子蓬松的头发，所以被当地人称为“孩子树”。

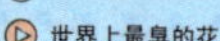

吸水能力最强的植物

在沼泽地区或森林洼地，生长着一种叫作泥炭藓的苔藓植物。泥炭藓平时呈淡绿色，干燥时呈灰白色或黄白色，呈垫状丛生。这种植物能吸收比身体重 10 至 25 倍的水分，比脱脂棉的吸水能力强 1 至 1.5 倍，是吸水能力最强的植物。

泥炭藓的大型种类经消毒加工后，可代替脱脂棉做敷料或制造急救包。由于泥炭藓含有泥炭藓酚、丁香醛及多种酶，作为伤口敷料时，有收敛和杀菌的作用，可以促进伤口的愈合。

世界上最甜的植物

1969 年，日本的住田哲也教授在巴西山区发现了一种很甜的菊科植物，叫作甜叶菊。用它提取的糖苷，甜度大约为糖的 300 倍。甜叶菊是理想的甜味剂，具有热量低的特点，它所含热量只有蔗糖的 1/300，吃了不会使人发胖，对肥胖症患者和糖尿病人尤为适宜。长期用甜叶菊煮水喝，还有降低血压、促进新陈代谢和强壮身体的功效。因此，许多国家都相继引种、栽培和开发利用甜叶菊。

甜叶菊

甜叶菊是双子叶植物纲菊科的多年生草本植物，也是新型糖源植物。甜叶菊的糖苷精品为白色粉末状，是一种低热量、高甜度的天然甜味剂，是食品及药品工业的原料之一。

后来，人们又在非洲西部的热带雨林中发现了一种葛郁金科植物，从它果实里提取出来的索马丁，其甜度为蔗糖的 3000 倍。这种植物株高约 2 米，叶子卵形，果实呈三角锥形，成熟后为红色。

【百科链接】

五色花树：

在武陵源风景区张家界西北角，人们发现了一种叫五色花的怪树。该树高十余米，叶片呈扁舟状。它每年 4 月开花，花期一个月。开花时，花香满山，沁人心脾。五色花日变五色，每天从早到晚分别为白、红、紫、黄、黑。

还有一种非洲植物，它的果实竟比蔗糖甜 9 万倍。这种植物的果实呈红珊瑚色，外形与野葡萄相似，每穗有 40 至 60 个。奇妙的是，吃了这种高甜度的果实，不但不会感觉腻人，而且嘴里长时间留有甜味。因此，当地人给这种果实起了个美名，叫“喜出望外”。

“喜出望外”应该算得上是世界上最甜的植物了。可是不久，科学家又在加纳热带森林中发现了一种叫卡坦菲的植物，用它提取的“卡坦菲精”，其甜度是蔗糖的 60 万倍。它的甜度超过“喜出望外”，从而夺取了植物王国的“甜王”桂冠，成为目前世界上最甜的植物。

世界上最臭的花

苏门答腊的密林里有一种巨魔芋，它开花的时候，臭得像烂鱼一样。但还有一种叫作大花草的植物，它开花时，臭味很像腐烂的尸体。烂鱼确实难闻，腐烂尸体更使人恶心。因此，大花草的花是公认最臭的花。

大花草一生中只开一朵花，花特别大，直径一般可以达到 1 米左右，最大的直径可达 1.4 米，是世界上最大的花，因此又叫大王花。

大花草

又名大王花，号称世界第一大花。这种寄生性植物有着植物世界最大的花朵，花肉质多，颜色五彩斑斓，具有刺激性腐臭气味。

大花草的花有5片花瓣，重达15千克，花中心可装5千克水，甚至可以藏得下一个人。大花草属于寄生植物，靠吸取别的植物的营养来维持生活，所以没有叶子，也没有茎和根，只生有这一朵花。它主要靠臭味吸引苍蝇等昆虫帮它“传宗接代”。

颜色变化最多的花

桃花红，梨花白，从花开到花落，色彩似乎没有什么变化，但是在自然界里，有一些花卉的颜色却变化多端。例如金银花，初开时色白如银，过一两天，色黄如金，所以被人们称为金银花。我国还有一种樱草，在春天20摄氏度左右的常温下是红色，到30摄氏度的暗室里就变成了白色。而八仙花在一些土壤中开蓝色的花，在另一些土壤中却开粉红色的花。还有一些花在受精以后变色。比如棉花，刚开时黄白色，受精以后变成粉红色；杏花含苞的时候是红色，开放以后逐渐变淡，最后几乎变成白色……这类会变色的花不胜枚举。

但颜色变化最多的花要数弄色木芙蓉了。弄色木芙蓉又名三弄芙蓉，为锦葵科木槿属落叶灌木或小乔木，株高2至5米，枝条密被星状短柔毛，单叶互生，掌状，5裂至7裂，裂片三角形，先端尖，边缘有锯齿，叶柄圆筒形，长达20厘米。花生于叶腋或枝顶，多为重瓣复心，初开的时候是白色，第二天会变成浅红色，后来又会变成深红色，到花落的时候又变成紫色。这些色彩的变化看起来非常玄妙，其实都是花内色素随着温度和酸碱度的变化而变的“把戏”。

金银花

金银花初开时色白如银，过一两天，色黄如金，所以被人们称为金银花。人们经常以金银花泡水代茶来治疗咽喉肿痛和预防上呼吸道感染。

世界上寿命最短和最长的花

在自然界里，有千年的古树，却没有百日的鲜花，这是为什么呢？因为花儿都是比较娇嫩的，它们经不起风吹雨打，也受不了日晒严寒，因此，花朵在匆匆盛开后便很快凋零了。例如，玉兰、唐菖蒲等开花几天就凋谢了；蒲公英也只能从上午7时开到下午5时左右；牵牛花从上午4时开到10时；而昙花更短，从晚上八九点开花，只开三四个小时就萎谢了，由于它开花时间短，所以有“昙花一现”的说法。但还有一种花比昙花盛开的时间还要短，这就是小麦的花，它只能开5至30分钟，于是成了世界上寿命最短的花。

蒲公英的种子

有些植物的种子会长出形状如翅膀或羽毛状的附属物，乘风飞行。蒲公英的瘦果成熟时，冠毛展开，像一把降落伞，随风飘扬，把种子散播到远方。

与此相对，世界上寿命最长的花是生长在热带雨林里的一种兰花，它的开花时间能达到80天。

飘得最远的花粉

植物要结出果实，就必须把雄蕊的花粉传给雌蕊，使雌蕊受精。美丽的鲜花可以用它鲜艳的色彩和花蜜引诱昆虫，让昆虫来担当传送花粉的“媒人”，但玉米、杨树、松树的花又瘦又小，也没有什么香味，不能吸引昆虫帮忙传粉，所以只能求助于风了。

靠风传粉的花，一朵花或一个花序上的花粉粒少则数千，多则上万甚至数十万。所以一阵风吹来，花粉便漫天飞扬。这些花粉又轻又小，能够随风飘扬，飞得又高又远，近的几千米，远的几十千米、几百千米。其中飘得最高、最远的是松树的花粉。松树的花粉生有气囊，能够使花粉升高几千米，越过山岭，跨过海洋，飘到千里之外。

银杏

银杏在中生代侏罗纪时广泛分布于北半球，白垩纪晚期开始衰退。第四纪冰川期降临后，银杏在欧洲、北美洲和亚洲绝大部分地区灭绝。

世界上最古老的树种

银杏树的寿命远不及非洲的龙血树，也比不上北美洲的巨杉，但它却是现存树木中辈分最高、资格最老的“老前辈”。

2.5 亿年前的古生代，银杏就出现在地球上了。1 亿多年前，银杏广泛生长在欧亚大陆上，还曾遍及全球。但在经历第四纪冰川期后，裸子植物未能抵抗住冰天雪地的煎熬，几乎全都被自然界淘汰，唯有中国的部分银杏得以死里逃生。所以，人们把它称为“世界第一活化石”。银杏是我国的特有物种，现在重又繁衍于世界各地的银杏树都是中国银杏的子孙。

作为古老物种，银杏自身的寿命也很长。我国山东、贵州发现的 3500 至 4000 岁的“银杏王”依然生机勃勃。由于生长缓慢，祖辈种树到孙子辈才结果，所以银杏又被称为“公孙树”。

银杏的种仁是味道香美的干果，但多吃容易中毒。另外，种仁还可以做药用，治疗痰喘咳嗽。

品质最好的纤维植物

苎麻单纤维长 60 至 250 毫米，是麻类作物中最长的。其直径 17 至 64 微米，横断面呈多角形、椭圆形。在各种植物纤维中，苎麻纤维品质最好。

苎麻纤维的纤维细胞不仅长，而且坚韧，富有光泽，染色鲜艳，不容易褪色。苎麻纤维可纯纺或混纺成各种粗细布料，既美观又耐用。苎麻纤维的抗张力强度比棉花高 8 至 9 倍，可以做飞机翼布、降落伞、帆布、航空用的绳索、手榴弹拉线、麻线等。

苎麻纤维在浸湿的时候，强度会增大，而且它不但吸收和散发水分快，还具有耐腐蚀、不易发霉的特性，是制造防雨布、渔网的好材料。此外，苎麻纤维散热也快，不容易导电，因此，可以做轮胎的内衬、电线的包皮、机器的传动带等的骨架材料。

比钢铁还要硬的树

世界上有一种比钢铁还硬的树，它就是铁桦树。子弹打在这种树上，就像打在厚钢板上一样，因此，这种树堪称“世界硬木冠军”。

铁桦树高约 20 米，树干直径约 70 厘米，寿命约 300 至 350 年，树叶呈椭圆形，树皮呈暗红色或接近黑色，上面密布白色斑点。这种树主要分布在朝鲜南部和朝鲜与中国接壤的地区，俄罗斯远东地区的南部海滨一带也有分布。

铁桦树的木材是世界上最硬的木材。因此，人们常把它用做金属的代用品。俄罗斯就曾经用铁桦树制造过滚球、轴承，用在快艇上。此外，铁桦树还有一些奇妙的特性，由于它质地极为致密，所以一放到水里就往下沉，但即使长期浸泡在水里，它的内部仍能保持干燥。

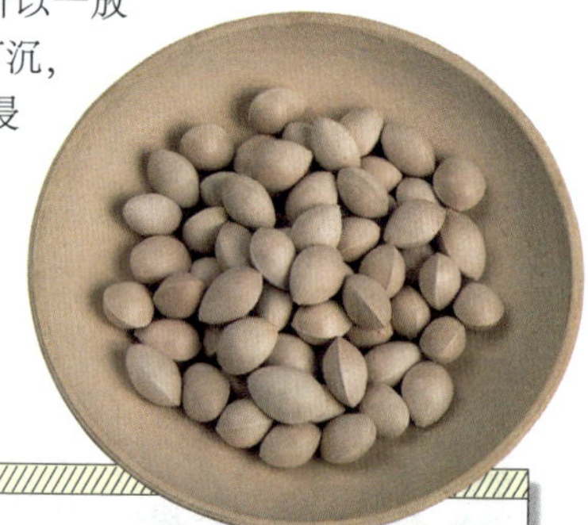

银杏果

又名白果，属于干果类，可以食用和做药用，在防治高血压、心脏病、脑血管疾病等方面具有良好的效果。

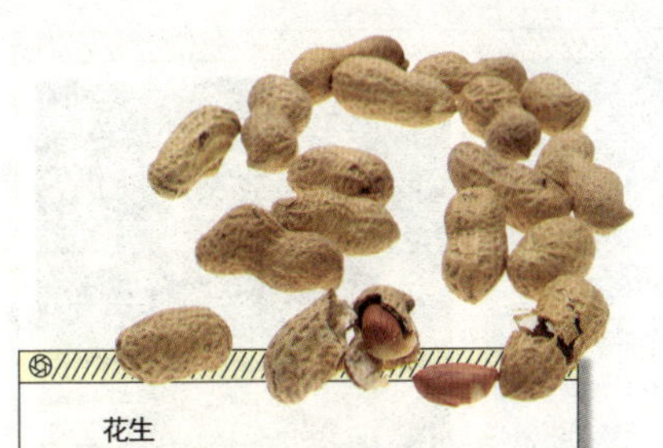

花生

花生地上开花，地下结果。果壳坚硬，成熟后不开裂，室间无横隔而有缢缩。每个果荚有2至6粒种子，以2粒居多。

【延伸阅读】

什么是"味精树"？

在云南省贡山青拉筒山寨中，有一棵奇特的大树，它的皮和树叶具有类似味精的鲜味，煮肉或炒菜时，只要摘一片树叶或刮一点树皮投入锅中，菜肴就会变得格外鲜美。多年来，当地人一直用这种树的叶作为味精，它已成了山寨里人们公用的味精树。

最奇特的结果习性

陆地上的植物几乎都在地面上开花、地面上结果，惟独花生是地上开花而地下结果，所以称为落花生。

花生幼苗出土以后，约18至25天后开花。傍晚的时候，花生慢慢地显露出黄色花朵，到次日早晨7点左右，花朵全开，但当天就凋萎。开花以后的第四天，它的子房柄开始伸长，向土下生长，大约经过50天左右，结出成熟的果实。

花生的"脾气"也最为古怪，它的果实一定要在黑暗的环境里才能长大，如果暴露在有光的空气中，它就不结果。有人曾经做过实验，如果把已经入土的子房柄弄出来，它再入土的能力就大大减弱；假如把已经形成的小果实挖出来，它就不再入土，并且不能正常生长，果壳会变成淡绿色，形似橄榄；要是在子房柄没有钻进土壤以前，用不透光的东西把结果的部分包扎起来，它就能结成果实。

此外，花生具有很高的营养价值，内含丰富的脂肪和蛋白质，并含有硫胺素、核黄素、尼克酸等多种维生素。花生的矿物质含量也很丰富，特别是含有人体必需的氨基酸，有促进脑细胞发育、增强记忆的功能。

叶子寿命最长的植物

无论什么季节，松柏总是郁郁葱葱的。难道松柏的叶子是永远不凋落的吗？其实不是，松柏也是要换叶子的。只不过它的叶子不是一下子全部凋落，而是一部分一部分地换，所以看起来松柏的叶子永远是那么绿。松柏叶子的寿命也的确比桃、李等落叶树的叶子寿命长，可以生存3至5年。

但世界上叶子寿命最长的植物并不是松柏，而是非洲西南部沙漠中的百岁兰。

百岁兰外形奇特，茎又短又粗，只有10至20厘米高，可是茎周长却达4米，与平放的大卡车轮胎相仿。这种植物只有两片叶子，叶子初生时质地柔软，为适应干旱的沙漠环境，它们会逐渐变得像皮革一样。这两片叶各长2至3米，宽30厘米。叶子生长的同时，叶片的前端也不断枯萎，不断消失。但百岁兰叶子基部可持续生长，只要这一生长带没有被破坏，百岁兰的两片叶子就可以百年不凋。

百岁兰

百岁兰一生只长两片叶子，起初质地柔软，后来变成皮革状。每片叶子长2至3米，宽30厘米，都能活100年左右。

世界上最大的植物园

在英国伦敦以西 400 千米的地方，有一个世界上最大的植物园——邱园，它由 8 个巨大的圆形建筑组成，面积相当于 40 个大型足球场。据说，在这里总共培育着来自世界各地的超过 5 万种植物，因此，它绝对可以称得上世界最大的“现代植物伊甸园”。

邱园由蒂姆·斯密特建立，建立之初，蒂姆·斯密特就说过：“我们把一棵树移植到一个新地方，并让它适应新环境，能够让一个住在城里的人看到周围就有咖啡树，这是一个很有趣的事情。这会让城市里的人将消费品和它的原材料等更真实的世界联系到一起，我想这对于人们真正认识自然界并保护它们相当重要。”可见，蒂姆·斯密特的目的不只是要建立一个主题公园，他希望建立的是更具科学意义的巨大植物资源库，让全人类都能从中受益。

【百科链接】

最小的有花植物：

最小的有花植物是无根萍。无根萍是浮萍的一种，它只有 1 毫米多长，不到 1 毫米宽，比一粒芝麻小得多。无根萍的外形同一般萍很相似，上面平坦，底下隆起，但没有根。无根萍的花生于叶状体表面，只有针尖般大。其果实呈圆球形，很光滑。

王莲

王莲原生长在南美洲亚马孙河流域，是世界上最大的圆叶植物。叶缘向上卷曲，浮于水面，每片叶可承重数十千克。

叶子最大的水生植物

在南美洲亚马孙河流域，生长着一种株形奇特的水生植物——王莲，它的叶子是水生植物中最大的，最大直径可达 1.8 至 2 米。

王莲的叶为圆形，叶缘向上折起 7 至 10 厘米，全叶宛如大圆盘。因为叶子内部具有特别发达的通气组织，而叶片的背面又布满了由中心向四周放射的粗壮叶脉，支撑着巨大的叶面，王莲叶片的浮力很大，最大可承重 50 千克，小孩子坐在叶子上不会下沉。

王莲具有很高的观赏价值。它的花期在夏、秋两季，一般为三天，每天花的颜色都不相同。花蕾伸出水面后，第一天傍晚时分开花，花白色并伴有芳香，第二天花变为粉红色，第三天则变为紫红色。三天后，王莲花闭合而凋谢，再次沉入水中，种子在水中成熟。由于这一神秘的特性，王莲被人们称为“善变的女神”，在世界各国水景园、植物园的园艺栽培中被奉为至宝。

另外，英国建筑学家约瑟曾模仿王莲叶片的结构，设计了一种坚固耐用、承重力大的钢架建筑结构，被誉为“水晶宫”。直到今天，许多现代化的机场大厅、宫殿、厂房都采用这种设计原理。

世界上最大的植物园——邱园

邱园是世界上最大的植物园，园内种植有 5 万种植物，占世界上已知植物的 1/8，是当今世界上最大、种类最多的野生植物宝库。

种子植物 体内有维管组织、能产生种子并用种子繁殖的植物，叫作种子植物，如松树、桃树等。

最不怕火烧的树

人们走进森林时，远远便可看到“禁止烟火”的标志牌。因为树木容易着火，星星之火便可能烧毁大片森林。但是，在我国南海一带生长着一种名为海松的树，它因不怕火而出名。人们常常用海松的木材来做烟斗，即使成年累月的烟熏火烧也烧不坏它。因为海松的散热能力特别强，加上它木质坚硬，特别耐高温，所以不怕火烧。

最不怕冷的种子植物

种子植物生长活动的最低温度一般为零摄氏度。到了千里冰封的冬季，大地上几乎找不到红花绿叶。但是，也有一些不畏严寒的“英雄好汉”，例如生长在我国青藏高原5000米高处的雪莲，能对着皑皑白雪，开出紫红色的花。阿尔泰山的银莲花也能在零下10摄氏度的环境下，从雪缝中钻出来生长。而苏联科学家用人工控制的方法，把白桦树放在逐步降温的环境里，它竟能耐得住零下195摄氏度的低温，是世界上最不怕冷的种子植物。

白桦属落叶乔木，高达25米，胸径50厘米；树冠呈卵圆形，树皮白色，纸状分层剥离，皮孔黄色；小枝细，红褐色，外被白色蜡层。白桦枝叶疏落，姿态优美，树干修直，洁白雅致，十分引人注目。由于这种不怕严寒的精神，白桦成为俄罗斯的国树，也成为俄罗斯民族精神的象征。

无花果树的根

无花果树是一种奇特的树，它的根极为发达，有时根会将树干完全包围起来，看上去就像人工搭建的脚手架一样。

最耐干旱的种子植物

植物的生长大都离不开水。一般植物在生长期间所吸收的水量，相当于它自身体重的300至800倍。一株向日葵一个夏天要吸收250千克左右的水；一株玉米一个夏天要消耗200多千克水；蔬菜需要的水就更多了……

白桦林

白桦分布在海拔1000米以下的东北地区（大、小兴安岭，长白山），1300至2700米的华北地区及西伯利亚东部、朝鲜、日本北部等地。

但也有一些植物在长期干旱的自然环境里照样能生长、繁殖，例如沙漠中的仙人掌、仙人球等。有人做过一个有趣的实验：把一棵37千克重的仙人球放在室内，一直不浇水，过了6年，仙人球仍然活着，而且还有26.5千克重。

但还有比仙人球更耐干旱的植物，那就是沙那菜瓜。曾经有人把沙那菜瓜贮藏在干燥的博物馆里整整8年，它不但没有旱死，每年夏天还长出新芽。这种耐旱的本领，在所有的种子植物中无疑是最强的了。

根入地最深的植物

根是某些植物在长期适应陆上生活过程中发展起来的一种向下生长的器官。根具有吸收、输送、贮藏、固着的功能，少数植物的根也有繁殖的作用。但并不是所有的植物都有根，有些低等植物还没有进化到有根的水平，有些植物则只有假根。而有根植物其根的深浅也有差异。

一般来说，木本植物的须根一般在地下0.5米的深度，草本植物的根一般不超过0.3米。水生和湿生植物的根相对短而浅，沙漠植物的根则长而深。例如漂浮在池塘水面的浮萍，它的根不到1厘米。而非洲沙漠里一种叫有刺阿康梭锡可斯的灌木，植株和人差不多高，全身不长一片叶子，可是它的根长达15米。

世界上根入地最深的植物，要数生长在南非奥里斯达德附近回声洞里的无花果树，它的根深入地下120米，要是挂在空中，有40层楼那么高。

最会预报天气的“气象树”

广西忻城县龙顶山村旁，有棵高约20米、直径约70厘米的青冈栎。它的叶色能随天气变化而变化：晴天时，叶子是深绿色的；当树叶变成红色时，一两天内就会下大雨；雨过天晴，叶子恢复深绿色。多年来，这个村子的人就根据此树预测晴雨，安排农活。

引起该树叶子变色的主要原因是叶绿素和花青素的相互转化。当叶子遇到干旱或强光条件时，叶绿素的合成受到阻碍，使花青素在叶片中占优势地位，因而叶子颜色逐渐转红。而下雨前常有一段闷热强光天气，所以树叶呈红色。

荔枝

“荔枝”两字出自西汉，而栽培始于秦汉，盛于唐宋，因其风味绝佳，深受人们喜爱，唐代或更早即已列为贡品。杜牧名诗“一骑红尘妃子笑，无人知是荔枝来”，千古传诵；苏东坡“日啖荔枝三百颗，不辞长作岭南人”，风靡至今。

最怕痒的树

最怕痒的树是紫薇，只要用手触动树身，它即会婆娑舞动，沙沙作响，仿佛不胜其痒而抖动发笑。触动树身时，用力重，“笑声”响；用力轻，“笑声”小，抖动幅度也因用力不同而异。紫薇树干光滑笔直，叶椭圆，夏季开淡红、紫、白色花。它适应性强，我国长江流域、华南、华北、西北地区均有栽培。

最早的植物专书

《竹谱》是世界最早关于竹子的专书，为晋代戴凯之所撰。全书用四字一句的韵文为纲，逐条注释。前一部分简略论述了竹的性状，接着记述了70多种竹类，竹类名称有很多与现在不同。

牡丹

牡丹在我国栽种历史悠久，并且深受人们喜爱。牡丹以它特有的富丽、华贵和丰茂，在中国传统文化中被视为繁荣昌盛、幸福和平的象征。

《茶经》是我国乃至世界上最早的关于茶叶的专书，为唐朝陆羽所著。全书共三卷，分十篇。这本书论述了我国种茶的历史，介绍了茶树的产地、品种、生产工具和种植、采制加工、烹饮方法等，并附有各种茶具的图解。此书不仅对我国茶叶种植事业的发展起到了重大作用，而且对世界各国的相关领域也产生了巨大影响。

《洛阳牡丹记》是现存最早的关于牡丹的专书，为宋代明道及景祐年间欧阳修所撰。此书共计三篇，第一篇为《花品叙》，其中品定了牡丹有名品种24种的次第；第二篇为《花释名》，叙述了有名品种的来历；第三篇为《风俗记》，记述了洛阳人赏花、接花、种花、浇花、养花、医花的方法等。

《荔枝谱》是世界现存最早的关于荔枝的专书，为宋嘉祐四年（1059年）蔡襄所著。全书共计七篇，论述了福建荔枝的品种、产地及培养、加工、贮藏等方法。在此书之前，宋代初期的郑熊曾写过一本《广中荔枝谱》，不过早已失传。

《菊谱》是现存最早的关于菊花的专书，为宋崇宁三年（1104年）刘蒙所撰。书中叙述了有名菊花品种35种（补遗6种在外），并指出变异可形成新类型。

【延伸阅读】

有哪些能发光的树?

北美的原始森林里有一种夜光树，树皮中含有大量的磷，入夜时，荧光闪耀，宛如满树星斗。此树在晴朗的夜里可供人在树下看书，故被称为“灯树”。

我国云南也曾发现几棵神奇的“夜光树”。每当月色黯淡的夜晚，这些树的枝杈上成百上千的叶片就如同小月牙般闪烁，煞是好看。

在古巴有一种被称为“夜皇后”的花，它的花蕊里含有丰富的磷质，夜色降临时会闪闪发光，宛如无数的萤火虫。

Part 3

科学技术与军事之最篇

科技发明之最

世界上最早的造纸术

在纸发明以前，古代各国人民曾尝试过用各种办法记录信息，如利用石头、树叶、树皮、铜、铅、麻布、兽皮、羊皮等。我国商朝时，人们把文字刻在龟甲和牛、羊、猪等动物的肩胛骨上。后来，人们又把木片、竹片（简牍）或丝织品等作为记事的载体。但这些方式都存在着或取材困难，或书写不便，或保存时间短等缺点。

西汉时，人们把煮过的蚕茧浸在水里漂洗打烂后制成丝绵，发明了最早的丝绵纸。但丝绵纸要用蚕茧做原料，不能大量生产，于是，人们又把麻类纤维浸在水中漂洗打烂，制成麻纸。但麻纸质量粗糙，书写效果也不理想。

东汉时期，随着经济和文化的发展，竹简、丝帛越来越不能满足人们书写的需要。于是蔡伦在前人利用废丝帛造纸的基础上，以树皮、麻片、破布、废渔网等为原料，成功地发明了一种既轻便又经济的纸张，并总结出一套较为完善的造纸方法，使造纸技术有了显著的进步。

蔡伦像

蔡伦字敬仲。东汉和帝元兴元年（105 年），蔡伦在总结前人经验的基础上用树皮、破渔网、破布、麻头等原料制成了适合书写的植物纤维纸，才使纸成为普遍使用的书写材料。

西汉纸绘地图

此地图用纸是目前世界上最早的纸，纸表面上还有细纤维渣，可见西汉早期麻纸的造纸技术比较原始。纸上用墨线绘有山、川、崖、路，是世界上最早的纸绘地图。

这种纸便被称作蔡侯纸。随着蔡侯纸在书写方面的广泛应用，造纸业蓬勃发展起来，造纸技术不断革新，纸的品种也越来越多，隋、唐、宋三代，造纸业进入了兴盛时期。

世界上最早的火药

我们的祖先在 7 世纪时的唐朝初年就发明了火药，因此，我国是世界上最早发明火药的国家。

火药的主要成分是作为氧化剂的硝石。成书于秦汉之际的《神农本草经》已把硝石列为上品药，这说明在此之前已经具备发明火药的物质基础。秦汉之际也是炼丹术盛行之时，方士们为了炼制仙丹妙药，把各类药物彼此配合烧炼。五金、八石、三黄（硫黄、雄黄、雌黄）、汞和硝石都是炼丹的常用药物。在炼丹过程中，人们发现，硝石、硫黄和木炭放

【延伸阅读】

火药为什么会爆炸？

火药是由硝酸钾、硫黄和木炭混合在一起制成的。这三种东西都特别容易燃烧，把它们混合在一起后，更是急剧燃烧。燃烧过程中会产生很多气体，体积一下子胀大几千倍，就会冲破周围的束缚，同时发出巨大的响声，发生爆炸。所谓爆炸，就是利用高燃烧速率，瞬间放出巨大能量，使周围空气膨胀，像波浪一样往四周传递出去。其传播速度约为音速的 10 至 20 倍，产生的压力约为 15 个标准大气压。

指南针 利用磁体的指极性制成的一种方向指示器。

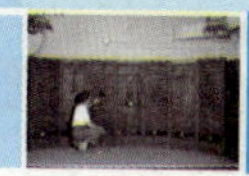

在一起烧炼时，会发生燃烧和爆炸，于是炼丹家便用这三种东西制成了最初的火药。我国隋末唐初医学家孙思邈在《丹经内伏硫黄法》一书中，最早记载了配制火药的方法。

司南

司南的“司”就是“指”的意思，司南是我国春秋战国时代发明的一种最早的指示南北方向的指南器，但还不是指南针。

世界上最早的印刷术

印刷术产生以前，人们复制文献主要靠手抄或者拓印，这样费时费力又容易出错。我国唐朝时，人们最先发明了雕版印刷术。所谓雕版印刷术，即先在一块整版上刻字，再刷墨印刷，这样大大节省了人力物力。雕版印刷术后来传至朝鲜、日本、越南、菲律宾、伊朗等国，还影响到了欧洲和非洲。

到了宋代庆历年间，毕昇发明了泥活字版，即在胶泥片上刻字，一字一印，胶泥用火烧硬后，便成了活字。排版前，先在置有铁框的铁板上放上松香和蜡，将活字依次排在上面，然后加热铁板使蜡熔化，再用平板压平字面，泥字就会附着在铁板上。它的基本原理和现在的活字印刷十分相近。活字印刷术既经济又方便，具有明显的优越性，因而逐渐取代了雕版印刷术。但由于受条件的限制，毕昇的发明存在缺陷，尤其是泥活字不易保存，不能用来做第二次印刷。但后来出现的木活字和金属活字，解决了这个问题。

《医林改错》木刻版

这块雕版是印刷《医林改错》一书的实用雕版之一，横长 27.3 厘米，纵长 16.7 厘米，厚 1.6 厘米。

15 世纪中期，欧洲的古滕堡也发明了活字印刷，但这比毕昇活字印刷术的发明晚 300 多年。到了 16、17 世纪，自然科学的发展，特别是机械科学的发展，又为印刷术的改进创造了条件，欧洲的活字印刷术有了长足的发展，印刷技术更加先进。

世界上最早的指南针

我国是世界上公认的最早发明指南针的国家。很早的时候，我国就有了指南针。

最早的指南针是用天然磁石做成的。春秋时期，我国劳动人民就在采矿、冶炼中逐渐认识了磁石。战国时期，有人用磁石做成器具来判定方向，这个器具叫作司南，是指南针的雏形。据《韩非子·有度篇》介绍，司南用天然磁石制成，样子像勺，圆底，可以在平滑的刻有方位的底盘上自由运转，当它静止时，勺柄就指向南方。北宋初年，我国又创制了一种指南工具，叫作指南鱼。指南鱼用一块薄薄的磁钢片做成，形状很像一条鱼。后来经过反复研究改进，人们又把磁钢片改成细小的磁钢针，并使它的尖端成为磁北极，末端成为磁南极，这就成了指南针。

指南针的发明在我国古代主要用于航海，由此我国的航海业蓬勃发展起来。由于航海业的发展，大约在 12 至 13 世纪，我国发明的指南针通过海路传入阿拉伯地区，又由阿拉伯人传入欧洲。指南针传入欧洲，为哥伦布发现美洲和麦哲伦的环球航行提供了重要的条件。

世界上最早的拉链

1891 年，为了摆脱每天系鞋带的麻烦，美国芝加哥的机械师贾德森发明出了世界上最原始的拉链。这种拉链是由一排钩子和一排扣眼构成的，用一个铁制的滑片由下往上一拉，便可使钩子与扣眼一个个依次扣紧。接着沃尔特上校与贾德森一起组建了拉链研制公司。但由于最初的拉链产品又笨又硬，还会突然脱钩，因此无人问津。后来，沃尔特又聘请了瑞典工程师基德恩·萨贝巴克前来参加研发工作。萨贝巴克对贾德森的发明进行了彻底的改革，利用凹凸齿错合的原理，把金属齿夹在布条上，并于 1913 年成功研制出拉链机，开始了拉链的商业化生产。于是，这一年便被人们认为是现代拉链的发明年。

1930 年，服装设计师夏帕雷莉尝试把拉链用在女性服装上。她做了一件长裙，从领子到裙子下摆使用了一根长长的拉链，这种新颖的装束受到了很多人的青睐。此后，拉链广为应用，逐渐被用在服装、鞋和提包等物品上。

美元纸币与硬币

美元纸币是采用棉纤维和麻纤维制成的。棉纤维使纸张不易断裂，吸墨好、不易掉色。麻纤维结实坚韧，使纸张挺括，且对水、油及一些化学物质有一定的抵抗能力。

世界上最早的纸币

最初，人们用以制造货币的材料与货币的价值是相等的。比如，一个金几尼（英国旧金币）就是用代表一个金几尼数量的黄金制作的。此外，像石子、贝壳以及一些常用的金属等，在世界不同的地区都曾被用做货币。但这些货币使用起来都相当不方便，不仅容易磨损，而且不利于大规模的商品交易。

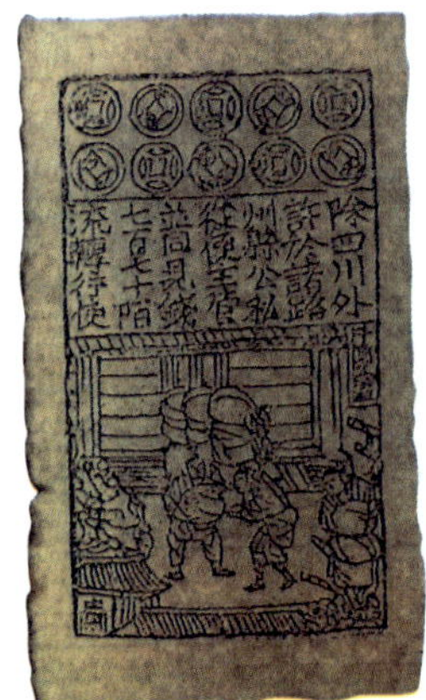

北宋的纸币交子

交子的出现，便利了商业往来，弥补了现钱的不足，是我国货币史上的一大进步。作为世界上发行最早的纸币，交子在世界货币史上占有重要的地位。

我国北宋年间，由于铜钱短缺，满足不了流通的需要量，而且不方便携带，于是，一种被称为交子的原始纸币出现了。交子使用起来十分方便，许多商人联合成立专营发行和兑换交子的交子铺。交子铺恪守信用，交子随到随取，设计精良，难以伪造，所以赢得了很高的信誉。政府很快便看到了这种流通体系的优点。11 世纪初叶，官方开始印刷交子，并且给予了它同等的价值，以方便这种体系的操作。于是，交子便成了世界上第一批官方发行的纸币。

今天的纸币完全由国家统一发行，具有极高的信用度，使用区域更为广泛，印刷更为精美，防伪技术高超，不易仿造。同时，纸币的发行和管理也更加科学。

【百科链接】

我国最早的货币：

我国最早使用的货币是天然贝壳。后来，人工制造的骨贝、石贝、陶贝和铜贝等逐渐取代了天然贝壳。

燃点　将物质在空气中加热时，开始并继续燃烧的最低温度。

杆秤

杆秤是秤的一种，是利用杠杆平衡原理来称量重量的简易衡器，由木制的带有秤星的秤杆、金属秤锤、提绳等组成。

世界上最早的秤

世界上最早的秤诞生于我国的春秋时期，是由范蠡发明的。

据史料记载，范蠡十分善于经商。那个时候没有秤，买卖东西只能靠大体估计，既不方便，又不公平。一天，范蠡去担水，他无意中看到井边竖着一根木桩，木桩上用绳子吊着一根横木，横木的一端绑了一块石头，另一端则挂着水桶。于是范蠡从中受到启发，仿照这个模式，发明了秤。

但当时的秤是十三两为一斤，使用不久，范蠡发现有些商人常在秤花上做手脚，短斤缺两，损人利己。于是他又把秤改为十六两为一斤。后来，为了方便使用，人们根据杆秤的大小拴上了秤盘或秤钩。这种秤在我国一直使用了2000多年。直到解放后，为了方便计算，我国才把十六两一斤改为现在的十两一斤。再后来，我国又采用了国际通用的千克作为计量单位。

世界上最古老的钟

大约在6000年前，古老的巴比伦王国出现了土圭，人们可以根据太阳投影的长短和方位的变化判断时间。在此以后，又相继出现了圭表和日晷，它们和土圭一起被统称为太阳钟。但这些计时仪器还不是机械钟表。世界上最古老的钟，是1088年在北宋宰相苏颂的主持下制成的水运仪象台，民间称为水钟。这个水钟是一个大型的仪器与钟表合一的科技装置，高将近12米，兼有观测天体坐标、演示天体运动和机械计时三种功能。在计时方面，水钟一天一夜的误差只有1秒，相当精确。更重要的是，水钟中首次出现了一种叫作擒纵器的装置。擒纵器相当于机械钟表的“心脏”，是极其重要的关键部件，我们今天的机械钟表仍在应用这种装置。

世界上最早的火柴

据史料记载，原始的火柴最早出现于2世纪，是我国炼丹家发明的。而现代意义上的火柴则出现在1827年。当时，英国斯托克顿的约翰·沃尔想发明一种容易使猎枪点火的物质，却偶然发现了火柴的原理。他把硫黄和磷的混合液用木棒搅拌，当他想刮掉木棒头上附着的混合物而把木棒放在石头上刮擦时，棒头却燃着了。他依此发明了最早的摩擦火柴。1833年，瑞典的卑尔加城建立了世界上第一家火柴厂，从此出现了火柴工业，人类原始取火时代随之结束。1855年，瑞典的约翰·爱德华·伦休特雷姆用红磷代替黄磷，消除了摩擦火柴含有剧毒和易燃的缺点。这种火柴燃点高，携带安全，被称为安全火柴，也叫瑞典火柴。安全火柴的制作方法一直沿用至今。

点燃的火柴

火柴是根据物体摩擦生热的原理，利用强氧化剂和还原剂的化学活性制造出的一种能摩擦生火的取火工具。

世界上最早的电视机

1925 年，苏格兰人贝尔德经过精心设计，利用旧无线电器材、旧糖盒、自行车灯透镜、旧电线等废旧材料，制造出了世界上最原始的电视摄影机和接收机。1926 年 1 月 27 日，贝尔德在英国伦敦皇家学会向 40 位科学家演示了他的这一发明。他在一间屋内放电视，其他科学家们在另一间屋观看，荧光屏上出现了一个抽烟的人说话的画面。这一次演示后来被公认为电视第一次公开播放的日子。

贝尔德

贝尔德（1888 ～ 1946），机械式扫描电视机的发明者，被英国人尊为“电视机之父”。

但这种电视摄影机和接收机相距不到 3 米，图像也模糊不清。贝尔德为了筹措资金以改进设备，与一家店铺老板商定，每天在店铺里放电视，以吸引顾客，老板则每星期付给他 25 英镑的酬金。经反复研究试验，1929 年，贝尔德终于用无线电波把电视图像由伦敦送到纽约，纽约人在荧光屏上看到了伦敦。这件事轰动了整个世界。自此，电视机很快在世界各国发展起来。

1923 年，美国 RCA 公司俄裔科学家佐里金博士发明了自动扫描电子束，代替了机械式的扫描转盘。佐里金博士的这项成就突破了机械式电视扫描线数的上限，并且不需增加转盘的速度便能得到更清晰的画面。后来，佐里金博士又发明了光电发像管（摄像管）和映像管，这些都是现代电视摄影机和电视机的主要结构。

【延伸阅读】

为什么微波炉中不能放金属器皿？

若用金属容器盛载食物放在微波炉中加热，不但食物不能被加热，长时间还会损坏微波炉。原因是，发射出去的微波遇到金属会没有损耗地全部反射回来，可能使发射微波的器件产生高温以至损坏。同时，金属的电阻很小，因而极易使发射微波的磁控管阳极产生高温而烧毁。

世界上最早的微波炉

微波炉的发明得益于雷达装置的启迪，因此微波炉也叫雷达炉。1940 年，为改进雷达系统，英国的两位发明家兰德尔和布特设计出了磁控管。但这一发明的另外一项特性被雷声公司的物理学家斯本塞无意中发现。有一次，斯本塞走过一个磁控管，身体有热感，他发现装在口袋内的糖果融化了。还有一次，他把一袋玉米粒放在波导喇叭口前，结果发现玉米粒如同放在火堆前一样膨胀。第二天，他又将一个鸡蛋放在那里，结果鸡蛋突然爆炸。他从中受到启发，经过多次研究和实验，终于在 1947 年发明了微波炉。

世界最早的微波炉成本太高，寿命很短。后来，科学家又对微波炉进行了改进，微波炉才开始走进千家万户。

微波炉专用餐具

凡金属的餐具，竹器、塑料、漆器等不耐热的容器，有凹凸状的玻璃制品，镶有金、银花边的瓷制碗碟等均不宜在微波炉中使用。使用微波炉加热时要选用微波炉专用餐具。

世界上最早的冰箱

最早的人工制冷专利是1790年登记的。几年后，科学家们相继发明了手摇压缩机和冷水循环冷冻法，为制冷系统的发明奠定了基础。

战国铜冰鉴

在中国，人们很早就发明了食物防腐保鲜的方法。出土于随州曾侯乙墓的这件铜冰鉴为双层器，方鉴内套有一方壶，鉴、壶壁之间可以装冰。冬日凿冰储藏，夏季时壶内装酒，冰可使酒变凉。

1820年，人工制冷试验获得成功。1834年，美国工程师雅各布·帕金斯发明了世界上第一台压缩式制冷装置，这是现代压缩式制冷系统的雏形。同年，帕金斯又获得英国颁布的第一个冷冻器专利。

1913年，世界上最早的家用电冰箱在美国芝加哥研制成功。这种杜美尔牌的电冰箱外壳是木制的，里面安装了压缩制冷系统，但效果并不理想。

1918年，美国KELVZNATOR公司的科伯兰特工程师设计制造了世界上第一台机械制冷式的家用自动电冰箱。这种电冰箱粗陋笨重，外壳是木制的，绝缘材料用的是海藻和木屑的混合物，噪声很大。但是，它的诞生宣告了家用电冰箱的发展进入了新阶段。

世界上最早的洗衣机

1858年，美国人汉密尔顿·史密斯在匹茨堡制成了世界上第一台洗衣机。该洗衣机的主件是一只圆桶，桶内装有一根带有桨状叶的直轴。轴是通过摇动与它相连的曲柄转动的。这台洗衣机使用费力，而且损伤衣服，因而没被广泛使用，但这却是人类用机器洗衣的开端。

1874年，美国人比尔·布莱克斯发明了木制手摇洗衣机，其构造极为简单，在木筒里装上6块叶片，用手柄和齿轮传动，使衣服在筒内翻转，从而达到净衣的目的。1901年，美国人阿尔瓦·J.费希尔发明了第一台电动洗衣机。这种洗衣机的外形呈圆桶状，内装一部电动机和一根带刷子的主轴，刷子的转动和搅拌带动桶内的水和衣物旋转，并刷洗衣物。费希尔发明的搅拌式洗衣机极大地促进了洗衣机的发展，但是这种电动洗衣机进入市场后，销路并不佳。

1922年，美国人斯奈德发明了一种搅动式电动洗衣机，并且开始在衣阿华州批量生产，该洗衣机因性能优良，受到人们欢迎。从此，洗衣机被推广开来。

滚筒洗衣机

这种洗衣机模仿棒槌击打衣物的原理，利用电动机使滚筒旋转，衣物在滚筒中不断地被提升、摔下，加上洗衣粉和水的作用，衣物就被洗涤干净了。

【延伸阅读】

为什么洗衣机能将衣服甩干？

洗衣机中有一台能够高速转动的电动机，它可以使洗衣机里的甩干桶高速转动。而在甩干桶的桶壁上有许多圆孔，当它转动时，水珠就从圆孔中流出去。在甩干时，桶内湿衣服会随着圆桶一起做高速圆周运动，附着在湿衣服纤维中的细微水珠在离心力的作用下，沿着圆周运动的切线方向离开衣服，从桶壁的圆孔中流出去。湿衣服就这样被甩干了。

世界上最早的空调

1881 年 7 月，美国总统格菲尔德在华盛顿遇刺，生命垂危。这一年，华盛顿却出现了历史上罕见的高温天气。

为了挽救总统的生命，技术人员多西奉命设法降低病房的温度。多西根据空气压缩会放热，而压缩后的空气恢复到常态会吸收热量的原理，经过反复试验，最终在总统病房安装了一台压缩空气的空调机，结果使室温降低了 7 摄氏度。这便是世界上诞生的第一台空调机。

1902 年，美国发明家威尔士 · 卡里尔取得了空调机的专利。他研制的空调机是通过给抽入的空气增加水分来控制室内气温和湿度的。

20 世纪 50 年代以后，小型空调机逐渐进入了千家万户，深受人们欢迎。

世界上最早的电话

由于电报传送信息手续麻烦以及不能进行双向交流等原因，人们开始探索一种能直接传送人类声音的通信方式。

1875 年，美国人贝尔和他的助手沃森分别在两个房间配合做一项试验，由于机件发生故障，沃森看管的发报机上的一块铁片在电磁铁前不停振动。这一振动产生的波动电流沿着导线传播，使邻室的一块铁片产生了同样的振动，贝尔听到了振动发出的微弱声音。于是，他由此产生了一种构想，即人说话的声音是一种空气振动，如果对着一块薄铁膜片说话，会使膜片振动。而如果在膜片后面放一块电磁铁，膜片因振动就会改变其与电磁铁的距离，使电磁铁的磁力线发生变化，电磁铁线圈中就会产生相应的感应电流。这个电流顺着电线传送到对方同样装置的电磁铁线圈中，就会使电磁铁的磁力线发生变化，吸动它前面的膜片,从而发出声音。

贝尔试验第一部电话

贝尔是美国著名的发明家和企业家，他发明了世界上第一台可用的电话机，创建了贝尔电话公司，被誉为“电话之父”。

根据这个想法，贝尔立刻开始动手进行实验，并在 1875 年 6 月 3 日制成了世界上第一台简陋的电话机。

最初，这种电话机只能传送单音，还不能传送完整的话语。但经反复试验和改进，第一台电话机终于诞生了。又过了两年，贝尔在波士顿和纽约间进行了首次长途通话测试，通话成功。从此，电话很快成为人们的重要通信手段。

马丁 · 库珀和他的移动电话

1973 年，马丁 · 库珀发明了世界上第一部移动电话。如今，移动电话已经成为全球最普及的便携式通信设备，马丁 · 库珀也成为业内公认的“移动电话之父”。

世界上最早的移动通信电话

1946 年，贝尔实验室研制出了第一部所谓的移动通信电话。但是，由于它体积太大，并不具有实用价值。20 世纪 60 年代末，美国电话电报公司提供了一项移动无线电话的出租服务，但客户只能把这种体积很大的电话安在大卡车上。随后，又出现了一种“肩背电话”。它重达 3 千克，电源和天线被放在一个盒子中，使用者要像背包那样背着它行走，携带非常不方便。

1973年，摩托罗拉公司的工程技术人员马丁·库珀发明了个人移动电话，即手机。这种手机虽比“肩背电话”轻巧得多，但其重量仍有大约750克，像一块大砖头。

但从那以后，移动电话的发展越来越迅速。手机逐渐小型化、轻型化，而且功能也越来越多，成了现代人主要的通信工具。

世界上最早的圆珠笔

通常认为，匈牙利的新闻工作者艾尔斯兹尔·比·罗与其兄弟乔治于1938年合作发明了世界上第一支圆珠笔。

用钢笔在纸上书写时常发生浸润模糊现象，为解决这一问题，比·罗兄弟经过长时间的摸索，找来一支圆管，装上油质颜料，又把笔尖改成钢珠。这支笔在各种纸上书写时，能留下抹不掉的印记，笔管内的颜料又不易溢出。这样，世界上第一支圆珠笔就制成了。

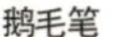

鹅毛笔

鹅毛笔绝大部分是用鹅的羽毛制成的，故而得名。鹅毛笔是金属笔尖发明前西方人的书写工具，要蘸墨水才能书写。

但从现有资料来看，圆珠笔最早出现于1888年。当时，一个名叫约翰·劳德的美国人，为了在皮革上画线做标记，就设计出了这样一种书写工具。据说，它的笔尖是用滚珠制成的，但是没有储油或储水装置。到1895年，作为商品的圆珠笔开始在英国市场上出现，但当时它的主要用途并不是供普通书写之用，因而销路很窄。到1916年，德国人利斯勃设计制作了一支新型的圆珠笔，这支笔在结构上已接近后来的产品，但没有得到广泛应用。

第二次世界大战爆发以后，美国军工部门提出需要一种适合于高空书写，不漏水，不受冷热气候影响，并且能有大量储墨，不必勤灌墨水的书写工具。

美国芝加哥的商人雷诺看到了这个发财的绝好机会，于是将利斯勃的笔改头换面，取名“原子笔”（纪念美国成功制造原子弹），大肆宣传，这种“原子笔”才在欧美各国盛行起来。

世界上最早的钢笔

钢笔出现之前，欧洲人主要用鹅毛笔书写。但鹅毛笔用久了，笔尖会被磨秃，不便于长期使用。

1829年，英国人倍利成功地研制出了第一个钢笔尖，它书写起来十分流畅，深受人们欢迎。但这种笔必须蘸墨水书写，而缺乏控制的墨水很容易弄脏纸面。

1884年的一天，美国人寿保险商沃特曼正和一位顾客洽谈生意。当顾客正要在保险书上签字时，一大滴墨水正好滴在了保险书的封面上。顾客认为这是一种不祥之兆，便放弃签字而选择了另一家保险公司。

沃特曼十分气愤，决定放弃保险业务，转而去发明一种新型的书写工具。经过反复研究，沃特曼终于从物理学的毛细现象中得到启示。他先用一根头发丝般的细管将墨水从笔囊引向笔尖，然后再用另一根同样的空心细管将外界的空气引向笔囊。在相同的大气压强下，地球重力和毛细管的吸引力达到平衡，墨水不会外流。但一旦笔尖触及了纸的表面，这种平衡就被打破，墨水则随着笔尖在纸上的移动形成墨迹。于是，钢笔即自来水笔诞生了。

后来，经过人们的不断改进，钢笔已经成为使用最为广泛的书写用笔之一。

钢笔（自来水笔）

钢笔是人们普遍使用的书写工具，它是在19世纪初发明的。1809年，英国颁发了第一批关于贮水笔的专利证书，这标志着钢笔的正式诞生。

世界上最早的留声机

爱迪生发明的滚筒式留声机

留声机的发明对人类的贡献不言而喻，爱迪生又多次改良留声机，直到将滚筒式改成胶木唱盘式为止。图为爱迪生发明的滚筒式留声机。

法国发明家斯科特于1857年发明的声波振记器，是最早的原始录音机，也是留声机的鼻祖。而最早的留声机则诞生于1877年，是由誉满全球的“发明大王”爱迪生发明的。

爱迪生根据电话传话器里的膜片随说话声会振动的现象，用短针做实验，从中得到了很大启发。他发现，说话的快慢高低能使短针产生相应的不同颤动。那么，反过来，这种颤动也一定能发出原先的说话声音。于是，他开始研究声音重发的问题。经过反复研究，他终于设计出了留声机的图纸。

按照图纸制造出来的留声机结构简单，当人们看到这简单的东西时，简直难以相信它会重复人的话。当时，甚至还有人打趣说，爱迪生是在“开国际玩笑”，爱迪生却说“这是一台会说话的机器”。为了证明这一点，他取出一张锡箔，卷在刻有螺旋槽纹的金属圆筒上，让针的一头轻擦着锡箔转动，另一头和受话机连接。爱迪生摇动曲柄，对着受话机唱道：“玛丽有只小羊羔，雪球儿似的一身毛……”然后，爱迪生停下来，让一个同伴把耳朵对着受话器，自己将针头放回原来的位置，重新摇动手柄，刚才的声音又出现了。在场的人都惊呆了。

“会说话的机器”诞生的消息很快传开了，这一发明轰动了全世界。人们对爱迪生的发明惊叹不已。报刊也纷纷发表文章，称赞他的发明是“19世纪的奇迹”。

世界上最早的安全锁

锁的历史非常悠久。早在2000多年前，我国就已经有了带弹簧的锁。此后的数千年里，锁的原理和形式不断演变。

1784年，英国发明家约瑟夫·布拉默发明了世界上第一把套筒锁。他抛弃了以固定榫槽（古罗马人发明）作为安全保证的原理，根据完全不同于以往的原理，使用了小而轻便的钥匙。布拉默将这种锁放在位于伦敦最繁华的皮卡蒂里大街的自家店铺里展出，并悬赏200金币开锁。但在之后的67年中，无数次的开锁尝试都没有成功。布拉默的这种套筒锁也成了当时最难撬开的锁，因此又被称为安全锁。

锁和钥匙

每一把钥匙的齿都深浅不同、大小不一，不能把任意一把锁里的锁芯都顶到特定位置上，所以一把钥匙只能开一把锁。

【延伸阅读】

为什么一把钥匙只能开一把锁？

每把锁里面都有个圆柱形的锁芯，锁芯上有四个孔，每个孔里有两个很短的圆柱形铜柱和一个小弹簧。由于铜柱长短不同，平时又因不受力而弹出半截，阻挡了锁芯的转动。而钥匙上的齿深浅不一，把钥匙插进锁芯后，深浅不同的齿正好填满四个孔里的缝隙，能把锁芯顶到适当的位置，从而转动锁芯。锁芯转动可带动锁里面的弹簧将所有小铜柱顶出，于是锁就被打开了。每一把钥匙的齿都深浅不同、大小不一，不能把任意一把锁里的锁芯都顶到特定位置上，所以一把钥匙只能开一把锁。

沸点 液体沸腾时候的温度被称为沸点。

世界上最早的幻灯

18 世纪末，法国人罗伯尔带领的一支“魔法”表演队在巴黎市区风靡一时。每到一个地方，罗伯尔就用黑布搭起一个能遮光的暗室帐篷，他口念咒语，手舞足蹈，这时场内的灯就会突然熄灭，帐篷内一片漆黑。就在观众感到惊奇和紧张之时，一些张牙舞爪的怪物和面目狰狞的魔鬼会突然嚎叫着向人们扑来，人们一片惊叫……其实，帐篷里并没有什么鬼怪，罗伯尔也没有什么魔法，人们看到的只是一种魔术幻灯表演。

实际上，早在 1654 年，德国犹太学者基歇尔就已经发明了幻灯机。最初幻灯机的外壳是用铁皮敲成的一个方箱，顶部有一类似于烟筒的排气筒，正前方装有一个圆筒，圆筒中用一块可滑动的凸透镜做成一个简单的镜头，镜头和铁皮箱之间有一块可调节焦距的面板，箱内装有光源。使用时，把幻灯机置于一个黑房内，将幻灯片插入凸透镜后面的槽中，点燃蜡烛，光源通过反光镜反射汇聚，通过透明画片和镜头，就会形成一根光柱映在墙幕上。这种幻灯机在问世后相当长的时间内，主要是作为传教士的传教道具。

最早的幻灯片是玻璃制成的，靠人工绘画。19 世纪中叶，美国发明了赛璐珞胶卷后，幻灯片才开始使用照相移片法生产。到 1845 年，幻灯机开始了工业化生产，光源也从最初的蜡烛，先后改为油灯、汽灯，最后为电。为了提高画面的质量和亮度，人们还在光源的后面安装了凹面反射镜，并在幻灯机中加装了排气散热系统。我们今天使用的幻灯机，就是在 19 世纪幻灯机的基础上发展改进而成的。

水银温度计
水银温度计属于膨胀式温度计的一种，简单直观，误差较小。

世界上最早的温度计

伽利略
意大利文艺复兴后期伟大的天文学家、力学家、哲学家、物理学家、数学家，也是为维护真理而进行不屈不挠斗争的战士。恩格斯称他是“不管有何障碍，都能不顾一切而打破旧说、创立新说的巨人之一”。

最早的温度计是由意大利科学家伽利略于 1593 年发明的。这支温度计一端是敞口的玻璃管，另一端是核桃大的玻璃泡。使用时先给玻璃泡加热，然后把玻璃管插入水中，随着温度的变化，玻璃管中的水面就会上下移动，人们根据移动的多少就可以判定温度的高低变化。但这种仪器会受到气压波动的影响，不太准确，而且使用起来也不方便。

直到 1709 年，荷兰人华伦海特制造了一支读数一致的酒精温度计。1714 年，他又利用水银作为测量物质，制造出了更精确的温度计。他通过实验发现各种液体都有其固定的沸点，而且沸点随大气压力发生变化。于是，他把冰、水、氨水和盐的混合物的温度定为零华氏度，冰的熔点定为 32 华氏度，人的正常体温为 96 华氏度，水的沸点定为 212 华氏度，制成了华氏温度计。

1742 年，瑞典天文学家摄尔修斯采用百分刻度，用水银作测温物质，将水的沸点定为零摄氏度，冰的熔点定为 100 摄氏度。8 年后，他的同事斯特雷姆把这两个定点的数值对调过来，就成了现在的百分温度，即摄氏温度，用“摄氏度”表示。

世界上最早的避雷针

现代避雷针是美国科学家富兰克林发明的。

富兰克林认为闪电是一种放电现象。为了证明这一点，他在1752年7月的一个雷雨天，冒着被雷击的危险，将一个系着长长金属导线的风筝放飞进雷雨云中，这个金属线末端拴着一串铜钥匙。雷电发生时，富兰克林将手接近钥匙，钥匙上就迸出一串电火花，随即，他的手上有麻木感。幸亏这次传下来的闪电比较弱，富兰克林没有受伤。这就是著名的风筝实验。这次实验后，富兰克林认为，如果将一根金属棒安置在建筑物顶部，在铁棒与建筑物之间用绝缘体隔开，然后用一根导线与铁棒底端连接，再将导线引入地下，那么所有接近建筑物的闪电都会被引导至地面，而不会损坏建筑物。富兰克林把这种避雷装置称为避雷针。经过试用，避雷针果然能起到避雷的作用。避雷针的发明是早期电学研究中的第一个有重大应用价值的技术成果。

装有避雷针的建筑

避雷针可以把云层上的电荷导入大地，使其不对高层建筑构成危险，保障建筑物的安全。

起初，避雷针的发明引起了教会的反对，他们认为，装在屋顶的尖杆指向天空是对上帝的不敬，是要受到上帝惩罚的。然而，一次雷雨后，教堂着火了，而装有避雷针的高楼却平安无事，避雷针才终于被人们广泛接受。

本杰明·富兰克林

本杰明·富兰克林(1706～1790)，18世纪美国伟大的实业家、科学家、社会活动家、思想家和外交家，在世界上也享有很高的声誉。

世界上最早的播种机

目前已知的世界上最早的原始播种机是距今4000多年前的美索不达米亚人发明的，这种工具是一只配有种子漏斗和把种子播入土地的管子的木犁。

在我国汉武帝时（公元前140~公元前86年），任搜粟都尉的赵过集中当时的先进工匠，创造了畜力播种机耧，并在长安附近推广，后来，耧传到了各地。耧由耧架、耧斗、耧腿等几部分组成。耧架木制，供人扶牛牵，耧斗为盛种木箱，分大小两格，大格放种，小格与播种调节门相通，用来匀送种子。耧腿是兼有开线沟作用的小型犁头。这些结构与现代播种机机架、种子箱、开沟器等部分的形状及功能大致相同。耧因播种幅宽不一、行数不同，又可分为一腿耧、二腿耧、三腿耧等。其中三腿耧是耧中的佼佼者，用它播种可以一次完成开沟、播种、复土三道工序，初步实现了联合作业。

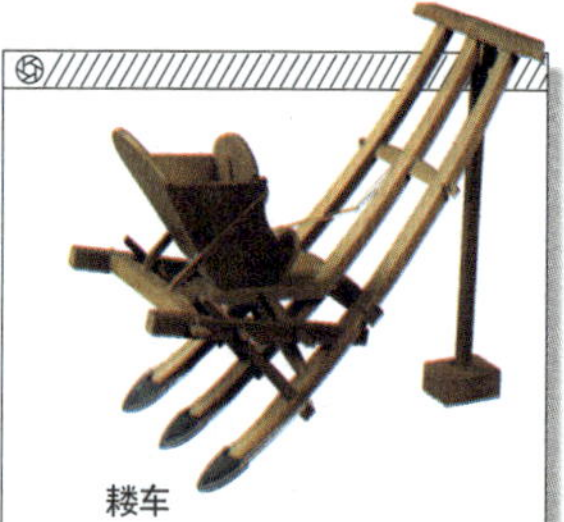

耧车

耧车是中国汉朝时的播种工具，由种子箱和三脚耧管组成，以人或畜为牵引动力，一人扶耧播种。

而第一台真正高效率的播种机是由英国农民发明家杰斯洛·塔尔1701年制造的。这种播种机由一匹马牵引，可同时播种3行种子，并有一个蜂窝孔状圆筒和弹簧装置，可调节播种量。

到1800年，英国人詹姆斯·史密斯研制了带犁铧的播种机，其播种机构和犁铧均可调节，而且性能可靠，史密斯因此曾被称为“播种机之王”。

世界上最早的针织机

1589年，英国人W.李从手工编织得到启示，创制了第一台手摇针织机，它有3500多个零件，钩针排列成行，一次可以编织16只线圈。

1656年1月，法国国王路易十四赐予法国人让·安德雷一项特权，特许他在巴黎西部的纳伊建立一座生产丝袜、女式短上衣及其他丝织品的工厂，以供应王室。安德雷的工厂除装备了英国人W.李发明的长统袜织机以外，还让人专门打造了一些更先进的机器，不仅能织袜，而且能织衣。这些机器都是按安德雷所画的图纸打造的。起初，人们很怀疑这些机器的功能，但安德雷却我行我素，他一边生产，一边挑选20名工人进行培训，以专门操作新机器。不久，这些工人就在新机器上织出了更细密、更匀称的丝织上衣。这种新机器就是针织机，在整个18世纪被用于制作单色丝织品。

世界上最早的纺纱机

19世纪时期的针织机

欧洲工业革命的蓬勃发展，导致了手工生产向机器制造的快速转化。这种变化在丝织业中表现尤为明显。利用针织机织的针织物质地松软，有良好的抗皱性与透气性，并有较大的延伸性与弹性，穿着舒适。图为19世纪时期的针织机。

最早期的纺纱工具十分简单，只包括一个纺锤和一根卷线棒。纺锤旋转时就可以把松散的纤维捻紧成纱，然后缠绕在卷线棒上。后来，这种简单装置被印度人改良制成了纺车，机械替代了手工旋转纺锤，但它仍只能纺出一根纱。

现代纺纱机最先出现在英国。1764年的一天，英国纺织工哈格里夫斯夫妇正在家中劳作。哈格里夫斯的妻子（一说是他的女儿）珍妮不小心碰翻了放在地上的手摇纺车。哈格里夫斯看到倒放的纺车车轮和纺锭都还在转动，大受启发。既然纺锤能垂直转动，那几具并排的纺锤同时转动，不就可以一下子纺出好几根纱吗？于是，哈格里夫斯按照自己的设想，亲自动手，经过反复实验和改进，终于造出了一部由4根木腿组成，机下有转轴，机上有滑轨，带有8个竖立纺锤的纺纱机。

珍妮纺纱机

18世纪60年代，纺织工哈格里夫斯发明了手摇纺纱机——珍妮纺纱机。它一次可以纺出许多根棉线，极大地提高了生产率。珍妮纺纱机的出现是英国工业革命开始的标志，之后，大规模的织布厂纷纷建立起来。

为了纪念这次意外的收获，哈格里夫斯便把这部机器以妻子（女儿）的名字命名为“珍妮纺纱机”。以后，经多次改进，纱锭从8个逐步增加至18个、30个、80个，效率极大地提高了。珍妮纺纱机的发明是棉纺织业中一项有深远影响的发明，是工业革命开始的标志之一。

世界上最早的汽轮机

19世纪下半叶，随着钢及其合金的广泛使用，汽轮机诞生了。

最早的汽轮机是瑞典人德拉瓦尔在1883年发明的。它利用高温高压蒸汽直接驱动叶轮转动，运转速度每分钟可达1.8万转，十分惊人。汽轮机的转轴和发电机相连，能够充分利用煤的热能提高发电效率。从此，人们可以用煤生产出廉价的电，电开始走进人们的生活。

如今，“蒸汽时代”似乎已成为历史，其实不然，我们所用电力的绝大部分仍然是用汽轮机产生的。

世界上第一台电子计算机 ENIAC

虽然 ENIAC 体积庞大，耗电惊人，但它比当时已有的计算装置要快 1000 倍，而且还可以按编好的程序自动执行运算和存储数据的功能，可以说，它宣告了一个新时代的到来。

世界上最早的计算机

第二次世界大战期间，美国军方为了解决计算大量军用数据的难题，成立了由宾夕法尼亚大学的莫奇利和埃克特领导的研究小组，开始了世界上第一台电子计算机的研制工作。

经过 3 年紧张的工作，第一台电子计算机终于在 1946 年 2 月 14 日问世了。它由 17468 个电子管、6 万个电阻器、1 万个电容器和 6000 个开关组成，重达 30 吨，占地 160 平方米，耗电 174 千瓦，耗资 45 万美元。这台计算机每秒只能运行 5000 次加法运算，但比当时已有的计算装置要快 1000 倍。它的名字是 ENIAC，即“电子数字积分计算机”的简称。

ENIAC 诞生至今已有 60 多年了，在这期间，计算机以惊人的速度发展着。首先是晶体管取代了电子管，继而是微电子技术的发展，使得计算机处理器和存储器上的元件越做越小，数量越来越多，计算机的运算速度和存储容量迅速增加。1994 年 12 月，美国 Intel 公司宣布他们成功研制出了世界上最快的超级计算机，它每秒可进行 3280 亿次加法运算，是第一台电子计算机的 6600 万倍。

ENIAC 为人类开辟了一个崭新的时代，使得人类社会发生了巨大变化。1996 年 2 月 14 日，ENIAC 问世 50 周年之际，美国副总统戈尔再次启动这台计算机，以纪念信息时代的到来。

世界上最早的电灯

在电灯问世以前，人们普遍使用的照明工具是煤油灯或煤气灯。这种灯燃烧时会发出浓烈的黑烟和刺鼻的臭味，使用时要经常添加燃料、擦洗灯罩，并且很容易引起火灾，使用很不方便。

1878 年 9 月，美国发明家爱迪生开始了电灯的研制工作。他把一小截耐热材料装在玻璃泡里，当电流把它烧到白热化的程度时，它会因热而发光。经过多次实验，爱迪生终于发明出了用炭化棉丝做灯丝的电灯，这种电灯的寿命可达 45 小时。

爱迪生发明电灯的消息轰动了整个世界。英国伦敦的煤气股票价格狂跌，整个煤气行业也出现了一片混乱。因为人们预感到，点煤气灯即将成为历史，未来将是电光的时代。

此后，爱迪生把炭化后的竹丝装进真空玻璃泡，通上电后，竟能连续不断地

爱迪生与他所发明的电灯泡

为了使白炽灯泡替代旧有的煤油灯和汽灯，爱迪生和他的同事们试用了上千种不同质料的灯丝，对原设计做了上千次的修改。

【延伸阅读】

为什么白炽灯泡用久了会发黑？

白炽灯泡用久了会发黑，这和钨丝的升华、凝华现象是息息相关的。温度越高，灯丝就越容易升华。在持续的高温状态下，钨丝会逐渐升华，变成气态。这些气态钨遇到温度较低的灯管壁时，又凝华在灯泡壁上。这样，钨丝受热升华形成的钨蒸气在灯泡壁上凝华成极薄的一层固态钨，时间长了以后，灯泡壁上就会出现一层淡淡的黑色薄膜。

亮 1200 个小时。到了 1906 年，爱迪生又制造出了钨丝灯泡，使灯泡的质量又得到提高，这种灯泡一直沿用至今。

世界上最早的高压锅

高压锅，又称压力锅，其特点是烹调食物时间短、味道好、易烧烂，因此受到许多家庭的喜爱。

世界上最早的高压锅是由帕平发明的，因此高压锅又被称为帕平锅。帕平既是位物理学家，又是位机械工程师。他在研究中发现，气压的高低与水沸点的高低成正比例。于是，他设计并制作了一个密封的容器，向其中装水加热后，随着水温的升高，容器里的压力越来越大，食物也就熟得越来越快。

老式铁制高压锅

高压锅又叫压力锅，是 1679 年由法国物理学家帕平发明的，用它可以将食物加热到 100 摄氏度以上。

当时有个英国贵族，他得知帕平有这样一个“宝锅”后，就将其借来，并邀请有名的贵族绅士们举行了一个名为“加压大餐”的宴会，大家吃了“宝锅”煮出来的食物，都啧啧称赞。

当时，考虑到使用高压锅的安全问题，帕平给锅体加了一个金属保险罩，并且加重锅盖，使其能紧紧扣在锅上。而现在我们常见的高压锅都有压力阀和保险易熔阀，当锅内压力增大时，会自动放气降压，即使万一压力阀失灵，保险阀还能熔化放气，以确保安全。

世界上最早的电池

1936 年，一群铁路工人在伊拉克首都巴格达城的近郊偶然发掘出了一座用巨大石板砌成的古代坟墓，这座古墓约建于公元前 247 至公元前 226 年。古墓中有一个用陶罐制成的东西，经研究证实，这很可能就是世界上最古老的电池。

1780 年，意大利生物学家伽伐尼在一个偶然的情况下，发现当起电盘放电时，如果用金属解剖刀触动靠近起电盘的蛙腿肌肉，蛙腿便会发生痉挛。通过仔细观察和研究，他提出了“动物电”学说。伽伐尼的学说引起了伏打的极大兴趣，随后他也做了一系列实验，甚至还在自己身上做实验。他发现，蛙腿只是起了显示电流通过的作用，所谓的“动物电”其实是不存在的。

伏打在伽伐尼实验的基础上，致力于研究两种不同金属的接触。伏打发现，当金属浸入某些液体时，也会产生电流。伏打开始只用几只碗盛了盐水，把用几对黄铜和锌做成的电极连接起来，就有电流产生。后来，他用几个容器盛了盐水，把插在盐水里的铜板、锌板连接起来，研制成了第一个可长时间持续产生电流的电池，即伏打电堆。

1800 年 3 月 20 日，伏打向伦敦英国皇家学会宣布了这个发现，引起了极大轰动。这是第一个能人为产生稳定、持续电流的装置，为电流现象的研究提供了物质基础，也为电流效应的应用打开了前景，并很快成为电磁学和化学研究的有力工具，促进了电学研究的发展。

伏打

伏打（1745～1827），意大利物理学家，巴黎科学院国外院士，他发明了伏打电堆，为人类做出了巨大的贡献。

世界上最早的实验煤气灯

最早的实验煤气灯是由德国化学家本生发明的，因此也叫本生灯。之前人们所用的煤气灯的火焰很明亮，但温度不高。本生将其改进，让煤气和空气在灯内充分混合，使煤气燃烧完全，得到无光高温火焰。火焰分三层：内层为水蒸气、一氧化碳、氢、二氧化碳和氮、氧的混合物，温度约 300 摄氏度，称为焰心；中层煤气开始燃烧，但燃烧不完全，火焰呈淡蓝色，温度约 500 摄氏度，称还原焰；外层煤气燃烧完全，火焰呈淡紫色，温度可达 800 至 900 摄氏度，称为氧化焰。外层的温度最高，故加热时应充分利用氧化焰部分。

本生

罗伯特·威廉·本生（1811～1899），德国化学家。他改进了由英国化学和物理学家麦可·法拉第发明的煤气灯。他一生贡献颇多，是化学史上具有划时代意义的少数化学家之一，他和基尔霍夫发明的光谱分析法被称为“化学家的神奇眼睛”。

本生在他发明的灯上烧过各种化学物质，他发现不同的化学物质会出现不同的焰色反应。1859 年，本生和物理学家基尔霍夫开始共同探索通过辨别焰色进行化学分析的方法。他们把一架直筒望远镜和三棱镜连在一起，设法让光线通过狭缝进入三棱镜分光。这可以算是第一台光谱分析仪。本生在接物镜一边煅烧各种化学物质，基尔霍夫在接目镜一边进行观察、鉴别和记录。他们发现用这种方法可以准确地鉴别出各种物质的成分。二人用此法发现了铯和铷两种新元素。此后，光谱分析法被广泛采用。可以说，本生灯的发明为光谱分析法的诞生提供了机遇。

世界上最早的火车

18 世纪下半叶，人类发明了蒸汽机，引发了人类历史上的第一次工业革命。当时，马车已越来越无法满足人们的需要，于是一些人开始大胆设想，如果将蒸汽机这个“大力士”装在车上来代替人力或畜力工作，那就会方便快捷得多。

法国炮兵军官居尼奥首先实现了这个设想，但他的发明却存在着许多先天不足。如车上装的蒸汽机又大又重，占去很大空间、装运不了多少货物，还必须经常停下来添煤加水，操作起来很不方便。

后来，英国工程师史蒂芬逊提出了为这种车铺设轨道的建议，以便它拖带几节车厢在上面行驶。于是，1825 年，世界上第一条铁路诞生了。同年 9 月 27 日，由史蒂芬逊制造并驾驶的这种挂车厢的车在无数旁观者的注视下缓缓启动，这就是世界上第一列火车。

“火箭号”蒸汽机车

1829 年，史蒂芬逊制造出最早在商业上成功使用的蒸汽机车——“火箭号”，标志着铁路时代的到来。

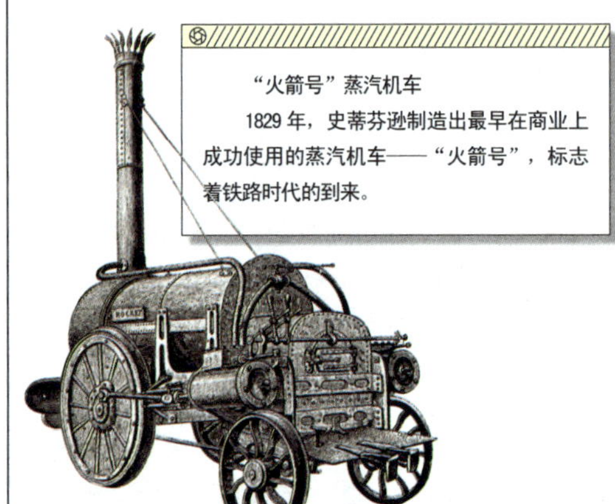

【延伸阅读】

火车为什么只能在铁轨上行驶？

火车之所以只能在铁轨上行驶，是因为沉重的车厢如果直接压在地面上，哪怕是坚硬的水泥地面也会深深地陷下去，车轮将无法滚动。现在的铁轨是由钢铁制造的，它的下面铺着许多粗大的枕木，枕木下面是坚实的路基。这样一来，火车的沉重压力能被均匀地分散到路基上，从而保证了火车的安全运行。另外，光滑的铁轨还可以大大减少阻力，使火车头能拖拉更多的车厢，并且跑得更快。

世界上最早的汽船

最早发明汽船的人是美国工程师菲奇。可菲奇发明的第一艘汽船并没有引起当时人们的关注。而被人们认为是汽船发明先驱的，则是美国另一位工程师富尔顿。

李皋所造之船

李皋所造之船的推进轮极似车轮，故又称为车轮舟或车船。车船把桨的间隙推进方式发展为车轮运转的连续推进方式，同时又减少了船员的劳动强度，在造船发展史上具有重要意义，它是近代明轮航行模式的先导。李皋是中国车船的重要创始人之一。

1803 年，富尔顿在巴黎发明了第一艘以蒸汽机为动力，以桨轮为推进方式的船，并于同年在塞纳河下水试航。这艘汽船在逆水航行时，其速度已超过在河岸上快步前进的行人，但航速和稳定性方面还不够理想。由于当时拿破仑政府实行疯狂的对外扩张政策，政府只对军事科学技术的发明有兴趣，而对其他发明毫不重视，富尔顿由于试制这条汽船而濒于破产。

幸运的是，富尔顿回国后，他得到了美国另一位发明家利文斯顿的资助，富尔顿继续进行汽船的研制工作。1807 年，富尔顿的“克勒蒙号”汽船终于建成了。同年，“克勒蒙号”在哈得逊河上试航成功。它不但稳定性较好，而且速度快，其航速要比一般帆船快 1/3。这艘以蒸汽机为主要动力，以螺旋桨为推进系统，以铁板为造船材料的新汽船，开创了造船业的新纪元。

世界上最早的地铁

英国首都伦敦的地铁是世界上第一条地下铁道，于 1856 年开始修建，1863 年 1 月 10 日正式投入运营。

从 1800 年到 1831 年间，伦敦人口从不足 100 万上升到 175 万，城市中心街道狭小不堪。伦敦市组织了交通委员会征集方案，决定在伦敦修建一条地下铁道。当时的地道掘进方法很笨拙：先令地上的住户全部搬迁，工人们再从地面向下挖掘一条 10 米宽、6 米深的大壕沟，用黄砖加固沟壁，搭成拱形的砖顶，然后将土回填，在地面上重建道路和房屋。为了把蒸汽机车排出的浓烟引出地下，建好的隧道还要钻出通风孔，这种方法耗资巨大，费时费力，还有坍塌的危险。

1862 年，4.8 千米长、拥有 7 个停靠站的地下铁道基本完工了。蒸汽车头开进了地下，大约 40 名官员乘坐在没有顶棚的木制车厢里对地铁进行了第一次巡游。

1863 年，第一条地下铁路正式投入运营，获得了巨大的成功。尽管隧道里烟雾弥漫，但人们仍争着去坐，当年该地铁就运载乘客 950 多万人次。于是，伦敦人又开始陆续修建更多的地铁线路。140 多年过去了，世界上拥有地铁的城市已超过百座，但伦敦地铁在总里程和车站数量上仍居世界前列。

伦敦的地铁站

伦敦地铁车站的数目已超过 273 个，两站间的平均距离为 1.5 千米。深埋车站大多数为侧式站台。

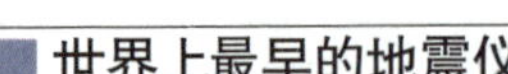

世界上最早的地震仪

候风地动仪模型

张衡发明的地动仪可以测到发生在数千里外的地震，国外19世纪以后才有了类似的仪器。

在我国历史博物馆的陈列大厅里，存放着东汉时代张衡发明并制造的世界上第一架地震仪，即候风地动仪的复原模型。整个仪器用精铜铸成，外形像个大酒桶，中间的圆桶直径8尺，里面装有精巧的结构。圆桶外面有8条龙，分别盘踞在8个固定的方位上，与里面相应的机关相连。每条龙的口里都含有1个小钢球，其对应的下方均有1个向上张着嘴巴的铜蛤蟆。如果什么地方发生了比较强的地震，相应方位的龙口便会张开，钢球会准确地落到蛤蟆的嘴里。这样，观察人员就可以知道在什么时间、什么方位发生了地震。

当时，地震仪制成后，安置在京都洛阳。138年的一天，京都并没有什么异常，但是小钢球却从龙口落到了蛤蟆嘴里。激扬的响声惊动了四周，人们纷纷议论，大地并没有震动，地震仪为什么会报震呢？谁知没过几天，便传来了陇西（今甘肃省西部）发生地震的消息。

世界上最早的轮船

世界上最早的轮船是由我国唐朝的李皋制造的。他从车轮得到启发，造船时，不用风帆，也不使用桨橹，而是在船舷两旁各装一个车轮。每个车轮有8个叶桨片，轮与轴相连，轴上装有踏脚板。航行时，水手像踏水车一样，用力踩踏踏脚板，轴转轮动，以轮拨水，好像无数支桨在持续不断地划动。这样，船便可以行进了。

宋朝的大将李纲也曾效法李皋，在湖南长沙造了一些轮船。到了南宋时，轮船的建造技术和规模达到了鼎盛阶段。1130年，钟相、杨么因为不堪忍受南宋封建王朝的残酷压迫，在洞庭湖畔率领农民起义。一次战斗中，起义军俘虏了当时为朝廷效力的造船高手高宣，杨么把高宣当作贵宾，请他帮起义军造了一种新船。这种船不用篷帆和桨橹，只在船舷两旁安装对称的车轮，让水手用脚踩踏，用车轮来替代桨橹。

世界上最早的自行车

1791年，法国人西夫拉克用木头制造出一辆由横梁连接着的、前后有两个轮子的“木马轮”。1816年，德国人德莱斯在这种木马轮上加了车座和车把，这样在行进过程中便可以改变方向。不久，这种最原始的自

古董自行车

这种采用曲柄连杆结构驱动后轮的蹬踏式自行车前轮大、后轮小，看起来不够协调和稳定。

【延伸阅读】

为什么船能浮在水面上？

放在水中的东西都会受到向上的浮力。人们发现，物体在水中受到向上的浮力比自身的重量大时，物体就会上浮。例如，把一只空心的铁碗放在水里，它就会漂浮在水面上；把同样重的铁块放在水里，铁块就会沉入水底。这是因为铁碗是空心的，在水中占的体积比铁块大得多，受到向上的浮力也大。轮船好比一只空心的铁碗，因为它有很大的体积，受到的浮力大于它的重量，因而轮船就能浮在水面上。

飞行仿真器 又称飞行模拟器，可以在地面模仿飞机的飞行状态。

行车便在欧洲的上层社会流行起来，被人们称为“小马驹”。

随着自行车技术和性能的不断改进，1840年，英格兰人麦克莱伦发明了一种前轮大、后轮小，采用曲柄连杆结构驱动后轮的蹬踏式自行车。由于这种车的高度和马匹相仿，所以又被形象地称为“高自行车”。

此后的几十年间，自行车的发展更为迅速，钢丝辐条、滚动轴承、脚刹、鞍座架、链条和充气轮胎等部件相继被安装到自行车上。1886年，英国工程机械师斯塔利从机械学和运动学的角度出发，设计出了一种新的自行车样式。它采用了钢制的菱形车架，装有前叉和手闸，并且前后轮大小一致，从而结束了高自行车时代。这种形式的自行车一直沿用至今。

世界上最早的打字机

美国南北战争时期，身为报馆编辑的肖尔斯迫切期望能够尽快报道北军的战绩，但手写的速度太慢。于是，1860年，肖尔斯制成了一台打字机，可算是打字机的原型。

肖尔斯最先把26个英文字母按ABCDEF的顺序排列在键盘上，为的是使打出的字母一个挨一个。但只要手指的动作稍快，连接按键的金属杆就会相互干扰。为了克服这个现象，肖尔斯重新排列了字母键的位置，把常用字母的间距排列得稍远一些。

1868年6月23日，肖尔斯发明了新式的键盘，该键盘第一行，从左至右分别排列着QWERTY几个字母，因此这一键盘又被称为QWERTY键盘。而这一年也被认为是打字机的发明年。

世界上最早的飞机

1783年10月15日，法国人罗齐尔首次依靠蒙哥尔费兄弟制造的热气球离开地面并且安全返回，人类飞上天空的梦想首次变成现实。

1891年，德国工程师李林塔尔制造出了一架翼展达5.5米的“大鸟”，并背负它借助风力从高处成功飞到平地，这是人类历史上第一架具有实际意义的滑翔机。

美国的莱特兄弟受到鼓舞，在1900至1902年间，自制了200多个不同的机翼进行风洞实验，并进行了1000多次滑翔试飞。其中有一次的飞行高度超过了100米。然而莱特兄弟并未就此满足，他们转而开始寻找为滑翔机加装动力的方法。终于在1903年，一架装有9千瓦内燃发动机的轻型螺旋桨式飞机在莱特兄弟手中诞生了。经过几次实验，这架飞行终于试飞成功，飞行距离达到了255米。这是世界历史上第一次载人动力飞行，它标志着人类从此步入了机械航空时代。

莱特兄弟

1903年12月17日，由莱特兄弟发明的世界上第一架载人动力飞机飞上了蓝天，这次有动力的持续飞行实现了人类渴望已久的梦想，人类的飞行时代从此拉开了帷幕。图为莱特兄弟的合影，左为弟弟奥维尔·莱特，右为哥哥维尔伯·莱特。

“飞行者1号”模型

1903年12月17日，莱特兄弟制造的第一架飞机“飞行者1号”在美国北卡罗来纳州试飞成功，从此人类开始全面进入水、陆、空三栖时代。

世界上最早的汽车

火车的出现已经让一些人感受到了时代进步的节奏，但由于火车必须沿着事先铺设好的铁轨才能行进，这对人们来说多有不便。直到19世纪末期，内燃机的出现使得革新蒸汽机车、改变出行方式成为可能。

马车式三轮汽车

1885年，德国人卡尔·本茨研制出了世界上第一辆马车式三轮汽车，并于1886年1月29日获得世界第一项汽车发明专利，这一天被大多数人称为现代汽车诞生日，本茨也被后人誉为“汽车之父”。图为一辆马车式三轮汽车在路上行驶的情景。

德国工程师本茨开始了这方面的研究。1885年，通过减少内燃机的汽缸数和改用汽油做燃料等方法，本茨制造了一台体积小、功率大的汽油内燃机。他将它安装在一辆三轮车车架上，然后通过曲轴传递动力，用齿轮带动车轮转动。这辆车重254千克，每小时可行驶16千米。1886年1月29日，本茨为自己研制的三轮汽车申请了专利，这一天也被后人称为现代汽车的诞生日。

一天，本茨的妻子贝尔塔发动马达，开着这辆汽车驶向110千米外的娘家。她驾驶汽车一路上走走停停，克服了许多困难，终于在当天傍晚抵达了目的地。于是，贝尔塔成为世界上第一位汽车司机，同时也使汽车得到了世人的认同。从此，本茨的事业开始蓬勃发展，他不仅组建了德国最大的汽车制造厂，还开创了后来行销世界的著名汽车品牌——奔驰。

世界上最早的电影摄影机

人类第一架电影摄影机是1882年由法国人朱尔·马雷发明的。

这种摄影装置形状像枪，扳机处固定了一个像大弹仓一样的圆盒，前面装有口径很大的枪管，圆盒内装有表面涂着溴化银乳剂的玻璃感光盘。拍摄时，感光盘作间歇圆周运动，遮光器与感光盘同轴，且不停地转动，遮断或透过镜头摄入的光束。整个机器由一根发条驱动，可以用1/100秒的曝光时间，以每秒12张的频率摄影。该摄影机可以拍摄飞鸟的连贯动作。

1888年，马雷又发明了一种新的摄影机，他用绕在轴上的感光纸带代替了固定感光盘，当感光纸带通过镜头的聚焦处时，两个抓色机构固定住感光纸带使其曝光。后来，马雷又用感光胶片代替了感光纸带。马雷的摄影机经过不断改进，最终可以在9厘米宽的胶片上以每秒60张的频率拍摄。

1889年，美国的爱迪生发明了一种摄影机。这种摄影机用一个尖形齿牙轮来带动19毫米宽的未打孔胶带，胶带在齿轮的控制下间歇式移动，同时打孔。这种摄影机由电机驱动，遮光器轴与一台留声机连动，摄影机运转时留声机便将声音记录下来。在此基础上，他又发明了一种活动摄影机。摄影机使用带孔的35毫米胶片，十字轮机构控制胶片做间歇运动，另有一个齿轮带动胶片向前移动。1891年，爱迪生获得了这种活动摄影机的专利。

卢米埃尔兄弟的摄影机

1895年，卢米埃尔兄弟取得了名为“摄取和观看影像用的仪器”的专利。这台仪器能拍摄并放映物体的连续运动，它的许多基本原理一直沿用到现代。

医学之最

世界上第一部由国家编定颁布的药典

《新修本草》是659年由唐代李绩、苏敬等22余人编写的，是世界上由国家颁布的第一部药典。它比欧洲最早的《佛罗伦萨药典》早839年，比世界医学史上有名的《纽伦堡药典》早876年，比俄国第一部国家药典早1119年，因此有“世界第一部药典”之称。

石榴

《新修本草》载药844种，新增114种新药，其中不少是外来药物，如由印度传入的豆蔻、丁香，大辽传入的石榴、乳香，波斯传入的青黛等。

《新修本草》分为本草、图经、药解三部分，共54卷。本草部分记载了药物的性味特点、产地、采集要点、治疗功效等；图经部分根据药物的实际形态描绘出图样；药解是对药物的文字说明。书中共收载了844种药物，其中还记载了用白锡、银箔、水银调配成的补牙用的填充剂，这也是世界医学史上最早的补牙文献记载。

《新修本草》较系统地总结了唐代以前的药物学成就，不仅增加了药物的品种和数量，充实了民间的药学知识，而且其所载药物的准确性和真实性是当时其他同类书籍无法比拟的。它以较多的药物考证和丰富的药学知识赢得了中外医药者的尊崇，对后世药物学的发展产生了深刻影响。

【百科链接】

中国医学“祖师”：

我国最早的著名医学家是战国时期的扁鹊。他医术高明，被世人尊称为“神医”。由于他对我国医学有重大贡献，在中国医学史上被尊为“祖师”。

世界上第一部关于舌诊的专著

舌诊是中医诊断学的重要组成部分，也是中医诊断疾病的重要依据之一。几千年来，舌诊已成为我国医学的特色之一。

我国最早的一部关于舌诊的著作是诞生于元代（13世纪）的《敖氏伤寒金镜录》，这也是世界上最早的舌诊专书。

该书主要内容是讨论伤寒的舌诊。作者将各种舌象排列起来，绘成12幅图谱，并通过舌诊来论述症状。《敖氏伤寒金镜录》成书以后，限于当时条件，未能广为流行，以致现在已看不到原来的版本了。后来，元代学者杜本自己动手绘了24幅舌象图，与原书12幅合为36幅，于1341年印刷出版。全书对每种病理舌的所主症候均有记载，并介绍了这些症候的治法和方药，还辨明类似症的轻重缓急、寒热虚实。此书图文并茂，对后世影响较大。

舌头

舌诊是中医诊断疾病的重要方法。舌通过经络与五脏相连，因此人体脏腑、气血、津液的虚实和疾病的深浅轻重变化，都能客观地反映于舌象。

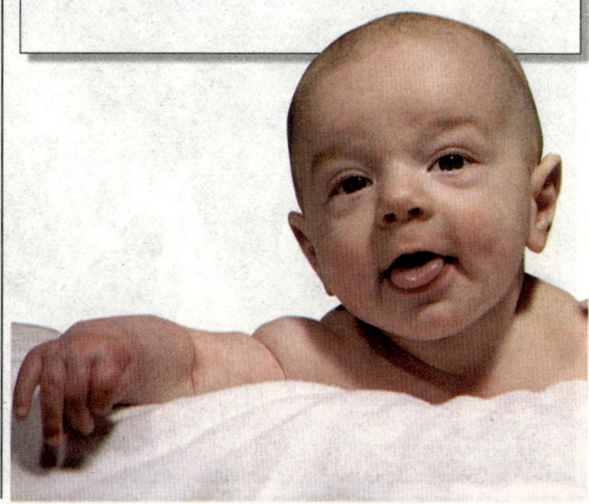

世界上第一部传染病专著

世界上第一部治疗急性传染病的专著是明末吴有性所著的《温疫论》。

吴有性所处的时代，正是传染病大流行的时代。吴有性亲眼目睹了传染病流行地区的惨景，于是他刻苦钻研医学道理，亲自深入传染病流行区，通过对流行传染病的详细研究，结合他自己多年的经验，并进行分析总结，终于在崇祯十五年（1642年）编写成了《温疫论》。

《温疫论》一书提出了当时传染病的病因是“非其时而有其气”，认为伤寒等病是由于感受天地之常气所致，而疫病则是“感天地之疫气”。书中将“瘟疫”与其他热性病区别开来，使传染病病因突破了前人“六气学说”的束缚。

《温疫论》在我国第一次建立了以机体抗病功能不良，感染戾气为发病原因的新论点。《温疫论》指出传染途径是空气与接触，“戾气”最终由口鼻进入人体而致病。人体感受戾气之后，是否致病则决定于戾气的量、毒力与人体的抵抗力。《温疫论》是我国医学文献中论述急性传染病的一部划时代著作，至今仍可用来指导临床医学，具有重要的历史意义与现实意义。

瘟疫流行时的欧洲城镇

中世纪时，欧洲大陆曾长期爆发出血热流行病，又称黑死病，造成总计约2500万人死亡，死亡人数占欧洲人口的1/3。

现存最早的伤科专著

世界现存最早的伤科专书是唐代蔺道人所著的《仙授理伤续断秘方》，约成书于841至846年。

相传唐朝有一道人在结草庵居住，年岁过百，但精力充沛，常与一彭姓老翁往来。有一天，彭家儿子因砍柴从树上跌下，颈部骨折，臂肱挫伤。道人听到后就命人买了几种药配给他吃。不一会儿，疼痛即止，几天之后就完全病愈。从此乡人才知道这位道士会治病，得病都来请求他治疗。道人十分讨厌这些人来打扰他，于是就把方剂授予彭老翁，自己闭门不见任何人。不久，道人仙逝而去，彭姓老翁认为这道人是下凡的神仙，因此把他留下的方剂取名为《仙授理伤续断秘方》。

全书共有医治口诀24条，治伤并方20条，记述了治疗关节脱臼、跌打损伤以及止血、手术复位、牵引、

填埋尸体

历史上，瘟疫爆发过多次，每次都是人间惨剧。1665年伦敦爆发的瘟疫使伦敦陷入了恐慌和无秩序之中，每天都有大量的人死去，这时候已经无葬礼可言，收殓的尸体被集中埋到了野外。

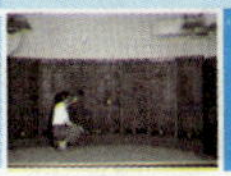

扩创、填塞、缝合手术等内容。书中还讲到一般骨折复位后要用衬垫固定，并指出要注意关节活动；开放性骨折则应快刀扩创，避免感染；治疗肩关节脱臼用“椅背复位法”。这些观点都是世界正骨学之首创。

现存最早的医学理论著作

《黄帝内经》图

《黄帝内经》是现存最早的医学理论专著，总结了我国春秋至战国时期的医疗经验和学术理论，并吸收了秦汉以前天文学、历算学、生物学、地理学、人类学、心理学等方面的相关知识，确立了中医学独特的理论体系，成为中国医药学发展的理论基础和源泉。

世界上现存最早的医学理论著作是《黄帝内经》，它包括《素问》、《灵枢》两部分，共18卷，162篇。它托名于“黄帝”，实则是古代许多医学家的劳动成果，它是我国医学中最宝贵、最光辉的遗产。

《黄帝内经》全面系统地对解剖、生理、病理、药理、诊断、针灸、治疗等各个方面进行了阐述，确立了中医学的指导思想和治疗原则。同时，它也涉及当时天文、物候、历法、哲学等方面的知识，内容十分丰富。

《黄帝内经》理论的来源不外乎“整体观念”和“阴阳五行”两大基本内容。它认为人体是一个有机的整体，机体与情志是一个整体，与自然界和社会环境存在着密切的联系；运用阴阳五行学说，该书说明了人体结构、生理现象、病理变化的对立统一的关系，总结了诊断治疗的一般规律。

《黄帝内经》重视脏腑经络，认为人体复杂的生命活动都起源于内脏的功能，经络是人体内部运行气血的通路，内属脏腑，外络肢节，使人体各部器官组织联成一个整体。此外，该书还提倡预防疾病，提出“不治已病治未病”的主张，要求做到见微知著、防患于未然。

世界上最大的方书

在中医临床编著中，“方书”是一个十分重要的学术门类。晋代葛洪所著《肘后救卒方》是我国现存第一部方书著作。其后，唐、宋、明、清几代的方书著作品类甚多，其中《普济方》是世界方书著作中选方最多、内容最为丰富的巨型方书。

《普济方》是历史上最大的方剂书籍，由明太祖第五子周定王主持，教授滕硕、长史刘醇等人执笔汇编而成，刊于1406年，初刻本已散佚。《普济方》原作168卷，后来《四库全书》将它改为426卷，分成217类，共788法。全书载图239幅，载方竟达61739帖。全书内容包括总论、脏腑身形、伤寒杂病、外科、妇科、儿科、针灸等。书中记载了许多疾病的治法，如汤药、按摩、针灸等。

《普济方》是一本十分实用的方书。它在所列的每一病症之下都列了一些方子，学者或医生只要依病查方、选方即可。这本书也是十分宝贵的医学文献资料，它为我们保留了许多珍贵的医学材料。

全书除历代方书外，还兼收史传、杂说、道藏、佛典中的有关内容。

中草药

中国的药文化已经有数千年的悠久历史，底蕴丰富，有着独特的理论体系和应用形式，充分反映了我国自然资源及历史文化等方面的特点。

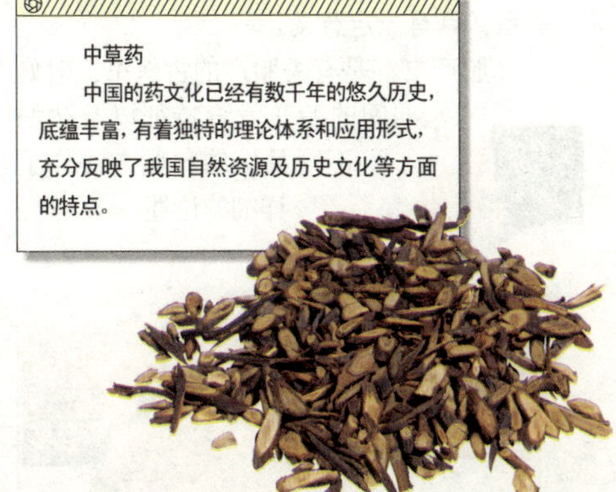

现存最早的性医学文献

1973 年底至 1974 年，一些书籍出土于湖南长沙马王堆汉墓，其中《十问》、《天下至道谈》、《合阴阳》为性医学专著，《养生方》、《杂疗法》、《杂禁方》和《胎产书》含有大量性医学内容。它们的出土，填补了中国汉代以前性医学文献的空白，也是世界现存最早的性医学文献。

《十问》以问答方式讨论了 10 个有关房事养生的问题，主要论述房事中应如何顺应天地阴阳的变化进行补养。

《天下至道谈》首先以“天下至道”来强调房事养生保健的重要，明确指出房事须经学习，从而提出了性教育问题。该书认为学习的主要内容有房事体位和技巧，房事中有利于养生的要点和方法，房事中男女性生理反应的表现等。本书还列举了女性阴道的十二处解剖部位的名称。

《合阴阳》专论行房的原则和方法，如在对女性性生理反应的五征描述时，指出了男性应怎样运用相应的亲昵行为。书中还阐述了一日之中男女精气各自旺盛的时刻，以及男女交合的适宜时机。

《养生方》则是一部以养生为主的方书，其中有较大篇幅涉及房中用药。

《杂疗方》文字残缺较多，主要记载了一些关于男女性功能方面的滋阴壮阳的汤药方。

《杂禁方》主要讲以厌禁为主的方术之法，属于迷信，但书中谈到了用厌禁的方法调和夫妻关系，具有一定意义。

《胎产书》是有关胎产的古医书，对妊娠期间的胎儿发育特征以及孕妇在不同月份的养胎方法作了较详细的论述。

现存最早的脉学专著

我国医学史上现存有关脉学的最早专书是由西晋王叔和编撰的《脉经》，它也是世界上最早的脉学专著。

该书统一了脉象标准，改进了脉法，为后世脉学之规范。全书共 10 卷，98 篇，按脉搏的次数、节律、气势和通畅程度等将脉象归纳为浮、沉、迟、数等 24 种，并根据形体辨别，阐明其所主病症，结合望、闻、问三诊加以研究。

该书著成后，传到了西藏地区，对藏医学的相关学科产生了重大的影响。通过西藏，中国脉学又传入了印度，并辗转传入阿拉伯国家，对西欧脉学的发展也有所影响。

王叔和

王叔和（201 ～ 280），名熙，高平（今山东微山县）人，魏晋之际的著名医学家、医书编纂家。他在吸收古代著名医学家的脉诊理论学说的基础上，结合自己长期的临床实践经验，终于写成了我国第一部完整而系统的脉学专著——《脉经》。

【百科链接】

我国最早的医学分类专著：

我国最早的医学分类专著是唐代“药王”孙思邈撰写的《千金方》。孙思邈还率先创立了内科、外科、五官科、妇科、儿科的分科法。同时，孙思邈又是世界上最早使用橡皮管导尿的医师。他对我国医学有重大贡献，在中国医学史上被尊为“药王”。

切脉

切脉是中医用手按病人的动脉，根据脉象了解疾病内在变化的诊断方法。切脉具有悠久的历史，它反映了中医学诊断疾病的特点和经验。

法医 司法机关中运用医学技术对与案件有关的人身、尸体或其他物体进行鉴定的专门人员。

世界上最早的法医学专著

我国第一部法医学专著是宋代宋慈所著的《洗冤集录》，通称《洗冤录》，成书于1247年，它也是世界上第一部系统的司法检验书，比意大利人福寞乃·法特里所写的法医专著要早355年。

宋慈，字惠父，南宋建阳（今属福建）人，历任主簿、县令、通判兼摄郡事等职，嘉熙六年（1239年）升任提点广东刑狱，以后移任江西提点刑狱兼知赣州，淳祐年间任提点湖南刑狱兼大使行府参议官。这期间，宋慈在处理狱讼时，特别重视现场勘验。他对当时传世的尸伤检验著作加以综合、核定和提炼，并结合自己丰富的实践经验，完成了系统的法医学著作——《洗冤集录》。

《洗冤集录》是中国古代一部比较系统的总结历代尸体检查经验的法医学名著。全书共4卷，从生理、药理、诊断、治疗、预防、急救、检验等方面进行论述。自南宋以来，它成为历代官府尸伤检验的蓝本，曾被定为宋、元、明、清各代刑事检验的准则，在中国古代司法实践中起过重大作用。该书曾被译成多国文字，深受世界各国重视，在世界法医学史上占有十分重要的地位。书中的不少内容至今仍有参考价值。

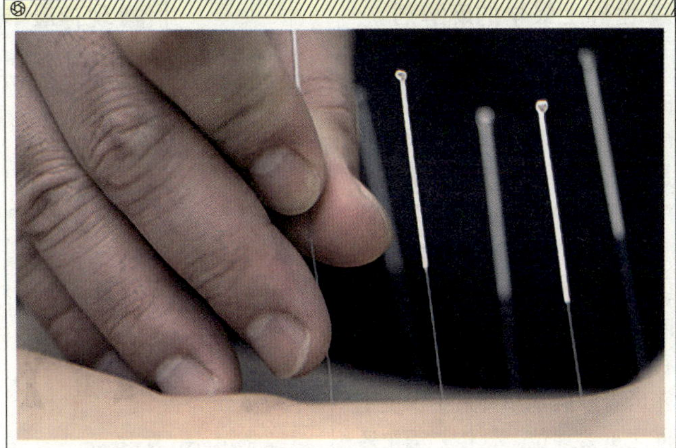

针灸

针灸是中国特有的一种治疗疾病的手段。它是一种“从外治内”的治疗方法，是通过经络、腧穴的作用，应用一定的手法来治疗全身疾病的。

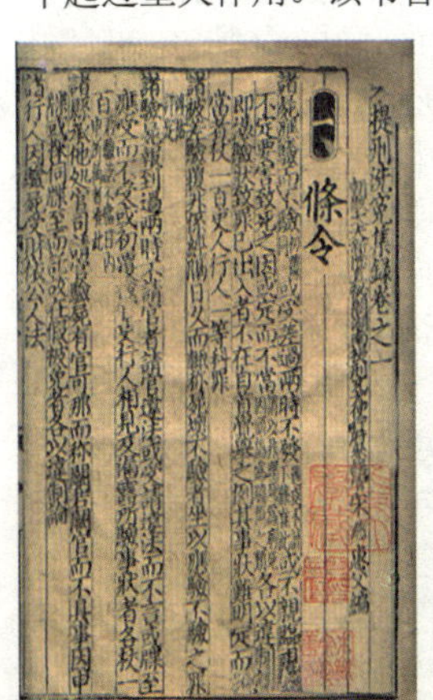

条令

《洗冤集录》书影

宋慈的《洗冤集录》总结了宋代以前的法医学成就，是世界上第一部法医学专著。宋慈被公认为法医鼻祖，世称宋提刑。

世界上最早的针灸学专著

256年，晋代医学家皇甫谧克服疾病缠身的重重困难，系统地总结了晋以前历代针灸学的经验，写出了世界上第一部较完整的针灸专著《针灸甲乙经》，这是中国晋代以前针灸学成就的总结性文献。

皇甫谧本是一位史学家，年近50岁时，他开始钻研针灸医术，学习《黄帝针经》、《素问》及《明堂孔穴针灸治要》三书，并删去其浮词，除其繁复，论其精要，于259年著成《黄帝部针灸甲乙经》10卷，简称《甲乙经》，南北朝时改为12卷本。原书以天干编次，主论医学理论和针灸之法，故以《针灸甲乙经》命名。

《针灸甲乙经》在总结前人经验的基础上，提出了800多种适合针灸治疗的疾病和症状。该书所分述的热病、头痛、痉、疟、黄疸、寒热病、脾胃病、癫、狂、霍乱、喉痹、耳目口齿病、妇人病等，基本上达到了条分缕析，内容比较丰富，学习者也易于掌握。

世界上最早的麻醉剂

小说《三国演义》中说的“麻沸汤”在医学史上叫“麻沸散”，的确是由华佗发明的，是世界上第一种手术麻醉药。

华佗的外科手术技巧达到了相当高的水平，在手术中，他创造性地应用了中药麻醉剂麻沸散。这种全身麻醉手术在我国医学史上是空前的，而且在世界麻醉学和外科手术史上也居重要地位。据传，华佗还想用麻沸散为曹操治头痛病，当时他建议曹操服麻沸散后剖开头皮切除病根，可惜曹操不相信华佗的本领，反而把华佗杀害了。

关于麻沸散的配方遗本，传说众多。有人说配方被华佗烧掉了；有人说华佗在监狱中将配方送给看守人，而看守人的妻子却将它烧掉了，看守人只存下一部分；还有人说华佗烧的是副本，正本留在家中。

1979年中外出版社出版的《华佗神方》是由唐代孙思邈编集的，里面记载了麻沸散配方：

羊踯躅9克、茉莉花根3克、当归30克、菖蒲0.9克，水煎服一碗。

西方医学手术中开始使用麻醉药是在19世纪40年代，而华佗在2世纪就可以进行全身麻醉剖腹手术，这说明中医在外科手术中使用麻醉药的历史至少要比西方早1600年。

华佗

华佗（约145～208），东汉末年医学家，医术精湛，方药、针术和灸法上的造诣很深。他首创用全身麻醉法施行外科手术，被后世尊为“外科鼻祖”。

现存最早的体疗图

西汉《导引图》帛画复原图

所谓“导引”，是指呼吸运动和躯体运动相结合的一种医疗体育方法。早在原始社会，先民们为了表示欢乐、祝福和庆功，往往学着动物的跳跃姿势和飞翔姿势舞蹈，后来，这些舞蹈便逐步发展成为强身健体的方法。

1974年湖南长沙马王堆三号汉墓出土的《导引图》是现存最早的一卷保健运动的工笔彩色画，是公元前3世纪末的作品。

《导引图》全图长约1米，宽约0.5米。图中有彩绘的44个人物的各种导引形象。其单个图像高9至12厘米，有男有女，有老有少，有裸背者，也有着衣者，其衣冠均为当时一般庶民所用的样式。每个图像为一独立的导引术式，图像整齐地排列成上下四排，图侧有简单的文字说明。

这幅《导引图》充分反映了当时导引术式的多样性。从功能方面讲，这些导引既有用于治病的，也有用于健身的。“引聋”、“引温病”、“引脾（痹）痛”等显然是指通过一定的肢体运动来治疗某种疾患。图中还有很大一部分导引术式未注病名，其作用或许更广泛一些，当属健身导引一类。近代医疗体操和健康体操中的一些基本动作，如头部运动、上肢运动、下肢运动、扩胸运动、体侧运动、腹背运动、呼吸运动等，在《导引图》中都能见到。

《导引图》不仅年代早，而且内容非常丰富，它使古代文献中散失不全的多种导引与健身运动找到了最早的图形数据，为研究导引的发展、变化提供了可贵的线索。

世界上最早由医生编成的体操

五禽戏是我国古代体育锻炼的一种方法，创始人是东汉末年的名医华佗。华佗总结前人模仿鸟兽动作以锻炼身体的传统做法，创编了一套保健体操，包括虎、鹿、熊、猿、鸟的动作和姿态，也就是五禽戏。五禽戏是世界上最早由医生编成的体操。

华佗五禽戏

演练五禽戏要做到全身放松，意守丹田，呼吸均匀，形神合一。常练五禽戏可活动腰肢关节，壮腰健肾，疏肝健脾，补益心肺，从而达到祛病延年的目的。

五禽戏又称五禽操、五禽气功、百步汗戏等，是一套防病、治病、延年益寿的医疗气功，也是一种“外动内静”、“动中求静”、“动静兼备”、刚柔并济、内外兼练的仿生功法。常做五禽戏可以使手足灵活，血脉通畅，还能防病祛病。华佗的学生吴普桑用这种方法强身，90多岁了还是耳聪目明，齿发坚固。

世界上最早的草药书

《神农本草经》是现在已知最早的药物学专著，根据书中所载内容，推断该书并非一时一人之作，而是经许多医药学家不断收集整理加工，托名神农氏所作，约成书于秦汉时期。它是我国、也是世界上第一部药物学专著。

《神农本草经》共收载药物365种，并按照药物效用分为上、中、下“三品”。其中上品120种，主要是一些无毒药，以滋补、营养为主，长服可强身延年；中品120种，无毒或毒性微弱，多数具补养和祛疾的双重功效，根据不同情况而用；下品125种，多数有毒或药性峻猛，以祛除病邪为主，容易克伐人体正气，使用时一般中病即止，不可过量。

另外，《神农本草经》提出君臣佐使的组方原则，以朝廷中的君臣地位为例来表明药物的主次关系和配伍法则。它对药物性味也有详尽的描述，指出寒热温凉四气和酸、苦、甘、辛、咸五味是药物的基本性情，可针对疾病的寒、热、湿、燥性质的不同来选择用药。

此外，《神农本草经》还提出药物之间具有相须、相使、相恶、相反等“七情和合”关系。这些理论一直作为中医治病的指导思想。因此，《神农本草经》被列为中医四大经典著作之一，成为后世医师学习之典范。直到今天，《神农本草经》的论述仍旧具有十分稳固的权威性，同时，它也成为医学工作者案头必备的工具书之一。

现存最早的儿科专著

世界上现存最早的儿科专著是北宋钱乙所著的《小儿药证直诀》。

《小儿药证直诀》分上、中、下3卷。上卷为脉证治法，包括“小儿脉法”、“变蒸”、“五脏所主”、“五脏病”等81篇，论述小儿生理病理特点及各种常见疾病的辨证治疗；中卷详细记载钱氏小儿病医案23则；下卷论述儿科方剂的配伍和用法。其中治疗小儿心热的“导赤散”，治疗肾虚的“地黄丸”等，都是佳效名方，至今仍为临床医生所常用。

该书基本上反映了钱乙的学术思想，总结了他的儿科临床经验，是一部理论结合实际，突出脏腑辨证思想的儿科专著，对宋以后儿科学的发展具有重要影响。

钱乙

钱乙是北宋时期著名医学家，他系统总结了以五脏为纲的儿科辨证方法，编成我国现存第一部儿科专著——《小儿药证直诀》。《四库全书总目提要》称其书为“幼科之鼻祖，后人得其绪论，往往有回生之功”。

四海 中医认为，胃为水谷之海，冲脉为血海，膻中为气海，脑为髓海，合称四海。

现存最早的外科专著

世界上现存最早的外科专著是我国南北朝刘涓子等人于 483 年写成的《鬼遗方》。

王惟一

宋代针灸学家，于 1026 年编成针灸专著《新铸铜人腧穴针灸图经》。此书内容丰富，承前启后，可谓集以前针灸学之大成。

据说，《鬼遗方》是晋末的刘涓子在丹阳郊外巧遇黄父鬼后，受其启发写成的一部外科专著，又称《神仙遗论》。据《隋书·经籍志》记载，原书 10 卷，今本则只存 5 卷，是经刘涓子后人传与北齐龚庆宣而得以传世。原书又称《痈疽方》，经龚庆宣整理后，成今本《鬼遗方》。

《鬼遗方》论述了痈疽症、金疮、淤血、外伤治疗，包括止痛止血、取出箭镞等方面的内容。全书载方 140 余帖，其中治疗金疮外伤跌仆的方子共 34 帖；对痈疽的辨证论治尤其详尽，可称为我国现存最早的一部外症痈疽及金疮方面的专著。书中首先从病机和症象方面对痈与疽作了明确的鉴别，对痈疽等症的辨脓十分精细。除辨别成脓与否以外，书中还特别指出发病部位与预后(指对于某种疾病发展过程和最后结果的估计)的关系，说明严重痈疽症引发全身性感染的预后不良，并根据痈疽的不同情况而给出了许多解毒的治疗方法。

《鬼遗方》代表了我国南北朝时期外科的发展水平。

世界上最早的立体针灸模型

北宋王惟一编著了《新铸铜人腧穴针灸图经》，另外，他铸造的两个针灸铜人是世界上最早的立体针灸模型。他开创了经穴模型直观教学的先河，是世界医学史上的一个创举。

《新铸铜人腧穴针灸图经》简称《铜人经》或《铜人》，刊于 1026 年，并刻于相国寺仁济殿内，系作者在创制的针灸铜人模型的基础上编撰的。作者参考各家学说，对手足三阴三阳经脉和督循任穴的循行、主病及其腧穴部位予以订正，附经腧穴图。该书总结了北宋以前针灸腧穴的主要成就，流传甚广，对针灸学的发展起了一定的推动作用。

世界上最早刻印医药书籍的专业机构

世界上第一家校订和刻印医药书籍的专业机构，是北宋朝廷于 1057 年设立的校正医书局。

1057 年 8 月，宋仁宗诏令编修院设置校正医书局。校正医书局所校医书有《素问》、《甲乙经》、《本草图经》、《脉经》、《伤寒论》、《千金要方》、《千金翼方》、《金匮要略方论》、《外台秘要》、《金匮要略经》等。校正医书局的成立是我国医政史上的一个创举，它集中人力物力对古典医籍进行较为系统的校正和刊刻印行，对医学知识的传播做出了很大的贡献。

针灸铜人

针灸铜人是世界上最早的立体针灸模型，铜人上共有穴位 657 个，穴名 354 个。

历史上最早的手术台

雷奈克

雷奈克（1781～1826），法国医师，听诊器的发明者。听诊器的发明使临床医学向前迈进了一大步。图为雷奈克在为患者诊断。

埃及博物馆内展出了5万多件历史文物，其中令人惊奇的是，在博物馆一楼大厅有一张用花岗岩雕刻的手术台，台长1.86米，宽0.62米，边缘高出台中心4厘米，使人不至于从手术台上滚落。此手术台约出现在公元前2600年，距今已有4600余年，可谓是最早的手术台。

手术台的一头雕有一个半圆形石槽，以盛放手术时或解剖时人体或尸体流出的血水。石槽低于手术台面，一个小石洞贯穿手术台与床头的石槽，以便使血水通过石洞流到石槽内。早期的手术台和器械是为制作木乃伊而发明的，后来才逐渐用于某些外科疾病的手术治疗。

此外，这些展品中还有迄今发现的最早的外科医学文献《史密斯纸草文》，是由古埃及兼管医术的大臣伊姆霍提普于公元前2800年抄写成文的，文中以病案形式记述了自头颅至躯体各部48处创伤的外科治疗。

世界上最早的听诊器

世界上最早的听诊器是由巴黎医学院教授雷奈克发明的。一次，雷奈克去探视一位患有心脏病的年轻妇女，这位妇女体型较胖，用手敲诊或触诊都起不了作用，当时的风俗礼教又不允许将耳贴于其胸口去听诊，这使雷奈克束手无策。

忧心忡忡的雷奈克在卢浮宫广场散步时，看见两个小孩蹲在一根长木梁的两端玩游戏。一个小孩敲打他那一端的木梁，另一端的孩子则把耳朵贴在木梁上，安静地听着从另一端传来的声音。雷奈克立刻受到了启发，他突然想起声音在经过中空的管道时会得到加强。于是他急匆匆跑回医院，将用厚纸卷成的圆锥筒置于病人的胸部听诊。他惊喜地发现，自己不但能够听到病人胸腔内的声音，而且比从前听得更清晰。

为了更方便地使用这种方法诊断病情，雷奈克前后进行了多次实验，最后制成了世界上最早的听诊器。该听诊器是一个木质单耳听筒，长约30厘米，中空，两端呈喇叭形。

到1840年，英国医生乔治·菲力普·卡门改良了雷奈克的这种单耳听筒。他将两个耳栓用两条可弯曲的橡皮管连接到可与身体接触的听筒上，听筒则是一个中空的圆锥体。这种新式的听诊器不仅可以听到静脉、动脉、心、肺、肠等内脏的声音，甚至可以听到母体内胎儿的心音。此后，这种听诊器便广为应用。

听诊器

听诊器可以听到人体心肺等器官的声响变化，使医生们能够更为准确地诊断胸腔、腹腔、血管等多个部位的疾病。它的发明促进了人类医学的发展。

【延伸阅读】

我国最古老的手术器械是什么？

台西遗址位于河北省藁城县台西村，1965年的发掘证明，这是一座商代中期的遗址和墓葬群。在此出土了一种石质砭镰，被后代人称为石砭镰。石砭镰距今已有3400多年，是用来割除疥疮的手术器械，是我国目前发现的最古老的医用手术器械。

世界上最早的医院

据《周书·五会篇》记载，周成王在成周大会的会场旁曾设过“为诸侯有疾病者之医药所居”的场所，这可视为医院的最早雏形。

春秋时期，齐国政治家管仲在都城临淄建立了“养病院”，收容聋、盲、跛、躄等病人以集中疗养。据《后汉书·皇甫规传》记载，延熹五年（162年），皇甫规任中郎将，率兵在甘肃陇坻一带作战，军中发生疾病，他利用民房，开设“庵庐”供士兵治疗。“庵庐”实为我国最早的野战医院。

管仲

管仲名夷吾，又名敬仲，字仲，春秋时期齐国著名的政治家、军事家，辅佐齐桓公成为春秋时期的第一位霸主，被称为“春秋第一相”。

五代时，我国出现了私立医院和公立医院。《南齐书》载：“京邑大水，吴县偏剧，子良开仓救贫病不能立者，于第北立廨收养，给衣及药。”“廨”就相当于私立的临时医院。而《魏书·太组本纪》中说：“不满六十而有废痼之疾，无大功之亲，穷困无以自疗者，皆于别坊，遣医救护，给医师四人，预请药物以疗之”；《世宗本纪》中说：“勒太常于闲敞之处，别立一馆，使京畿内外疾病之徒，咸令居处，严勒医署，分司治疗”。“坊”、“馆”都是公立救济医院。

世界上最早开办的国家药店

1076年，我国在宋代京都汴梁（今河南开封）创建了第一个官药局，亦称熟药所或卖药所，是我国也是世界上最早开办的国家药店。

官药局由政府经营，主要出售丸、散、膏、丹等中成药。由于中成药具有服用方便、携带容易，又易于保存的特点，因此深受人们欢迎。官药局发展得很快，逐渐扩展到全国各州县，甚至边疆镇寨地区也均有设立。其名称也相继改为“医药惠民局”、“医药和剂局”等。

宋代官药局的组织机构相当完整，设有专门人员监督成药的制造和出售，管理药材的收购及检验，以保证药品的质量。此外，还有人专门从事药物炮制配伍的研究工作，在总结前人制药经验的基础上，不断改进和提高制药方法和技术，使宋代配制中成药的技术达到了空前的水平。药局内还建立了很多制度，如规定轮流值夜班，遇到有急病不立即卖药材的，要给予“杖一百”的处罚，陈损旧药要即时毁弃等。

官药局的设立对我国中成药的发展起到了很大的推动作用。它所创制的许多有名中成药，诸如苏合香丸、紫雪丹、至宝丹等，迄今仍广为应用。

世界上最早的国家医学院

虽然我国早在隋代就有太医集中办公的太医署，但其规模不大，设置也不全，不能算正规的医学校。我国、也是世界上第一座由国家开办的正式医学专科学校是唐高祖武德七年（624年）在长安建立的唐太医署。唐太医署由行政、教学、医疗、药工四大部分组成，与现在医学院（校）的教育行政机构相类似。

唐太医署由皇家直属，设太医令2人，是太医署的最高行政官员，相当于现在医学院（校）的校长；太医丞2人，他们是太医令的助手；太医丞手下则有医监4人，医正8人。

《村医图》（局部）

这幅北宋画家李唐所作的风俗人物画，描述了一个走方郎中（即村医）利用灸法为村民治病的情形。

太医署包括医学与药学两大部分。医学部分设医科、外科、按摩科和咒禁科（咒禁科是受当时佛教、道教的影响形成的）。这四科都配有博学之士，负责教授学生。学生的学制年限根据不同专业而定。学生在学习过程中，需按月、季、年参加考试。毕业考试成绩优异者会被选拔重用。药学部的学生主要学习中药的栽培、采集、加工、贮存、配方、禁忌等知识。

唐太医署为我国唐代培养了不少医学人才，以后历代都设立类似唐太医署的医学校。历代不少名医都来自医学校，如宋代朱肱、陈自明，元代危亦林、齐德之，明代徐春甫、薛己等。

路易斯·巴斯德

路易斯·巴斯德（1822～1895），法国微生物学家、化学家，近代微生物学的奠基人。像牛顿开创经典力学一样，巴斯德开辟了微生物领域，为人类做出了巨大的贡献。

世界上最先用狂犬脑敷治狂犬咬伤的人

326 年，东晋葛洪在《肘后救卒方》中最先提到用狂犬脑敷治狂犬咬伤，比法国巴斯德发现狂犬脑中有抗狂犬病物质早 1000 多年。

葛洪是古代一位鼎鼎有名的科学家，在医学和制药化学上有许多重要的发现和创造，在文学上也有很深的造诣。他晚年隐居在广东罗浮山中，既采药、炼丹，又从事著述，直至去世。明代陈嘉谟在《本草蒙筌》中引用了《历代名医像赞》的一首诗来概括他的一生：“陷居罗浮，优游养导，世号仙翁，方传肘后。”

葛洪的著作约有 530 卷，大多已经散佚，流传至今的主要有《抱朴子》和《肘后救卒方》两部。《抱朴子》是一部综合性的著作，分内篇 20 卷，外篇 50 卷。内篇说的是神仙方药、鬼怪变化、养生延年、禳邪却病等事，属于道教的著作。外篇说的是人间得失、世道好坏等事，其中《钧世》、《尚博》、《辞义》等篇，是著名的文论著作。

《肘后救卒方》简称《肘后方》，是他在广东编著的一部简便切用的方书。该书收录的方药大部分行之有效，采药容易，价钱便宜；此书卷帙不大，可挂在肘后随行（即今天所说的袖珍本），即使在缺医少药的山村、旅途，也可随时用来救急。所以，它受到历代群众的欢迎。

据史籍记载，葛洪的医学著作原有《金匮药方》100 卷，《神仙服食方》10 卷，《服食方》4 卷，《玉函煎方》5 卷等，不过大多没能流传下来。

葛洪

葛洪（284～364），东晋道教学者、著名炼丹家、医药学家，字稚川，自号抱朴子，著有《抱朴子》、《肘后救卒方》、《西京杂记》等。

军事之最

最早的弓箭

最早的弓箭源于中国，大约产生于 2.8 万年前。

在山西省峙峪河与小泉河汇合处的一块小丘的地层中，考古学家发现了一种小石镞，这种小石镞很精致，尖端和两侧非常锋利，大概是用很薄的长石磨制而成的。这些小石镞明显符合箭头的三要素: 锋利、尖头适度、器形周正，由此可以断定它是箭头。在与尖头相对的底部，左右两侧有点凹进去，成为一个形似镞揑的小把，显然是用来安装箭杆的。从这里可以推知，2.8 万年前的峙峪人已经能制造和使用弓箭了。

而外国出现弓箭大约在中石器时代，如西班牙中石器时代的壁画中就有原始人手持弓箭相互对射的场面。中国弓箭的发明大约比外国要早 1 万多年。

弓箭是原始社会生产技术显著进步的一个重要标志，它的出现说明人类已开始使用复合工具。它射程远，命中率高，携带方便，大大加强了人类同自然作斗争的力量。后来，随着阶级的产生，弓箭也成了一种重要的作战武器。

石镞

这些石镞长 2 至 2.5 厘米，是用坚硬的石髓、水晶、玛瑙等磨制而成，整体为底面凹陷的三角形，尖端和两侧十分锐利，装在木制箭杆上就可成为打猎用的箭矢。

最早的刺刀

刺刀最早出现在1610年前后的法国巴荣纳城。

古代作战使用剑、矛、刀、斧等十八般兵器，到了 16 世纪前后出现了火枪。由于当时火枪性能差，往往打一枪后需要较长时间的准备才能打第二枪，两枪之间的间隙是对方逼近实施攻击的良机，而士兵既带枪又带刀极不方便。为了解决这一矛盾，使刀枪合二为一，装在枪械前端的刺刀就产生了。早期的刺刀长 50 厘米左右，开始是插入滑膛枪口内使用，连接极不可靠。到了 1688 年，法国陆军元帅戴沃邦对刺刀进行了改进，将刺刀套在枪口外部使用，使枪刺刀的发展又进了一步。后来，人们又发明了靠弹簧卡榫固定在枪口侧方的刺刀，也就是现代的刺刀。

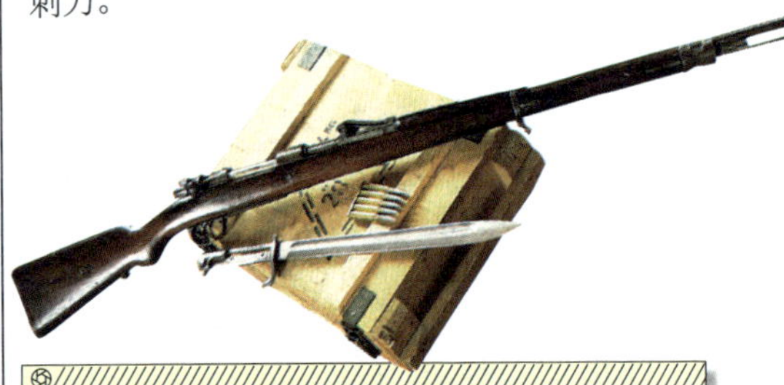

刺刀

如今刺刀在实战上的重要性日益减弱，但仍是部队训练的一个重要项目，它对培养士兵的体能、集体意识和杀气有很大的助益。

最早的竹管突火枪

世界上最早的竹管突火枪出现在中国。

1132 年，南宋的陈规在守德安（今湖北安陆）时首先制作使用了竹管突火枪。这种枪的枪管是用长竹竿制成的，使用时需两人协作，将火药装入管内，一人持枪，一人点火，靠喷射出来的火焰攻击敌人或焚毁敌人的器械。另据《金史》记载，1232年，金军在作战时使用过飞火枪，这种枪喷出的火焰达几十米远。1259年，寿春府（今安徽省寿县）又有人创制了一种突火枪，其枪管是用巨竹做成的，射击时，里面装上火药，然后安上“子巢”，火药点燃后发生爆炸，喷出火焰，产生的气体推力把“子巢”射出以击伤敌军人马。据说，其射程可达300米。

从原理上讲，突火枪已经近似于现代的枪了，实际上是近代枪的雏形。

最早的铁管突火枪

世界上最早的铁管突火枪是14世纪中叶由中国人发明制造的。

先前的突火枪枪管是用竹竿或纸卷制成的，射击时很容易爆裂和烧毁，极不安全。因此，人们用铁制成了枪管更加坚固的铁火铳。1355年，一个名叫焦玉的人献给了明太祖朱元璋一支火龙枪，这便是当时制作比较精良、威力比较大的铁火铳。火龙枪用铁管制成，射击时，从前膛装进火药和枪弹，点燃火药，枪弹便会被推出枪管，杀伤敌人。

从13世纪开始，我国的火药和管形火器的制作方法传至欧洲。因此，欧洲一些国家在14世纪也相继出现了这种火枪。这种枪在几个世纪中虽几经改进，但没有发生根本性改变。直到1798年，L.G.布朗哈特里发明了雷汞，使弹药合一，枪才有了根本性的改变。

世界上最早的水雷

中国是最早发明水雷的国家。明朝嘉靖年间，为了抗击倭寇的侵犯，人们发明了一种水底雷，炸毁了很多倭寇的船只。它用密封的木箱做外壳，内装黑火药，木箱下坠有3个铁锚，借以控制雷体在水中的深度，使用时用绳子拉火引爆。这是最早由人工控制、机械击发的锚雷。此后还出现了以燃香为定时引信的水底龙王炮，它是世界上第一种漂雷。

由于人工操纵水雷受视距的影响，明万历二十七年（1599年），王鸣鹤用碰线引信原理，制成了水底鸣雷，这是一种触发沉底雷。据《火攻问答》记载，该雷是将铁雷放入密封的大缸中，沉入水底，上横绳索，置水面下约半米处，并与雷体内的发火装置相连，敌船触之，机落火发，炸毁敌船。

水底龙王炮

第一颗定时爆炸水雷是1590年制造的水底龙王炮。该水雷用牛的膀胱做雷壳，内装黑火药，用香做引信，根据香的燃烧时间来定时引爆水雷。

此外，悬雷、海炮等多种水雷都是我国古代制造并使用过的水雷，它们在我国古代历次海战中起到了重要的作用。

世界上最早的火炮

我国是世界上最早发明和使用火炮的国家。东汉时期，魏国曾发明过一种抛石的机械，它可以把石块抛出很远以杀伤敌人。这种炮也称为石炮，它是火炮的前身。

我国历史上试制火炮的先驱者是唐福和石普，二人于1000至1002年制造的火箭、火球、火蒺藜，都是十分成功的。1126年，人们又创造了类似火炮的霹雳炮和震天雷等武器。《金

元代火铳

出土于北京房山区，铸造于元至顺三年（1332年）。此火铳上刻有明确的纪年，是世界上现存最早的有明确纪年的管状火器。

史》中曾有这样的记载："火药发作，声如雷震，热力达半亩之上。人与牛皮皆碎迸无迹，甲铁皆透。"

至元朝，出现了用铜或铁铸成的筒式火炮，这类炮统称火铳，因为它威力大，被人尊称为"铁将军"。现保存在中国历史博物馆的元朝至顺三年（1332年）的铜火炮，是世界上现存最早的火炮。

世界上最早的原子弹

广岛圆顶塔

第二次世界大战时，两颗分别叫"小男孩"和"胖小子"的原子弹被投放到日本广岛和长崎，两个城市遭到了严重的破坏。图中的圆顶塔是爆炸中未被完全炸平的少数建筑物之一。

世界上第一颗原子弹于1945年在美国新墨西哥州的沙漠中爆炸成功。

1939年初，德国物理学家奥托·哈恩和弗里茨·施特拉斯曼利用中子分裂铀原子获得成功。不久，第二次世界大战爆发。当时逃亡美国的匈牙利物理学家西拉德和意大利物理学家费米，向罗斯福总统提出利用核裂变释放能量的原理制造原子武器的建议。1942年，美国制定了研制原子弹的"曼哈顿计划"。

1945年7月16日，在美国物理学家奥本海默的主持下，美国在新墨西哥州阿尔伯克基以南193千米处成功引爆了世界上第一颗原子弹。

世界上最早的氢弹

1954年3月1日，美国在太平洋比基尼珊瑚礁上的氢弹爆炸试验成功，这是人类历史上的第一枚氢弹。

氢弹又称热核弹，是利用氢元素的特殊形式（同位素）在极高温度下转变为氦的瞬间释放能量，产生极大爆炸威力的武器。氢弹的威力远远超过原子弹，一枚氢弹可彻底毁灭一座大城市，故在军事上一般作为战略武器使用，氢弹从未用于战争。

氢弹爆炸

原子弹的威力通常为几百至几万吨级TNT当量，氢弹的威力则可达几千万吨级TNT当量。氢弹还可通过设计增强或减弱某些杀伤破坏因素，其战术性能比原子弹更好，用途也更广泛。

由于氢弹爆炸的威力过于强大，以至于首次氢弹爆炸实验时科学测量仪无法记下全部的数据。那次爆炸的碎片射出很远，已超出实验规定的安全区域。据说，这次氢弹爆炸震动了176海里外的夸贾林岛。

世界上最早的全自动射击机枪

世界上最早的全自动射击机枪，是以英国发明家斯蒂文·马克沁的名字命名的马克沁机枪，因为此枪由维克斯公司制造，所以又称维克斯·马克沁机枪或维克斯机枪。

马克沁机枪问世之前的步枪是手动的，即使是机枪也需要手工操作，使用起来十分麻烦。1882年，马克沁考察和研究了以前的武器，决定研制出一种利用后坐能量驱动的一根枪管的机枪。为了适合连续射击，他首先改变了传统的垂直供弹方式，发明了一条6米多长的布质弹带。接着，他改造出一种利用后坐能量驱动的步枪。经过几年的努力和反复试验，他终于制造出了新的机枪。这种机枪发射时，枪机和枪管扣合在一起，以火药气体能量作为动力，通过一套肘节机构打开弹膛，后坐能量传给机枪，使其将空弹壳抽出并抛出枪外，然后带动供弹机构，压缩复进簧，将第二发子弹推入枪膛，闭锁，再次击发，从而使枪械射击中的各个动作连续化。

第一批马克沁机枪装在炮架上使用，枪管

外备有水套用来冷却，不带冷却装置时机枪重 27 千克。这种机枪在第一次世界大战中得到了广泛使用。

世界上使用最广泛的枪支

世界上使用最广泛的枪支当推 AK—47 步枪。AK—47 步枪又称卡拉什尼科夫 1947 型步枪，它是以其设计者苏联人 M.K. 卡拉什尼科夫的名字命名的。

AK—47 步枪是一种尺寸短小、设计精良的步枪。它能进行半自动或全自动射击，发射中等威力的 7.62 毫米的枪弹。枪管上方有一个分离式气体返回管，长匣型弹仓可装 30 发枪弹，射速为 600 发 / 分。许多国家按两种基本设计样式生产这种步枪，一种是木质枪托，另一种是折叠式金属枪托。20 世纪 80 年代，改进的 AKM 取代了 AK—47，它是 AK—47 的现代型，有较好的瞄准装置，但二者基本性能相同。

AK—47 和 AKM 是当时苏联以及其他几乎所有社会主义国家的军队、世界上许多游击队及民族主义运动武装的基本肩挂武器。它已在 25 个国家制造出 1 亿多支，在近 100 次战争中被使用过，是所有战争武器中最受青睐的一种。

AK-47 步枪

由于 AK-47 及其改进型结构简单，坚实耐用，物美价廉，使用灵活方便，所以许多国家的军队及反政府武装都广泛使用 AK-47 步枪。

世界上最早的手枪和最早的小型手枪

最早的手枪是1500年左右由意大利人卡米罗·维特利发明的。大约 100 年后，手枪才真正作为一种比较有威力的武器受到欢迎并在战争中普及。

最早的小型手枪迪林格手枪是由美国军械工人亨利 · 迪林格发明的。1806 年，他在费城创办了武器工厂，工厂早期生产的是一种有背带的雷管式手枪。1825 年以后，他专门制造单发手枪，最出名的产品是有保险的袖珍手枪。这种手枪易于掌握，在短距离内射击相当准确。枪长 15.2 厘米，口径 0.91 至 1.1 厘米不等，以 1 厘米最普遍。这种型号的手枪后来被许多工厂仿造，在 19 世纪 40 年代及美国内战时期非常流行。20 世纪后期，世界上仍在制造和出售这种手枪。

世界上最早的彩色军用地图

我国是世界上最早应用地图的国家。夏禹时曾铸过 9 只大铜鼎，鼎上镌刻着九州的山川形势、草木禽兽及物产图，是我国最早的地形图。这 9 只大铜鼎在周朝末年被销毁。

1973 年 12 月，人们在发掘长沙马王堆三号汉墓时，又发现了 3 幅画在绢帛上的地图，其中一幅是长 98 厘米、宽 78 厘米的《驻军图》，用黑、红、天青三色绘成。根据与该图同时出土的一件木牍上记有的“十二年二月乙巳塑戊辰”的字样，可知该墓的下葬时间为汉文帝十二年（公元前 168 年）。那么，该地图的成图时间大约是 2100 多年前，比过去认为是最古老的罗马托勒密地图早 300 多年。它也是目前世界上发现的最早的彩色军用地图。

《驻军图》

《驻军图》出土于马王堆汉墓三号墓，它超越了以往人们对古代地图的传统概念。国际制图学界普遍认为该图是世界地图学史上罕见的珍宝，具有划时代的意义。

【百科链接】

最早的轻机枪：

世界上第一挺轻机枪由丹麦的乌欧赫麦德森将军设计制造，其口径为 8 毫米，全重 9.98 千克，射击性能十分稳定。

世界上最早的坦克

首次出现在战场上的坦克

第一次世界大战期间的索姆河战役中，英军首次使用坦克，共出动 49 辆坦克，实际参加战斗的有 18 辆，被德军击毁 10 辆。坦克的使用提高了步兵的进攻速度，但当时的效果并不十分明显。

世界上第一辆坦克出自英国。第一次世界大战初期，一个名叫斯文顿的英国随军记者在前线采访时，亲眼看见英法联军的一次次冲锋都被防御严密的德军击退，许多士兵倒在血泊中，伤亡十分惨重。他开始琢磨，如果给拖拉机穿上一层厚厚的钢甲外衣，使它既不怕枪弹的袭击，又能进攻敌人的阵地，那该多好。

于是他建议将霍尔特型拖拉机装上铁甲，作为一种新型的战车投入战场。这个建议很快得到了军界的采纳。不久，这种攻防两用的武器就在英国的一家水柜工厂生产出来了，这就是世界上第一辆坦克。当时为了保密，研究人员把它称作水柜。因水柜的英文为 Tank（发音坦克），所以坦克的名字也就这样叫开了，并被各国沿用至今。

世界上最早研制的反坦克枪

世界上最早的反坦克枪是德国人发明的。德国皇家陆军是第一个遭到坦克攻击的部队，因而研制反坦克枪最为积极。他们于 1917 年成功研制了一种 13 毫米口径，机柄回转式的反坦克枪，专门用来对付敌方坦克。由于该枪体积大，又必须使用专门的弹药，至 1918 年第一次世界大战结束时就被淘汰了。1918 年 2 月，德国又制造出了一种反坦克枪，名为毛瑟反坦克枪。其口径为 13 毫米，全重约 11.8 千克，发射钢芯弹，可在 110 米外击穿 20 毫米厚的装甲目标。由于该枪重量轻，威力大，得到了广泛使用，成为世界上真正适用的反坦克枪。

世界上最早的飞艇

早在 1670 年，弗朗西斯哥 · 拉那就提出了充填轻于空气的浮升气体来制造飞艇的设想。1755 年，约瑟夫加莱按这一设想进行了大胆的设计。1782 年，气球的诞生为飞艇的问世奠定了基础。1784 年，法国气球驾驶员布朗查先后尝试用桨和转扇来推动气球前进。蒙克 · 梅森和朱连分别于 1842 年和 1850 年，在气球上安装了操纵方向所必需的弹簧和钟表机械，制成了最早的飞艇模型。

第一艘载人飞艇是由法国人亨利 · 吉法德于 1851 年试制成功的。这架飞艇长 44 米，直径 12 米，体积 2499 立方米，外形好像一支雪茄烟，由重 160 千克的 2.2 千瓦蒸汽机带动螺旋桨转动。1852 年 9 月 24 日，吉法德驾驶着这艘飞艇，在巴黎郊外以每小时 10 千米的速度在微风中飞行了 27 千米，创造了世界上第一艘飞艇的飞行纪录。德国退伍军人格拉夫 · 齐柏林于 1900 年成功地制造了第一艘硬式飞艇。法国莱伯迪兄弟在 1902 年制成了第一艘半硬式飞艇。

飞艇

飞艇属于航空器的一种，是利用轻于空气的气体来提供升力的航空器，主要用于军事。

【延伸阅读】

飞艇有哪些类别?

飞艇分为三类：软式、半硬式和硬式。早期的飞艇大都为中小型的软式飞船，即船体就是气囊，并附有几个充压空气的副气囊。半硬式飞艇则在充气囊上增加了纵向硬式龙骨。硬式飞艇由金属、木材等制成框架，再覆上织物蒙皮，靠完整的骨架结构保持外形，载重几十吨以上。

世界上最早的潜艇

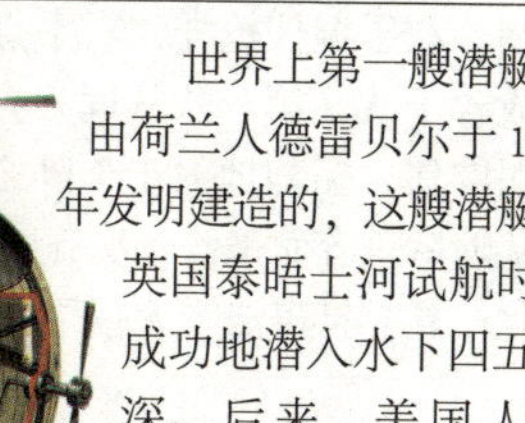

“海龟号”潜艇内部结构

“海龟号”潜艇高2米，外壳由橡木制成，以手摇驱动螺旋桨为动力，艇内空气只能维持一人正常呼吸30分钟。

世界上第一艘潜艇是由荷兰人德雷贝尔于1620年发明建造的，这艘潜艇在英国泰晤士河试航时，成功地潜入水下四五米深。后来，美国人大卫·弗休奈尔又建造了一艘供实战使用的潜艇，名叫“海龟号”。这艘潜艇只能乘坐一个人，完全是用木头制成的，它利用人力驱动螺旋桨来推进。

潜艇在第一次世界大战中首次正式应用于海战。1914年9月，德军和英军在丹麦海岸附近发生海战。德军潜水艇“U—9号”击沉了英军的“亚博克号”、“克雷塞号”和“霍格号”3艘巡洋舰。当时，德国人根据“现代潜艇之父”霍兰设计的潜艇结构和原理，建造出了使世界震惊的潜水舰只。

世界上最早的核动力潜艇

1954年1月12日，第一艘以原子能为动力的潜水艇——“鹦鹉螺号”在美国康涅狄格电船公司的船坞下水，当时有1.2万多名工人和观众聚在临时看台上观看。总统夫人玛米·艾森豪威尔在传统命名仪式后打开了香槟酒，洒向船首。

“鹦鹉螺号”核潜艇是能长时间潜航的现代潜艇，它以核反应堆产生的蒸汽带动涡轮为动力。潜航速度达37千米/小时。它身长90米，排水量4250吨。1958年8月1日至5日，“鹦鹉螺号”作了一次历史性的水下巡航，从阿拉斯加的巴罗角穿过北极的水下到达格陵兰海。“鹦鹉螺号”核潜艇于1980年退役，1985年开始在康涅狄格州新伦敦潜艇基地的“鹦鹉螺号”纪念馆和潜艇部队博物馆公开展览。

这艘美国核潜艇比苏联的第一艘核潜艇早下水5年。

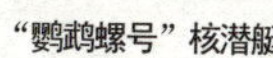

“鹦鹉螺号”核潜艇

“鹦鹉螺号”核潜艇艇长90米，总重2800吨，全部建造花费5500万美元；平均航速为20节（海里/小时），最大航速25节，最大潜深150米，按设计能力可连续在水下航行50天而不用补充任何燃料。

历史上最早潜航大西洋的潜艇

最早实现全程潜航横渡大西洋的潜艇是美国的“鳐鱼号”，它于1957年下水，1958年全程潜航横渡大西洋成功。

虽然排水量只有2360吨，但“鳐鱼号”装备有鱼雷，水面航速超过20节，潜航时超过25节。“鳐鱼号”潜艇还是美国海军第一艘生产型的核动力潜艇，而且，1959年它在北极浮出水面，这是以前的潜艇从未做到过的。

“鳐鱼级”潜艇共有4艘，其他3艘为“旗鱼号”（1958年服役）、“棘鬣鱼号”（1958年服役）和“海龙号”（1959年服役）。

【延伸阅读】

世界上最后一艘人力潜艇是哪国的？

最后一艘人力推进潜艇是美国南北战争期间建造的“亨莱号”，它是南方军为突破北方军对查尔斯敦港的封锁而建造的。这艘人力潜艇由一只8米多长的铁锅炉改装而成，船尾装有三叶螺旋桨，用人力转动螺旋桨来推进。它带有水雷，能潜到敌舰下面，用水雷袭击敌舰。1846年2月27日，“亨莱号”在查尔斯敦港遭遇北方军战舰，“亨莱号”用撞杆水雷撞向北方军战舰的尾部。水雷爆炸，“亨莱号”和北方军战舰同归于尽。

世界上最早的鱼雷

1866 年，英国工程师怀特黑德制成了世界上第一枚鱼雷。这枚鱼雷直径为 0.35 米，长为 3.58 米，重达 136 千克，它利用压缩空气驱动活塞发动机带动螺旋桨推进，航速达 6 节，航程为 640 米。由于鱼雷在水中爆炸，着重破坏舰船的要害部位，因此被广泛应用在战争中。其后百余年里，鱼雷得到了不断的改进：从无控制到有控制；从程序控制到声导、线导和复合制导；从压缩空气动力到热动力、电动力；从常规装药到核装药；航速从 6 节到 50 至 60 节；航程从 640 米到 4.6 万米。

世界上最早的鱼雷战发生于 1877 至 1878 年的俄土战争中，俄国海军第一次用鱼雷击沉了土耳其军舰。第一次世界大战期间，被鱼雷击沉的运输船总吨位高达 1153 万吨，占被击沉运输船总吨位的 89%。第二次世界大战时，被鱼雷击沉的航空母舰达 15 艘之多。1982 年，在马尔维纳斯群岛之战中，英国潜艇用鱼雷击沉了阿根廷的“贝尔格拉诺将军号”巡洋舰。

鱼雷的发射

鱼雷是海战时在水中使用的武器，发射后可自己控制航行方向和深度，只要一接触到舰船就会发生爆炸，有“水中导弹”之称。

世界上最早的手枪战

1544 年德法两军之间展开的伦特战斗，是世界上最早的一次手枪战。在这次战斗中，德国骑兵使用了“劈戳奈”手枪，采用了快速轮番圈围战术，致使法军死伤惨重。

德军骑兵将手枪用枪带挂在脖颈上，枪托贴胸，左手握住枪托，右手点火。他们把骑兵编成若干队，第一队从远方奔驰而来，把法军团团围住，猛烈地射击一阵之后急速离去；第二队随后杀奔而来，一次齐射之后又飞驰而去。如此往复，打得法军无招架之力。

历史上最早的重型火炮海战

历史上最早的重型火炮海战发生于 16 世纪英西争霸战争中。

16 世纪 70 到 80 年代，英国和西班牙的斗争日趋尖锐。英国支持尼德兰反对西班牙，西班牙则帮助爱尔兰的天主教徒反对英国的统治，两国的武装战争已经不可避免。

1588 年，西班牙出动无敌舰队，载运 2.1 万名士兵、300 名教士浩浩荡荡向英国进攻。英国把皇家、商人船主和海盗的船只集中起来，组成 160 艘船的大舰队，由德雷克指挥，准备迎战。

7 月下旬，双方舰队在英吉利海峡相遇。英国舰队利用船体小、速度快、火力强的优点，攻击无敌舰队的两翼和腹部，实行各个击破的战术。西班牙的军

加来海战

1588 年，西班牙舰队和英国舰队在格拉沃利讷（加来海峡南岸城市）附近进行的海战。英国击败西班牙无敌舰队，成为新的海上霸主。

【延伸阅读】

世界上最大的大炮有多大？

第二次世界大战时，德国制造出了世界上最大的大炮——古斯塔夫巨炮，它重达 1344 吨，有 4 层楼高、6 米多宽、40 多米长，射程达 48 千米。

舰舰体太笨重，运转不灵，始终处于被动挨打的地位。经过两周左右的激战，西班牙舰队损失惨重，残余舰艇又遇风暴，几乎全军覆没，只有53艘败舰绕航苏格兰、爱尔兰返回西班牙。

持续时间最短的一场战争

英桑战争是1896年8月27日发生在英国和桑给巴尔之间的一场战争，这场战争前后共用了38分钟，是历史上持续时间最短的战争。

19世纪80年代末至90年代初，桑给巴尔苏丹哈马德·本·杜威尼逐渐变成了英国控制下的傀儡，英国借此获得了这个岛的控制权。1890年8月25日，哈马德·本·杜威尼苏丹病故，其次子（一说其侄子）哈立德·本·巴伽什在德国人的帮助下自立为苏丹。而英国人则支持另一候选人哈茂德·本·穆罕默德，并要求巴伽什马上退位，否则后果自负。巴伽什拒绝了英国人的要求，并且组织起了一支2800人的军队，其中还包括一艘停泊在港口、虽已过时但仍在服役的军舰“格拉斯哥号”。当巴伽什组织人手加强王宫守备的时候，英国皇家海军组织了几艘战舰围困了这个小岛，还派出若干海军陆战队登陆该岛，并向巴伽什发出了最后通牒。8月27日上午9时，最后通牒规定的时间一过，英军便开始炮击桑给巴尔。由于实力悬殊，桑给巴尔军队很难进行有力还击。9时45分，巴伽什苏丹宣布投降，整场战争就此结束。

持续时间最长的一场战争

历史上持续时间最长的战争，是1337年爆发的英法战争。这场战争至1453年才以法国的胜利而告终，前后共延续了100多年，因此又称为百年战争。

导致这场战争的最直接原因，是两国对福兰德尔地区的争夺。法国统治者早对福兰德尔垂涎三尺。14世纪20年代，福兰德尔发生了下层市民和农民的起义，福兰德尔伯爵迫于形势向法王求援，刚继位的加佩王朝支裔华洛瓦家族的腓力六世利用这次机会，于1328年镇压了起义，取消了该城的自治权，建立了直接统治。这引起了英国的强烈不满，因为福兰德尔是英国出口羊毛的重要市场。为此，身为法王腓力四世外孙的英王爱德华三世就以其对法国王位有继承权为借口发动了这场战争。

爱德华三世

爱德华三世（1312～1377），英格兰国王，1327至1377年在位。有他参与的福兰德尔事件和法国王位之争导致了英法战争的爆发，然而这场战争的规模之大和持续时间之长却是他始料未及的。

百年战争场景

百年战争中，由于连续不断的围攻战，英法双方开始重视攻城武器的设计和应用。战争后期，法军开始大规模使用火药及火炮，由此促使了新的战争方式的诞生。

第一次平民伤亡人数超过军队的战争

第一次世界大战是人类历史上的一次浩劫，也是人类历史上第一次平民伤亡人数超过军队的战争，死伤人数达到全世界总人口的2/3。

20世纪初，帝国主义国家继续激烈争夺势力范围。英、法、俄等国结成了同盟，史称协约国；德国和奥匈帝国结成了另一个同盟，史称同盟国。1914年7月，这两个同盟之间爆发了战争，即第一次世界大战，至1918年11月才结束，历时4年多。这场战争规模非常大，战争双方动员的总兵力超过7000万人，直接或间接被卷入战争的国家和地区有33个，人数达15亿，占当时世界人口总数的3/4。这场战争开辟的战场也很大，战火从欧洲一直蔓延到亚洲和非洲。双方海军还在大西洋、太平洋、印度洋以及地中海开辟了诸多海战战场。这场战争中死伤约3750万人，双方直接用于战争的费用多达1863亿美元。

珍珠港事件纪念馆

珍珠港事件中，停泊在珍珠港的“亚利桑那号”战列舰被日军击中沉没，弹药库爆炸，1177名将士遇难。1962年5月，肯尼迪总统指定“亚利桑那号”沉没处为国家陵园，并在战舰沉没处的水上建立了纪念馆。

第一次世界大战是欧洲历史上破坏性最强的战争之一。作战双方的战略和战役指挥没有给后人留下任何深刻印象，军队却在长时间的相持中大量消耗，其中，西线（英法对德作战）伤亡最为惨烈。著名的战役如被喻为绞肉机的凡尔登之战，开战第一天就有8万人伤亡，创第一次世界大战单日伤亡之最。

历史上规模最大的一场战争

1939年9月1日凌晨，德国军队利用夜幕的掩护，在2300多架飞机的支援下，对波兰发动了突然袭击，波德战争爆发。波德战争的打响，意味着一场世界性的战争——第二次世界大战的全面爆发，这场战争一直持续到1945年8月。

在这场决定人类命运的生死大搏斗中，先后有60多个国家和地区参战，波及28亿人口，战火燃及欧洲、亚洲、非洲、大洋洲和太平洋、印度洋、大西洋、北冰洋；作战区域面积为2200万平方千米；交战双方动员兵力达1.1亿人，因战争死亡的军人和平民超过5500万；直接军费开支总计约1.3万亿美元，占交战国国民总收入的60%~70%；参战国物资损失总价值达4万亿美元。

第二次世界大战是人类历史上规模最大的一场战争。在这场以法西斯轴心为一方，以反法西斯同盟为另一方的大战中，双方投入的兵力兵器之多，战场波及范围之广，作战样式之新，造成的损失之大，产生的影响之深远，都是前所未有的。

斯大林格勒巷战

斯大林格勒战役是第二次世界大战的转折点，也是人类历史上最为血腥和规模最大的战役之一。图中的斯大林格勒已经千疮百孔，硝烟弥漫，死去的士兵随处可见，战争的残酷在这里得到了最好的诠释。

空袭 使用空中武装力量对地面、水面目标进行的袭击。

F-22 战斗机

F-22 战斗机具有超强的性能，能准确而快速地重创对方，同时保证自己的安全，在美国空军武器装备中占有重要的地位，是美军外科手术式空袭作战的有利武器。

历史上最典型的外科手术式空袭作战

外科手术式空袭，就是单独使用或主要使用空中力量，通过有限规模的空中突击，击中对方要害，一举达成有限战略目的的空中作战行动。

外科手术式空袭的基本战法是实施高技术精确突袭：

一是把夜间作为航空兵突击的主要时机。一般于夜间航行，凌晨突击目标，或傍晚突击目标，夜间返航，或夜间出航、突击和返航。

二是把电子干扰作为航空兵突防的最重要手段。美国空袭利比亚时，曾专门派出 4 架电子战飞机施放强烈电子干扰，使 200 千米内的利比亚雷达全部失灵，从而使利比亚的整个防空体系瘫痪。

三是把低空作为航空兵活动的主要空间。随着现代化先进的地形跟踪、自动驾驶等机载设备的发展，空中加油能力的增强，地面防空警戒能力的提高，以及对空袭作战提出的必须达到隐蔽突然、出其不意的要求，空袭作战越来越注重向低空方向发展。

四是主要使用精确攻击武器。以色列突击巴勒斯坦总部时，任务只是袭击其中的 5 座小楼，显然技术难度较大。但由于以色列使用了激光制导的“幼畜”空对地导弹和“灵巧”炸弹，仅在短短的 3 分钟内就准确地摧毁了预定目标。

另外，1981 年 6 月 7 日以色列飞机成功偷袭伊拉克核反应堆，1986 年 3 月 24 日至 25 日、4 月 15 日，美国两次空袭利比亚等远程空中突袭作战行动，都是最典型的外科手术式空袭作战。

历史上规模最大的登陆作战

诺曼底战役发生在 1944 年，是第二次世界大战中盟军在欧洲西线战场发起的一场大规模攻势。这场战役在 1944 年 6 月 6 日展开，8 月 19 日盟军渡过塞纳—马恩河后结束。虽然这场战役离现在已有 60 多年，但它仍然是目前为止世界上最大的一次海上登陆作战，有接近 300 万的士兵渡过英吉利海峡前往法国诺曼底。

诺曼底登陆的胜利，宣告了盟军在欧洲大陆第二战场的开辟，意味着纳粹德国陷入两面作战、腹背受敌的困境，彻底粉碎了德军企图以西线部队挫败美英盟军登陆后，再抽出 50 个师转用于苏联战场的如意算盘。这场胜利敲响了纳粹德国的丧钟，德国的失败已不可避免。

气势恢弘的诺曼底登陆场面

诺曼底登陆战役期间，美英盟军伤亡 12.2 万人，德军伤亡和被俘 11.4 万人。诺曼底登陆对美英盟军在西欧展开大规模的进攻起到了重要作用。

【延伸阅读】

外科手术式空袭的最大特点是什么？

空中力量的强化，使独立使用空中力量直接达成一定的政治军事目的成为可能。空中奔袭可达万余千米，而地面却不必派一兵一卒，即可“小战或中战而屈人之兵”。因而，外科手术式空袭的最大特点是空袭行动融战略、战役、战术于一体，既要一举达成军事目的，又要力求以有限的突击取得最大限度的政治、外交和经济综合效益。因此，这种行动的指挥层次很高，通常直接由国家当局决策和控制。

金沙江马蹄湾

长江上游又称金沙江，它穿行在川滇边界的深山狭谷间，江面宽阔，水急浪大。红军长征时，如果过不去江，就有被敌人逼进深山狭谷、全军覆没的危险，因此必须要渡过金沙江。毛泽东的《长征》中有“金沙水拍云崖暖”一句，表达了红军长征的艰难以及革命乐观主义精神。

历史上最长距离的徒步行军

世界上最长距离的徒步行军，是中国共产党领导的工农红军由江西瑞金至陕北延安的二万五千里长征。

中国共产党领导的工农红军在江西井冈山建立了革命根据地，并粉碎了敌人的四次围剿。1933 年 10 月，由于“左”倾冒险主义的错误，导致了第五次反围剿的失败，工农红军被迫进行战略大转移——长征。

长征队伍于 1934 年 10 月中旬从江西瑞金出发，1935 年 11 月到达延安。在 368 天中，红军纵横 11 个省，跨越了 18 座大山，渡过了 6 条大河，进行了几百次战斗，击溃了几十万敌军的围追堵截，战胜了无数艰难险阻，取得了伟大的胜利。红军出发时 30 万人，最后仅剩 3 万人。

历史上最早使用化学武器的战争

公元前 431 年，希腊斯巴达克人为攻占雅典人的城市，将硫黄等混合物点燃后放于城下，从而大获全胜。这种施毒法被称作“希腊火”，是人类最早使用的化学武器。

由于化学武器有着兵不血刃便可夺城拔寨的特殊作用，因而一问世便备受青睐。16 世纪后，各国开始研制真正的化学武器。现代战争中，德国率先于 1915 年在战场上使用化学武器，从此，化学武器便频频用于战争。尽管化学武器杀伤力极强，能克敌制胜，但使用它是灭绝人性的，如使人全身糜烂的芥子气，造成神经系统超负荷运转而死亡的沙林，无一不给人类带来巨大的灾难。第二次世界大战期间，德国曾用大量毒剂杀害了数万战俘；侵华战争中，日本使用毒剂超过 1600 次，两者都对人类犯下了滔天罪行。

1997 年 4 月 29 日，为全面禁止和销毁化学武器，《禁止化学武器公约》正式生效，其履约机构——禁止化学武器组织也随之正式成立。

伊普尔战役

在这次战役中，德军首次使用毒气，造成英军一支 1.5 万人的队伍中毒。但由于英法增援迅速，德军没有取得很大成效。此后，双方大规模地使用化学武器并开始使用防毒面具。

历史上最早使用原子弹的战争

1945 年 8 月 6 日凌晨，美国 6 架 B—29 型飞机从马里亚纳群岛的提尼安岛起飞，载着一颗代号为“小男孩”的原子弹，飞往日本广岛。8 时 15 分，飞机在广岛上空 1 万米高空投下原子弹，45 秒钟后，原子弹在 666 米的空中爆炸，广岛出现时速 1200 千米的火浪。大火燃烧了 6 个多小时，爆心周围 12 平方千米内建筑物全被摧毁，全市房屋被毁近 2/3，炸死、炸伤各 7 万余人。这是世界上第一次核突击，揭开了核时代的序幕。

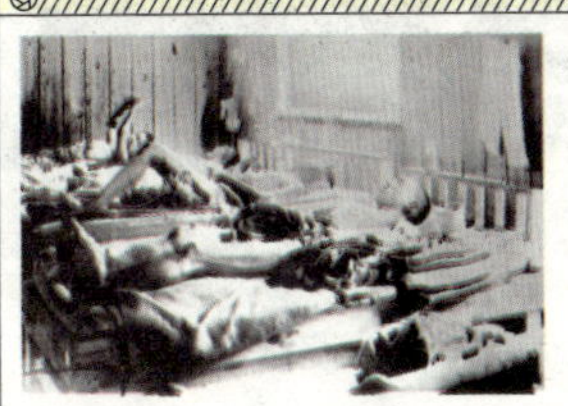

原子弹爆炸后受到辐射的病人

原子弹爆炸产生的高温高压及裂变碎片和各种射线最终可形成冲击波、光辐射、早期核辐射、放射性污染以及电磁脉冲等杀伤破坏因素，严重危害人们的生命和健康，对环境也有巨大的影响。

战争史上的最大战役

世界上有史以来最大的战役是中国的淮海战役。

淮海战役是中国人民解放军于 1948 年 11 月 6 日，在以徐州为中心，东起连云港，西至商丘，北至临城，南达淮海的广大地区，对国民党军队进行的一场大决战。在这次战役中，中国人民解放军浴血苦战了 65 个日夜，共歼灭敌军 5 个兵团、22 个军、56 个师，合计达 55.5 万余人。

【延伸阅读】

历史上最早的空战发生于哪次战争期间?

最早的空战发生在第一次世界大战期间。1914 年 10 月 5 日，法国飞行员约瑟夫·费朗茨和机械员兼观察员路易哈·凯诺驾机巡逻时发现了一架德军“阿维亚蒂克”双座飞机在侦察法军防线。费朗茨逼近德机，经过短暂的交锋，成功地用机枪击落了敌机。此次战斗就是世界战争史上第一次真正的空战。

战争史上时间最长的包围战

世界上历时最长的包围战，是公元前 644 至公元前 610 年埃及军队包围阿兹·瓦剌城的战争，时间长达 29 年。

现代战争史上历时最长的包围战发生于苏德战争中。苏军于 1941 年 7 月 10 日至 1944 年 8 月 9 日，在列宁格勒地区进行了一次大规模的城市保卫战，在这次会战中，德军包围列宁格勒达 880 天。

这次作战的结果是，苏联军民不仅打破了德军的围困和封锁，钳制了苏德战场上德军总兵力的 15% 至 20%，而且在防御和反攻中歼灭了德军 50 多个师。这也是世界上最残酷的一次包围战。

【百科链接】

化学武器：

所谓化学武器，就是指通过爆炸、蒸发、布洒等方法分散剧毒液体或气体物质，进行大规模杀伤的武器。化学武器主要分六类：神经性毒剂、糜烂性毒剂、全身中毒性毒剂、失能性毒剂、窒息性毒剂和刺激性毒剂。

广岛和平纪念公园位于广岛市街中心、元安川和本川汇合点的中岛町，是为纪念 1945 年 8 月 6 日广岛遭原子弹轰炸而建立的公园。

战争史上最大的坦克大会战

战争史上最大的坦克大会战是第二次世界大战中的库尔斯克会战。

斯大林格勒会战之后，苏军掌握了作战主动权，在库尔斯克附近地区组成了一个突击部。希特勒不甘心失败，决定在库尔斯克地区发动大规模进攻，以夺回战略主动权。苏军改变了乘胜进攻的作战计划，决定以优势兵力有计划、有准备地转入防御，歼灭德军的主力集团，为战略进攻创造条件。

1943 年 7 月 5 日，库尔斯克会战打响了。战斗于 8 月 23 日结束，历时 49 天，德军被击溃，苏军也遭受了重大损失。这次战役双方投入兵力约 400 万、坦克 1.3 万余辆、火炮 6.9 万余门、各型飞机 1.2 万余架。其中动用的坦克之多，前所未有，成为战争史上最大的坦克大会战。

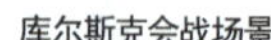

库尔斯克会战场景

库尔斯克会战中，德军 30 个精锐师包括 7 个坦克师被击溃，损失兵力 50 万，损失坦克约 1500 辆，损失火炮约 3000 门，损失飞机 2300 架。会战的失利使纳粹德国丧失了战场主动权，此后德军再也没有能力在东线发起有威胁的攻势。

战争史上最大的一次海空战

世界上最大的海空战，是第二次世界大战中美日两军在菲律宾海域的莱特湾进行的海空战。

1944 年 9 月至 10 月，美军攻战帛硫群岛之后，又于 10 月 17 日开始发动菲律宾战役。美军进攻菲律宾是从莱特湾开始的。而日本如果失去菲律宾，就意味着日军在南亚的原料来源被切断，因此，日本把全部舰队投入了战斗，结果导致了海战史上的最大一次战斗。

莱特湾大海战中，美日双方的力量对比如下：美国参战的是第三舰队和第七舰队，动用航空母舰 8 艘、轻型航空母舰 8 艘、护航母舰 18 艘、战列舰 10 艘、重巡洋舰 10 艘、轻巡洋舰 14 艘，驱逐舰 111 艘、潜艇 29 艘，总吨位 133 万吨，各型飞机 1400 架，总人数 14 万；日本参战的有北部编队和南部编队，动用航空母舰 1 艘、轻航空母舰 3 艘、战列舰 9 艘、轻巡洋舰 6 艘、驱逐舰 35 艘、重巡洋舰 13 艘、潜艇 14 艘，总吨位 73 万吨，飞机 300 架，总人数 4.3 万人。

这次大海战共包括四个部分，即 10 月 24 日的锡布扬海的海空战、10 月 25 日的苏里高海峡夜战、萨马近海海空战和恩格诺角海空战。由于美日力量悬殊，此次海战以日本失败而告终。

这次大海战是战争史上规模最大、参战舰只最多、双方损失最重的一次海空战。

威廉·哈尔西

威廉·哈尔西是莱特湾海战中第三舰队的司令官，因作风勇猛而获绰号“蛮牛”，又因为人随和而被称为“水兵的海军上将”。

Part 4

地理、国家与城市之最篇

地理之最

世界上垂直落差最大的洞穴

克罗地亚中部韦莱比特山区有一个地下洞穴，是迄今为止已知世界上垂直落差最大的洞穴。这个洞穴先是有一段约 62 米的平缓迂回下降过程，然后急转直下，有约 516 米的一段几乎与地面垂直。其最大洞径近 30 米。

世界上最大的盆地

刚果盆地，又称扎伊尔盆地，位于非洲中部，面积为 337 万平方千米，是世界上最大的盆地。其大部分在刚果民主共和国境内，小部分在刚果共和国境内。

盆地南北均为高原，东部为东非大裂谷，西部即刚果河下游和河口地段。刚果盆地包括了刚果河流域大部，平均海拔 400 米，有大片沼泽。刚果河许多支流都在盆地内汇进干流，因此这里水系发达，属热带雨林气候，年平均气温 25 至 27 摄氏度，降水量 1500 至 2000 毫米。

这里是一片郁郁葱葱的热带森林，有黑檀木、红木、乌木、花梨木等多种珍贵树种。盆地土壤以砖红壤、红壤为主，是重要农业区，产油棕、咖啡、橡胶、烟叶等。盆地边缘矿产丰富，金刚石、铜、锗、钴、锡、铀、锰、钽的储量都居世界前列。因此，人们称刚果盆地为“中非宝石”。

刚果盆地

刚果河的许多支流都在盆地内汇进干流，因此，这里水系发达，湿热多雨，属于热带雨林气候，有很多珍贵树种和热带作物。

吐鲁番的火焰山

吐鲁番火焰山东起鄯善县兰干流沙河，西至吐鲁番桃儿沟，长 100 千米，最宽处达 10 千米。这里重山秃岭，寸草不生。每当盛夏，红日当空，地气蒸腾，焰云缭绕，火焰山形如飞腾的火龙，十分壮观。

世界上最低的盆地

吐鲁番盆地低于海平面 154 米，是世界上最低的盆地。

吐鲁番盆地西起阿拉山口，东至七角井峡谷西口，东西长 245 千米；北为博格多山，南为觉罗塔山，南北宽 75 千米；中部横亘着一条东西走向的低山，海拔 500 米左右，东西长约 100 千米。低山由红色砂岩构成，红光闪闪，犹如阵阵烈焰，传说这里就是唐僧取经时路过的火焰山。每年 6 至 8 月，这里的平均气温在 38 摄氏度以上，最高气温曾达47.6摄氏度，地表温度达到70摄氏度以上，沙面炙热，甚至可以烤熟鸡蛋。

吐鲁番盆地的地下水资源十分丰富，其水源主要是天山的冰雪融水。冰雪融水在通过地下粗沙砾层向盆地渗透的过程中被火焰山拦截，在山间沟谷泉涌出地面，汇成河流。河流

【百科链接】

“中国的绿珍珠”：

位于吐鲁番市东北 10 千米处的葡萄沟久负盛名。沟内泉水欢流，果树丛生，清爽宜人。满沟满坡的葡萄架层层叠叠，一串串葡萄如翡翠般嫩绿圆润，晶莹夺目。这里产的无核白葡萄被誉为“中国的绿珍珠”。

两岸田园苍翠，风景秀丽。由于吐鲁番盆地地势低洼、日照时间长、昼夜温差大，十分有利于瓜果糖分的积累，因而自古以来就盛产瓜果，最著名的水果品种是无核白葡萄和哈密瓜。

尼亚加拉瀑布

尼亚加拉瀑布巨大的水流以银河倾倒之势冲下断崖，声及数里之外，场面震人心魄。

世界上最宽的瀑布

世界上最宽的瀑布是伊瓜苏瀑布，位于阿根廷和巴西边界伊瓜苏河与巴拉那河汇合点上游 23 千米处。该瀑布为马蹄形，最高处达 82 米，宽 4000 米。峡谷顶部是瀑布的中心地带，那里水流最大、最猛，被称为“魔鬼喉”。

宽阔的伊瓜苏河从巴拉那高原边缘落入一个很窄的峡谷，形成伊瓜苏瀑布，人们形容它为“大海泻入深渊”。由于悬崖边缘有许多树木丛生的岩石岛屿，伊瓜苏河由此跌落时被分成 275 股急流或泻瀑，高度从 60 至 82 米不等。该瀑布年平均流量为 1756 立方米 / 秒，每年 11 月到次年 3 月的雨季，瀑布最大流量可达 12750 立方米 / 秒。

1541 年，西班牙探险者巴卡首先发现了该瀑布。现在，阿根廷和巴西为保护这里的自然景观与相关的野生动植物，都在瀑布附近设立了伊瓜苏国家公园。

伊瓜苏瀑布观光区是一处人间乐土，这里保持着原始的悬崖石壁，湖潭谷壑，苍松翠柏，飞瀑流泉。瀑布一泻千里，水花飞溅升腾，空中弥漫着一层水雾，蔚为壮观。

伊瓜苏瀑布

伊瓜苏瀑布呈马蹄形，宽约 4000 米，平均落差 75 米。整个瀑布气势磅礴，有如大海泻入深渊，无比壮观。

世界上最大的瀑布

世界上最大的瀑布是尼亚加拉瀑布，它位于加拿大和美国交界的尼亚加拉河中段，号称世界七大奇景之一，与南美洲的伊瓜苏瀑布及非洲的维多利亚瀑布合称世界三大瀑布。

尼亚加拉瀑布是尼亚加拉河跌入河谷断层形成的。尼亚加拉河是连接伊利湖和安大略湖的一条水道，长 56 千米。河道上横亘着一道石灰岩断崖，水量丰沛的尼亚加拉河经此断崖后骤然陡落，落差近 100 米，水势澎湃，声震如雷。瀑布以河床绝壁上的山羊岛为界，分为加拿大瀑布与美国瀑布两部分，其中尤以加拿大瀑布更为雄伟壮观。加拿大瀑布又称为马蹄瀑布，形状犹如马蹄，高达 56 米，岸长约 675 米。马蹄瀑布丰沛的水量从 50 多米的高处直冲而下，发出震耳欲聋的轰鸣，犹如万钧雷霆。

在瀑布下游不远的尼亚加拉河上有一座边境桥，又被称为彩虹桥。桥两端的加拿大和美国各自设立了海关，桥上也根据河内边界划分，一端属加拿大，一端属美国。常见游客在桥上的分界处，一脚踏一边，得意地说：“我同时踏在两国的国土上了！”

世界上最高的瀑布

安赫尔瀑布，又称丘伦梅鲁瀑布，是世界上最高的瀑布。它位于委内瑞拉玻利瓦尔州圭亚那高原的卡罗尼河支流丘伦河上，落差 979 米，底宽 150 米。瀑布从平顶高原奥扬特普伊山直落而下，几乎未触及崖壁。

安赫尔瀑布是一个多级瀑布。第一级由山顶直泻至一个结晶岩平台，落差 807 米；接着又下跌 172 米，直至丘伦河谷地。近看瀑布气势如虹，远眺又柔若轻纱。每当晨昏之际，云雾弥漫崖顶，只见瀑布从悬崖上飞泻直下，宛如一条英姿勃发的银龙从天而降。瀑布飞流落下，溅起无数细小的水珠，如果是晴天，在阳光的照射下，可以看到一条美丽的彩虹悬挂在朦胧的水雾中，再加上两旁藤缠葛绕的参天古木和嶙峋山石，安赫尔瀑布看起来更加磅礴壮观。

安赫尔瀑布是由美国探险家安赫尔于 1935 年发现的。后来，安赫尔在瀑布附近坠机而亡，为了纪念他，委内瑞拉政府将瀑布以“安赫尔”命名。

世界上最高的死火山

世界上最高的死火山是阿空加瓜山，它位于阿根廷境内，海拔 6959 米，是公认的西半球最高峰。

阿空加瓜山

阿空加瓜山巍峨耸立，是西半球最高峰。第一个登上阿空加瓜山顶峰的人是马蒂阿斯·楚布里根，他的登峰时间是 1897 年 1 月 14 日。

由于岩浆侵入和火山作用，阿空加瓜山已不能再爆发。其峰顶较为平坦，堆积有安山岩层；其东、南两侧雪线高 4500 米，冰雪厚达 90 米左右，发育有现代冰川；山顶西侧因降水较少，没有终年积雪；山麓多温泉，附近有著名的印加桥，是疗养和旅游的胜地。

安赫尔瀑布

安赫尔瀑布又名丘伦梅鲁瀑布，位于圭亚那高原的密林深处。安赫尔瀑布落差达 979 米，约是尼亚加拉瀑布的 18 倍。

阿空加瓜山的顶峰是闻名世界的险峰，在世界著名的三大陡壁中，阿空加瓜顶峰的南壁居于首位。虽然如此，自 1897 年 1 月 14 日瑞士登山家楚布里根首次成功登上此山以来，已有许多人攀抵峰顶。

世界上喷发最频繁的火山

世界上喷发最频繁的火山是埃特纳火山。埃特纳火山位于意大利西西里岛东岸，海拔 3200 米，是欧洲最高的活火山。其占地面积为 1600 平方米，基座周长约 150 千米。

埃特纳火山下部是一个巨大的盾形火山，上部为 300 米高的火山渣锥。在埃特纳火山山口的侧壁上，有一个直径 2 至 3 米的形状规则的大圆洞，很像是人为挖的洞，里面不时逸出硫质气味很浓的气体。

埃特纳火山由于处在几组断层的交会部位，一直活动频繁，距火山几千米远就能看到火山上不断喷出呈黄色和白色烟雾状的气体，并伴有爆炸声。它是有文字记载以来喷发历史最为悠久的火山，其喷发史可以上溯到公元前1500年，到目前为止已喷发过200多次。它最猛烈的喷发是1669年，那次喷出的熔岩达8亿多立方米。

世界上最高的山峰

珠穆朗玛峰，藏语意为“圣母”，是喜马拉雅山脉主峰，位于我国和尼泊尔交界处，海拔8844.43米，为世界第一高峰。

珠穆朗玛峰山体呈巨型金字塔状，由结晶岩系构成。峰顶终年积雪，呈现一派圣洁景象。地形极端险峻，环境异常复杂。北坡雪线高度为5800至6200米，南坡雪线高度为5500至6100米。东北山脊、东南山脊和西山山脊中间夹着三大陡壁（北壁、东壁和西南壁），在这些山脊和峭壁之间又分布着548条大陆型冰川，总面积达1457.07平方千米，平均厚度达7260米。冰川主要靠印度洋季风带两大降水带积雪变质补给。冰川上既有千姿百态、瑰丽罕见的冰塔林，又有高达数十米的冰陡崖和步步陷阱的明暗冰裂隙，还有险象环生的冰崩雪崩区。

1989年3月，珠穆朗玛峰国家自然保护区宣告成立。保护区面积达3.38万平方千米，区内珍稀、濒危生物物种极为丰富，其中有8种国家一类保护动物，如长尾灰叶猴、熊猴、喜马拉雅塔尔羊、金钱豹等。保护区内共有600多条冰川，覆盖面积达1600平方千米，每当旭日东升，巨大的山峰在红光的照耀下，绚丽多彩。此外，保护区内还常出现许多奇特的自然景观，吸引了大量国内外游客。

珠穆朗玛峰

珠穆朗玛峰峰顶的最低气温可达零下34摄氏度。山上一些地方常年积雪不化，冰川、冰坡、冰塔林到处可见。峰顶空气稀薄，含氧量很低，且常年刮十几级大风。积雪四处飞舞，弥漫天穹。

世界上岛屿中最高的山峰

查亚峰，亦名普鲁峰，海拔5030米，是西南太平洋的最高点，也是世界上岛屿中的最高点，峰顶终年冰雪覆盖。它属于苏迪曼山脉，位于印度尼西亚巴布亚省内。

1909年，荷兰人洛伦兹最早抵达查亚山雪原。1962年，奥地利登山者海因利希·哈莱曾率领一支探险队攀登上峰顶。这座遥远神秘的山对登山者有着极大的吸引力，因为在那里可以看到植被从热带到寒带的变化以及远古人类生活的变迁。山下雨林里的食人部落也曾经使这座山峰蒙上了神秘诡异的色彩。

世界上最绵长的陆上山脉

雄踞七国的安第斯山脉长约9000千米，是世界上最长的陆上山脉。这里山势雄伟，绚丽多姿，也是世界上最壮观的自然景观之一。

安第斯山脉

安第斯山脉平均海拔3660米，由一系列平行山脉和横断山体组成，其中许多高峰海拔超过6000米，终年被积雪覆盖。安第斯山脉山势雄伟，绚丽多姿，是世界上最壮观的自然景观之一。

安第斯山脉有许多海拔6000米以上、山顶终年积雪的高峰。南部山脉中海拔6959米的阿空加瓜山为安第斯山最高峰，也是世界上最高的死火山。尤耶亚科火山海拔6723米，是世界最高的活火山。南美洲多火山，它们主要分布在安第斯山脉，其中活火山40多座。此外，安第斯山脉孕育了无比巨大的铜矿，这里有世界上最大的地下铜矿，深入地表以下1200米，庞大的地下坑道总长超过2000多千米，采矿的自动化程度极高。

世界上最高的高原

青藏高原是中国最高的高原，也是世界上最高的高原，因此有“世界屋脊”之称。青藏高原面积达 240 万平方千米，海拔大多在 3500 米以上，包括西藏和青海的全部、四川西部、新疆南部及甘肃、云南的一部分。高原周围大山环绕，南有喜马拉雅山，北有阿尔金山、昆仑山和祁连山，西为喀喇昆仑山，东为横断山脉。高原内还有唐古拉山、冈底斯山、念青唐古拉山等山脉。这些山脉大多超过 5500 米，其中喜马拉雅山有 16 座山峰超过 8000 米。

青藏高原上的牦牛

青藏高原地形复杂，气候严寒，这里特有的牦牛能负重，耐长途跋涉，尤其能适应高原爬坡与冰天雪地，是藏民最主要的运输工具，享有“高原之舟”的美誉。

青藏高原被山脉分隔成许多盆地、宽谷，湖泊众多，其中的青海湖、纳木措等都是内陆咸水湖，盛产食盐、硼砂、芒硝等。青藏高原是亚洲许多大河的发源地，如长江、黄河、澜沧江、怒江、雅鲁藏布江等都发源于此，这些河流水力资源都非常丰富。青藏高原大部分地区热量不足，高于 4500 米的地方最热月份平均温度不足 10 摄氏度，由于这里没有绝对的无霜期，谷物难以成熟，因此只宜放牧，放牧牲畜以耐高寒的牦牛、藏绵羊、藏山羊为主；4200 米以下的河谷可以种植作物，以青稞、小麦、豌豆、马铃薯、油菜等耐寒种类为主；雅鲁藏布江河谷纬度低，冬季无严寒，小麦可安全越冬。

世界上最大的平原

亚马孙平原是世界上最大的平原，它位于南美洲亚马孙河的中下游，除小部分在哥伦比亚、厄瓜多尔、秘鲁和玻利维亚外，绝大部分都在巴西境内。亚马孙平原面积为 560 万平方千米，地势平坦，大部分地区海拔在 150 米以下。世界上最大的河流亚马孙河在平原上流淌，留下了无数的河滩及大大小小的湖泊和沙洲。这里的河漫滩宽达 80 千米，洪水期到来时，河漫滩就会变成一片汪洋。

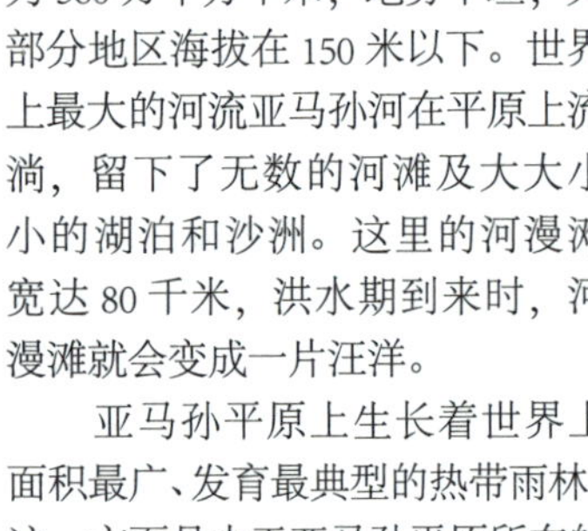

亚马孙平原上生长着世界上面积最广、发育最典型的热带雨林。这一方面是由于亚马孙平原所在的地理位置和地形结构特别有利于热带雨林的形成，另一方面也与它发育历史悠久、在形成过程中自然地理条件相对比较稳定有关。这里植物茂盛，种类繁多，仅已知的乔木就有 4000 种之多，其中特有种类占 1/3。这些乔木中，桃金娘科、芸香科、楝科、樟科、棕榈科、夹竹桃科等树种占优势。红木、乌木、绿木、巴西果、三叶胶、乳木、象牙椰子等多种经济林木也多产于此。

另外，亚马孙平原还富藏石油、锡等矿产资源。但整个平原人烟稀少，交通不便，大部分地区尚未得到充分开发。

亚马孙河穿过热带雨林

亚马孙平原是世界上最大的热带雨林区，亚马孙河穿流而过。这里自然资源丰富，物种繁多，生态环境复杂，生物多样性保存完好，被称为“生物科学家的天堂”。

世界上最大的峡谷

世界上最大、最深、最高的峡谷是中国的雅鲁藏布江大峡谷，其长504.6千米，最深处达6009米，平均深度在2268米以上。雅鲁藏布江在古代藏文文献中被称为“央恰布藏布”，意为“从最高顶峰上流下来的水”，河床海拔平均在3000米以上，是世界上海拔最高的大河。

雅鲁藏布江大峡谷

雅鲁藏布江江水绕行南迦巴瓦峰，形成了巨大的马蹄形的峡谷。

雅鲁藏布江大峡谷位于“世界屋脊”青藏高原，险峻幽深，侵蚀下切达5382米，有从高山冰雪带到河谷热带季雨林等9个垂直自然带，是世界山地垂直自然带分布最齐全的地方。这里生物资源颇丰，青藏高原已知高等植物的2/3、已知哺乳动物的1/2、已知昆虫的4/5以及中国已知大型真菌的3/5都分布在这里，物种之丰富堪称世界之最。

雅鲁藏布江大峡谷怀抱南迦巴瓦峰地区的高山峻岭，它劈开了青藏高原与印度洋水汽交往的山地屏障，像一条长长的湿舌，向高原内部源源不断输送水汽，使青藏高原东南部由此成为一片绿色世界。

雅鲁藏布江大峡谷以其恶劣的环境、频仍的灾害，成了人们很难跨越的屏障和鸿沟，这导致了其落后与闭塞，也使雅鲁藏布江下游的墨脱地区成了高原上的“孤岛”、远离现代社会的“世外桃源”，至今仍少有人涉足。

世界上最大的沙漠

撒哈拉沙漠是世界上最大的沙漠，在阿拉伯语中，撒哈拉意即“大荒漠”。撒哈拉沙漠位于阿特拉斯山脉和地中海以南，约北纬14度线以北，西起大西洋海岸，东到红海之滨，横贯非洲大陆北部，东西长达5600千米，南北宽约1600千米，面积约906万平方千米，约占非洲总面积的32%。

撒哈拉沙漠真正的沙地只占沙漠总面积的1/5。这里有季节性泛滥的浅盆地和大片绿洲低地、广阔的多石平原、布满岩石的高原、陡峭的山脉、沙滩、沙丘和沙海。这里的土壤一般有机质含量少，含盐量高，不适于植物生长。

在约500万年前，这里已成为气候性沙漠，此后，时而干燥，时而潮湿。目前沙漠主要分两个气候区。北部为干燥的亚热带气候，其季节性气候变化和每日的温差均极大。降水主要集中在冬季，但在某些干燥地区，夏季常骤发洪水。春天常有来自南方夹有沙土的热风。南部为干燥的热带气候，冬季常有来自东北的风沙。

撒哈拉地区地广人稀，平均每平方千米不足1人。居民以阿拉伯人为主，其次是柏柏尔人等，他们一般都定居在绿洲地区。绿洲地区的植物主要为各种草本植物、椰枣、柽柳属植物和刺槐树等，动物有野兔、豪猪、瞪羚、变色龙、眼镜蛇等。这里富有金属矿、石油、地下水，然而因交通不便，开发有限。

撒哈拉沙漠

撒哈拉沙漠横亘在非洲北部，长久以来，无垠的沙地犹如天险，阻碍着旅行者的深入探险。

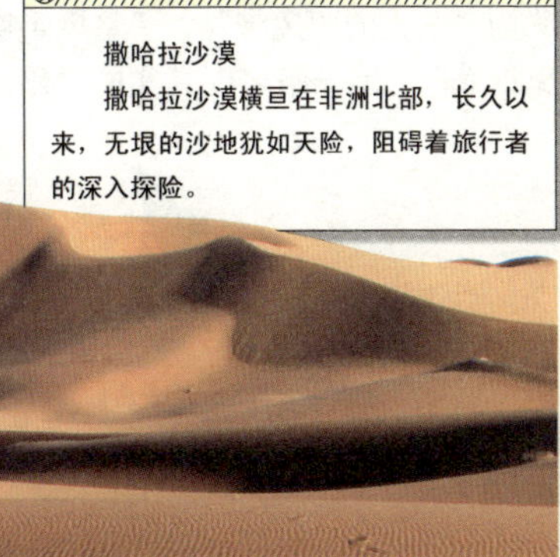

世界上最宽和最深的海峡

头戴两项“世界之最”桂冠的海峡是位于南美大陆和南极洲之间的德雷克海峡。德雷克海峡是世界上最宽的海峡，其宽度达970千米，即便最窄处也有890千米。同时，德雷克海峡又是世界上最深的海峡，其最大深度为5248米，即便把两座华山和一座衡山叠加起来放到海峡中，山头也不会露出海面。

弗朗西斯·德雷克

德雷克是伊丽莎白一世统治时期最著名的英国海盗。1577年，德雷克在躲避西班牙军舰追捕时，无意间为英国找到了一条不需要经过麦哲伦海峡进入太平洋的新航道。这就是以弗朗西斯·德雷克命名的德雷克海峡。

德雷克海峡以其狂涛巨浪闻名于世。由于太平洋、大西洋在这里交汇，加之地处南半球高纬度，因此，风暴成为了德雷克海峡的主宰。海峡内聚集了太平洋和大西洋几乎所有的飓风狂浪，一年365天，每天风力都在8级以上。即便是万吨巨轮，在波涛汹涌的海面上也会像一片树叶一样起伏颠簸。这片终年狂风怒号的海峡，曾让历史上无数船只倾覆海底。于是，德雷克海峡被称为“杀人的西风带”、“暴风走廊”、“魔鬼海峡”，是一条名副其实的“死亡走廊”。

巴拿马运河开通之后，德雷克海峡运输航道的作用日渐衰微。然而，随着人们意识到南极大陆对未来生存与发展的作用越来越重要，德雷克海峡这条从南美洲进入南极洲的最近海路，成了众多国家赴南极科考的必经之路，也因此被赋予了新的战略意义。

世界上最长的海峡

位于非洲东南莫桑比克与马达加斯加之间的深水海峡——莫桑比克海峡，是世界上最长的海峡。莫桑比克海峡全长1670千米，呈东北—西南走向，海底由戴维海岭、莫桑比克海盆、马达加斯加边缘台地和科摩罗海盆组成。海峡两端宽、中间窄，平均宽度为450千米，北端最宽处达960千米，中部最窄处为386千米。峡内大部分水深在2000米以上，北端与南端则超过3000米，中部约2400米，最大深度超过3500米，仅次于德雷克海峡和巴士海峡。

这里属热带气候，受东南信风和北印度洋季风影响，再加上有莫桑比克暖流南下，峡内炎热多雨，海水表面年平均温度在20摄氏度以上，夏季时有因气流交汇而产生的飓风。

莫桑比克海峡是从南大西洋到印度洋的海上交通要道，波斯湾的石油有很大一部分要通过这里运往欧洲、北美，其战略地位十分重要。特别是苏伊士运河开凿之前，它更是欧洲大陆经大西洋、好望角、印度洋到达东方的必经之路。早在10世纪以前，阿拉伯人就经过莫桑比克海峡，来到莫桑比克地区建立据点，进行贸易。13世纪，海峡地区曾经建立过经济、文化相当发达的马卡兰加帝国。明初，郑和下西洋时也曾到过莫桑比克海峡。

德雷克海峡中的冰山

德雷克海峡是世界上最宽、最深的海峡，其风浪之大、航行之凶险，堪称罕见。从南极滑落下来的冰山常常漂浮在海峡中，是船舶的克星。

由于水深峡阔，巨型轮船可终年通航，莫桑比克海峡成了世界上最繁忙的海上航道之一。

世界上最繁忙的海峡

西欧的多佛尔海峡（也称加来海峡）是世界上最繁忙的海峡。它是连接北海与大西洋的通道，西北欧十多个国家到世界各地的海上航线几乎全从这里通过。同时，它又是欧洲大陆与英伦三岛之间距离最短的地方。因此，多佛尔海峡的航运十分繁忙，无论什么时候，海峡里总有 40 艘左右的船舶在航行。海峡每年船舶通过量达 12 万艘次以上，其中 1971 年曾达到 17.5 万艘次，运货量达 6 亿多吨，远远超过马六甲、直布罗陀等其他重要海峡。

世界上最大的岛屿

格陵兰岛上的冰山

格陵兰岛是一个由高耸的山脉、庞大的蓝绿色冰川、壮丽的峡湾和贫瘠裸露的岩石组成的地区。冰盖占整个岛屿面积的 82%，有许多巨大的冰川。

格陵兰岛是世界第一大岛，位于北美洲东北部，总面积 217 万平方千米，其中 4/5 在北极圈以内，84% 的土地终年被冰雪覆盖。格陵兰岛看起来像女巫的鞋，后跟对着北极点，鞋尖探进大西洋。这里有仅次于南极洲的世界第二大冰盖，面积达 172 万平方千米，平均厚度为 1500 米，最厚处达 3400 米。如果岛上冰雪全部融化，整个地球的海平面将会升高 6.5 米。

格陵兰岛大部分地区气候严寒、干燥，不时有暴风雪降临。这里是冰川的故乡，每年都有上万座的冰山浮出海面。冰川是由万年积雪在重压下形成的，非常洁净，没有杂质，可制成价廉物美的上等冷饮，深受人们的喜爱。格陵兰每年都向西欧和美国大量输出冰川冰，因此这里被称为世界上最大的“天然冰工厂”。

多佛尔海峡

多佛尔海峡东窄西宽，呈喇叭形，最窄处仅 28.8 千米，最宽处则达 180 千米。由于大西洋与北海海水在此交汇，海峡浪潮汹涌，多有强风浓雾，给船只航行造成很大困难。

岛上罕见的地形地貌，以及与北极的“贴身”距离，形成了许多壮观的自然景象。其中，极光和海市蜃楼是最为神奇的景观。格陵兰岛每到冬季都有连续几个月的“极夜”，天色朦胧，不见太阳；夏季则有几个月太阳终日高悬，昼夜常亮。

格陵兰岛属丹麦管辖，首府戈德霍普是岛上最大的城市。格陵兰城镇之间有直升飞机来往，有电话、电信联系。但是，一些格陵兰人习惯传统的生活方式，因此出现了高楼与冰屋并存，直升机和狗拉雪橇同行的有趣景象。

世界上最大的岛群

世界上最大的岛群是马来群岛，由分属于印度尼西亚、菲律宾、马来西亚、文莱和巴布亚新几内亚等国的 2 万多个岛屿组成，主要包括印度尼西亚 13600 多个岛屿和菲律宾约 7000 个岛屿。其中主要的岛屿有印度尼西亚的大巽他群岛、小巽他群岛、摩鹿加、伊里安，菲律宾的

吕宋、棉兰老、米鄢群岛。马来群岛位于太平洋和印度洋之间，沿赤道延伸6100千米，南北最大宽度3500千米，总面积约243万平方千米。整个群岛呈弧形自东向西延伸，因而人们形象地称之为“灯火走廊”。它西与亚洲大陆隔有马六甲海峡和南海，北与台湾隔有巴士海峡，南与澳大利亚隔有托雷斯海峡。

马来群岛各岛屿的地形以山地为主，且多分布在岛屿中部。由于处于地壳运动活跃的地带，马来群岛地区时常发生地震，印度尼西亚的苏门答腊岛、爪哇岛、努沙登加拉群岛和菲律宾的一些岛屿上分布有众多火山，火山活动十分频繁。

炎热多雨的气候与肥沃的火山土壤为动植物提供了适宜的生长环境，因而马来群岛的动植物种类繁多。这里森林资源丰富，主要产贵重木材、树脂、藤条等。这里农村和农业经济占优势，农村居民绝大多数为定居耕种者，主要种植水稻及橡胶、油棕、椰子等经济作物。

世界上最大的半岛

世界上最大的半岛是阿拉伯半岛。阿拉伯半岛位于亚洲西南部，包括一些近海岛屿。其西和西南临红海，南濒亚丁湾，南和东南临阿拉伯海，东北濒阿曼湾和波斯湾（或阿拉伯湾），北面为伊拉克、约旦和亚喀巴湾，面积约259万平方千米。

阿拉伯半岛包括沙特阿拉伯、也门、阿曼、阿拉伯联合酋长国、卡塔尔、巴林和科威特7个主权国家，半岛人口约3000多万。

阿拉伯半岛主要为盆状高原，其临海的三面皆由山脉隔开。半岛西部红海沿岸山脉和对岸山脉在5000万年前是连在一起的，后因东非断层的地质活动出现红海而分开，形成半岛。高原内部是大片沙漠，地势不高，最高处为也门的哈杜尔舒艾卜峰，海拔3760米。半岛上的平原位于海洋与高原之间，大部分是已开垦的土地，城市也大多位于这些海岸平原上。

阿拉伯半岛

阿拉伯半岛位于亚洲和非洲之间，它向东南方伸入印度洋，是世界上最大的半岛。阿拉伯半岛常年受副热带高气压带及信风带控制，几乎整个半岛都是热带沙漠气候区，并有面积较大的无流区。半岛沿波斯湾周围储藏有大量石油，给阿拉伯半岛上临近波斯湾的国家带来了巨大的财富。

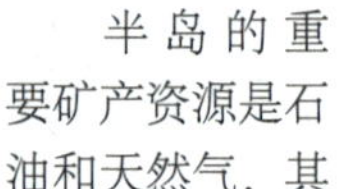

半岛的重要矿产资源是石油和天然气，其石油蕴藏量几乎占世界蕴藏量的一半。半岛各国都配有庞大的输送石油、天然气和其他石油产品的管网，能把这些产品从油田和炼油厂输送到波斯湾各港口，再运往世界各地出售。

苏门答腊岛

苏门答腊岛堪称一座绿岛，各类热带植物覆盖全岛，交叠错落的山脉被原始森林淹没，到处生机盎然。

世界上最大的湖中岛

加拿大安大略州休伦湖中的马图林岛，面积为2766平方千米，是世界上湖中最大的岛。在这个岛上，还有一个面积为106.42平方千米的马尼图湖，是世界上最大的湖中湖。在马尼图湖中，还有很多岛屿。

全球日照时间最长的地方

撒哈拉沙漠是全球日照时间最长的地方。那里一年有97%的时间阳光普照，年平均日照时间达4300小时。也就是说，每天大约有11小时45分钟的时间能见到光辉灿烂的太阳。

撒哈拉沙漠位于非洲北部，南北纵贯1600千米，东西5600千米，面积超过900万平方千米，是世界上最大的沙漠，几乎占整个非洲大陆的1/3。

为了利用太阳能，人们需要了解哪里的阳光照射时间长。在20世纪60年代，人们认为南美的波多黎各是世界上日照时间最长的城市。在连续6年的观测中，那里只有17个阴天，平均每年有362天阳光普照。到了20世纪70年代，气象观测站增多了，人们发现撒哈拉沙漠东部才是日照时间最长的地方。撒哈拉沙漠是世界上最干燥的地方，没有能遮住阳光的云层，加上这里纬度较低，因而成了世界上日照时间最长的地方。

世界上雷雨最频繁的地方

撒哈拉沙漠的阳光

撒哈拉沙漠是世界上最大的沙漠，也是世界上最干燥的地方，这里没有能遮住阳光的云层，而且纬度较低，终年天气晴朗，阳光刺眼，因而成了世界上日照时间最长的地方。

印度尼西亚的爪哇是世界上雷雨最多的地方，平均年雷雨日有220天。而该岛西部的茂物市，年雷雨日更多，一年365天，打雷的日子居然多达322天，打雷次数在数千次以上，是世界“雷都”。

茂物坐落在熔岩高原脚下的山间盆地，海拔仅266米。由于周围有萨拉克、庞朗奥、哈里蒙和格德等火山环绕，这里的上升气流十分旺盛，很容易形成雷雨云。雷雨云进一步发展，在云内出现下沉气流，上下气流相遇撞击，就会形成暴雨和雷电。茂物每日的天气变化很有规律。上午一般天气晴朗，近午，天空积雨云愈积愈厚，午后，积雨云势如排山，瞬时便会雷电交加，暴雨倾盆。雨后，空气特别清新，不久全城就又会沐浴在赤道的骄阳之下了，行人身上淋湿的衣裳也会很快被晒干。

茂物风光

茂物一带的地面为火山灰覆盖，土壤肥沃，四郊有梯田，种植茶树、咖啡、橡胶、金鸡纳树、水稻、甘蔗、果木、蔬菜等。茂物气候宜人，常年平均气温在25摄氏度左右，是著名的避暑胜地。

因为雷雨的关系，这里不但空气清新，而且终年气温都在25摄氏度左右，不冷不热，气候宜人，这在赤道附近绝无仅有。茂物既是历史名城，又有火山胜景、热带风光区，城内名胜很多，也因此被称为“雅加达的后花园”。不仅如此，由于地面大部分为肥沃的火山灰覆盖，雨水充沛，水稻和各种热带作物生长茂盛，这里又成了印度尼西亚热带经济作物产业最发达的地区之一。

【延伸阅读】

雷电知识知多少？

世界性的雷电源地都出现在低纬度区，如印度尼西亚、非洲中部、墨西哥南部、巴拿马、巴西中部等。

我国《周易》记述的公元前1068年的一次球形雷袭，是世界上最早的雷击记录。

1749年，美国科学家富兰克林经过科学实验，为我们揭开了雷电的神秘面纱，证实了“雷就是电”的观点，奠定了现代防雷技术的基础。

世界上最厚的地方

钦博拉索峰是世界上最厚的地方，它位于南美洲厄瓜多尔中部、安第斯山脉西科迪勒拉山上，海拔6310米，是厄瓜多尔最高峰。从地心到山峰峰顶为6384.1千米，比赤道半径还长6.1千米。它是一座休眠火山，有许多火山口，山顶终年积雪，有广阔的冰帽和16条冰川。这一带是厄瓜多尔中部的高原地区，经济以农牧业为主，主要养殖羊、奶牛，种植谷物、马铃薯、水果和纤维植物等。

世界上最炎热的地方

以前人们认为世界上最热的地方是赤道，但后来随着科学的发展，人们发现最热的地带是北纬20度到30度的沙漠地区。在“热带大陆”非洲，苏丹夏季的气温高达47摄氏度以上，素有“世界火炉”之称。埃塞俄比亚东北部的达洛尔市年平均气温高达34.5摄氏度，居世界之首。利比亚首都的黎波里以南的阿齐济耶，曾创下57.8摄氏度的世界最高气温纪录，一度被称为“世界热极”。

后来，这一纪录被伊拉克的巴士拉所破，人们在这里观测到了58.8摄氏度的极端最高气温，巴士拉成为新的“世界热极”。这里十分干旱，很少下雨，地面温度最高可达70摄氏度。即使在阴凉的地方，气温也会达到38摄氏度，有时能够达到49摄氏度。如果直接用手去摸阳光炙烤下的石头，皮肤就会被烫伤。在这样高的气温下生活的人，只好围着头巾，穿上宽松的袍子，以防止阳光曝晒皮肤和丧失过多的水分。

南极帝企鹅

南极是世界上最寒冷、风最大的地方，很少有动物能够忍受如此恶劣的环境，可是帝企鹅可以。帝企鹅常站在冰封的水面上，相互挤在一起，度过冬季寒风刺骨的几个月。

这些地方之所以炎热，主要原因是它受副热带高气压带控制。在副热带高气压带控制下，气流下沉，终日晴空万里，空气湿度小，加上太阳高度角大，辐射强，因此气候炎热干燥。

世界上最冷和风力最大的地方

世界极端最低气温出现于南极，因此南极被称为“寒极”。南极洲所处纬度高，接受的太阳辐射最少；南极大陆地势高峻，95%以上的陆地常年被冰雪覆盖；大陆周围终年为咆哮的西风带所包围，形成一堵“高墙”，阻碍了与低纬地区的热量交换，因此，南极地区极其寒冷。南极洲的年平均气温是零下28摄氏度，大陆内部的年平均气温在零下60至零下40摄氏度之间。1983年7月，俄罗斯南极高原站——东方站记录到了零下89.2摄氏度的世界最低气温。

南极不仅是世界最冷的地方，也是世界上风力最大的地方。那里平均每年有300天有8级以上的大风，年平均风速19.4米/秒。1972年，澳大利亚莫森站观测到的最大风速为82米/秒。法国迪尔维尔站曾观测到风速达100米/秒的飓风，这相当于12级台风的3倍，是迄今世界上记录到的最大风速。

钦博拉索峰

钦博拉索峰位于安第斯山脉西科迪勒拉山上，是一座休眠火山，从地心到山峰峰顶为6384.1千米，是地球上最厚的地方。

三角洲　流水所携带的泥沙在河口区因流速减缓堆积而成的冲积平原。

世界上最湿和年降水量最多的地区

世界上最湿和年降水量最多的地区是乞拉朋齐。乞拉朋齐位于印度阿萨密邦，坐落在布拉马普特拉河南侧卡西山地南坡的一个袋形山坳中，海拔 1313 米。其纬度为北纬 25.3 度，经度为东经 91.7 度。乞拉朋齐人口约 6000 人，多为卡西族，属母系社会。

据记载，1861 年，乞拉朋齐的降水量曾达到 20447 毫米，被称为世界的“雨极”或“湿极”。时隔 99 年以后，也就是 1960 年 8 月到 1961 年 7 月，乞拉朋齐再次以 26461.2 毫米的降雨量刷新了纪录。据 35 年来的统计，乞拉朋齐年均降水量为 11430 毫米。

这里的卡西山地为东西走向，长约 250 千米，高约 1500 米，东端与缅甸西部南北向的那加山和阿拉干山相接，形成了一个宽广的向南敞开的漏斗状谷地。每年的雨季，暖湿的西南季风涌入这个谷地时，被迫抬升，由此形成了惊人的降雨量。

乞拉朋齐离孟加拉湾约 300 千米，其间是一个地势较为低下的陆地。雨季时，这片陆地因河水泛滥，常常变为一片湖泽。由于洪水较暖，西南气流在到达乞拉朋齐之前，先经过积水低地上空，因之水汽又有所增加，这是造成乞拉朋齐降水量大的又一个原因。

世界上最干旱的地方

世界上有一些地方终年见不到一滴雨，气候极为干旱，因此被称为“旱极”。

拥有近 10 万人口的港城伊基克，终年烈日当空，万里无云，平均年降水量仅为 2.1 毫米，曾创下连续 14 年不降滴雨的纪录，因此有“世界旱城”之称。伊基克南面的港城安托法加斯塔，位于南回归线附近，那里的年降水量仅为 0.4 毫米。伊基克北面的港口阿里卡更创下过连续 91 年未降滴雨的纪录，此后有 17 年的时间共下了三次雨，总降水量也仅仅有 0.5 毫米。

“地球上最湿的地方”标志牌

乞拉朋齐位于喜马拉雅山南麓的印度阿萨密邦，曾在 1960 至 1961 年创下年降雨量 26461.2 毫米的纪录，比北京 42 年的总降水量还多。

智利阿塔卡玛沙漠

阿塔卡玛沙漠中心是地球上最干旱的地方，被称为“绝对沙漠”。整个阿塔卡玛沙漠自 16 世纪末以来，只有 1971 年下过一次雨，而沙漠北端的阿里卡从未有下雨的记录。

然而，这还都不是最干旱的地方，最干旱的地方是位于南美洲智利北部的阿塔卡玛沙漠，阿塔卡玛沙漠虽然濒临太平洋，但却在副热带高气压带控制之下，又受附近流过的秘鲁寒流的影响，气候极其干旱，年降水量几乎为零，已连续干旱 400 年。

世界上最大的三角洲

世界上最大的三角洲是恒河三角洲，宽 320 千米，面积达 7 万多平方千米，分属孟加拉国和印度。恒河下游分流纵横，其中主要水道就达 8 条，在入孟加拉湾处又与布拉马普特拉河汇合在一起，形成了广阔的恒河三角洲。在三角洲地区，恒河分成许多支叉，因而形成了一个颇具特点的三角洲。这里土壤肥沃，农业发达，是南亚次大陆水稻、小麦、玉米、黄麻、甘蔗等作物的重要种植区。河口部分有大片红树林和沼泽地。此处地势低平，海拔仅 10 米，海岸线呈漏斗形，因此，风暴潮不易分散而聚集在恒河口附近，形成强烈的潮水，铺天盖地地涌向恒河三角洲平原，很容易引起大面积洪水泛滥。

死海

死海的含盐量极高，是普通海水含盐量的10倍，且越到湖底越高，深水中饱和的氯化钠已化石化。由于湖水含盐量极高，游泳者很容易浮起来。死海水中只有细菌没有其他动植物生存，所以人们称之为死海。

地球陆地表面的最低点

地球陆地表面的最低点是死海，水面平均低于海平面约400米。死海是东非大裂谷北部的延续部分，是由一块下沉的地壳夹在两个平行的地质断层崖之间形成的。死海是一个内陆盐湖，位于以色列和约旦之间的约旦谷地。其西岸为犹太山地，东岸为外约旦高原，约旦河从北注入。死海长80千米，宽处为18千米，表面积约1020平方千米，最深处400米。

死海位于沙漠中，降雨极少且不规则。冬季气候温暖，夏季炎热。湖面水位有季节性变化，在30至60厘米之间。湖水年蒸发量平均为1400毫米，因此湖面往往会形成浓雾。

死海的含盐量极高，且越到湖底越高，最深处已经有氯化钠化石化。正是由于死海含盐度高，其浮力非常大，即使不会游泳的人在死海中也不会下沉。湖中除细菌外没有其他动植物。涨潮时，从约旦河或其他小河中游来的鱼进入死海便会立即死亡，岸边植物也主要是适应盐碱地的盐生植物。死海湖岸荒芜，固定居民点很少，偶见小片耕地和疗养地等。

世界上面积最大、最深的洋

太平洋是世界上面积最大、海水最深和岛屿最多的大洋。其南北最长处约15800千米，东西最宽处约19500千米，面积17698万平方千米，占整个海洋面积的1/2。太平洋平均深度超过4000米，最深处的马里亚纳海沟深达11034米，是世界上最低的地方。

太平洋位于亚洲、南北美洲、大洋洲和南极洲之间，北以白令海峡通向北冰洋，西南以马来群岛、澳大利亚塔斯马尼亚岛附近的东经146度经线与印度洋分界，东南以经南美洲南端合恩角的西经68度经线与大西洋相接。

太平洋岛屿众多，岛屿的总面积为440万平方千米，几乎占全球岛屿总面积的45%。其中主要的岛屿有日本群岛、加里曼丹岛、新几内亚岛、台湾岛、菲律宾群岛等。太平洋拥有完整的洋流系统，北部为顺时针环流，由北赤道暖流、日本暖流、北太平洋暖流和加利福尼亚寒流组成；南部为逆时针环流，由南赤道暖流、东澳大利亚暖流和秘鲁寒流组成。此外，北太平洋还有来自北冰洋的千岛寒流。太平洋多火山、地震，活火山占全球的60%，地震占全球的80%。太平洋中部还是台风的发源地，以发源于菲律宾、日本、罗林群岛附近的台风最为强烈，对我国的东南沿海一带影响较大。太平洋的矿产资源以石油、天然气为主。大洋盆地底有丰富的锰结核矿层，富含锰、镍、钴、铜等矿物。

马里亚纳海沟深处发现的小动物

美国科学家用特殊的捕捉器在1.1万米深的马里亚纳海沟捕到一种与虾相似的甲壳动物。这么深的海底又黑又冷，不要说光合食物，连地热食物也没有，它们靠什么来维持生命呢？目前还不得而知。

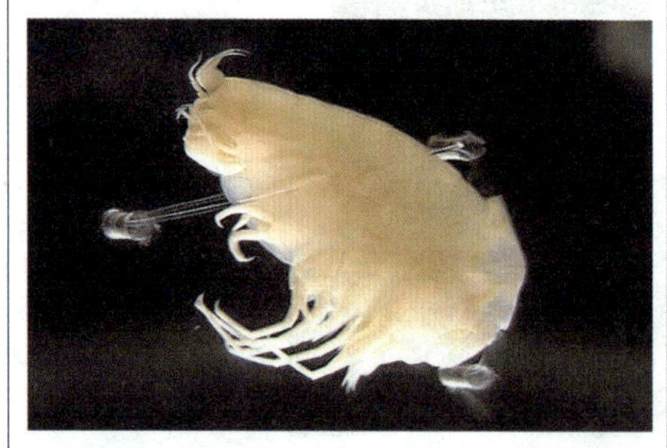

世界上面积最小、深度最浅的洋

北冰洋是地球上四大洋中面积最小、深度最浅的大洋，面积1310万平方千米，平均深度只有1200米。它位于北极圈内，被欧洲、亚洲、北美洲三大洲所包围。北冰洋大陆架面积宽广，占洋底的38%，其中亚洲至北美洲一侧的大陆架最宽。北冰洋中岛屿很多，数量仅次于太平洋，岛屿总面积达400万平方千米，主要有格陵兰岛、斯匹次卑尔根群岛、维多利亚群岛等。

北冰洋地处高纬度地区，气候严寒，整个海域没有夏季，严冬达半年之久。由于气候的原因，北冰洋区的生物种类很少，植物以地衣、苔藓等为主，动物主要有白熊、海象、海豹、鲸等。

世界上水温最高的海

世界上水温最高的海是红海。红海处于非洲东北部与阿拉伯半岛之间，形状狭长，西北到东南长1900千米以上，最大宽度306千米，面积45万平方千米。海水清澈透明，8月表层平均水温达27至32摄氏度，最高可达50摄氏度以上。

红海的水温为什么会这么高呢？这是因为红海海底有一系列热洞。狭长的红海被大洋中脊穿过，而沿着大洋中脊的顶部又分布着一条纵向的断裂带。裂谷中部附近的海水温度特别高，好像底下有座锅炉在不断地烧，人们形象地称它为热洞。科学家认为，正是热洞中不断涌出的地幔物质加热了海水。

世界上最大的海

世界上最大的海是珊瑚海，面积近500万平方千米。珊瑚海是南太平洋的属海，它的西边是澳大利亚大陆，南连塔斯曼海，东北被新赫布里底群岛、所罗门群岛、新几内亚（伊里安岛）所包围。珊瑚海大部分水深3000至4000米，最深处9174米，也是世界上最深的海。

珊瑚海

珊瑚海海水的含盐度和透明度很高，呈深蓝色。珊瑚海中盛产鲨鱼、海龟、海参、珍珠贝等。

珊瑚海以生长在其中的美丽的珊瑚而闻名。这里的海水既平静又洁净，水温变化不大，是典型的热带海，周围几乎没有河流流入，最热的月份表层平均水温可达28摄氏度，全年水温也都在20摄氏度以上。海中富含浮游生物和海藻，非常适宜珊瑚虫的生长繁殖。活的珊瑚在海水中五颜六色，有黄的、绿的、紫的、红的，色彩鲜艳夺目。珊瑚虫能分泌石灰质，大量珊瑚虫死后的遗骸聚集在一起，便成为珊瑚礁。珊瑚海中有几个较大的珊瑚礁区：大堡礁、塔古拉堡礁和新喀里多尼亚堡礁。色彩斑驳的珊瑚礁点缀在澄澈的碧水中，呈现出绮丽的景观。

北冰洋

北冰洋被陆地包围，近于半封闭。它通过挪威海、格陵兰海和巴芬湾同大西洋连接，并以狭窄的白令海峡沟通太平洋。

世界上最小的海

世界上最小的海是大西洋区域的马尔马拉海。马尔马拉海全长280千米，宽77千米，呈椭圆形，面积1.2万平方千米，只相当于我国太湖的4.5倍大小。船员在海中航行时甚至可看到它周边的海岸。

马尔马拉海位于亚洲小亚细亚半岛和欧洲的巴尔干半岛之间，是因欧亚大陆之间的断层下陷而形成的内海。海岸陡峭，海水平均深度183米，最深处达1355米。海底原先的一些山峰露出水面变成了岛屿。这些岛上盛产大理石，希腊语“马尔马拉”就是大理石的意思，海中最大的马尔马拉岛也是因此得名。马尔马拉海面积虽然最小，但战略位置极为重要，因为它是通往黑海的必经之道，历来是兵家必争之地。

【百科链接】

陆间海：

陆间海是指具有海洋的特质，但被陆地环绕，形成一个形似湖泊但具海洋特质的海洋，一般与大洋之间仅以较窄的海峡相连，其海面比大洋平静，常成为航运的重要通道。

世界上最淡的海

世界上最淡的海是波罗的海，它是大西洋伸入欧洲大陆北部的内海，呈东北—西南走向。其面积42万多平方千米，水深40至100米，最深处470米。波罗的海是世界上含盐度最低的海，一般海水的含盐度为34‰至37‰，但其表层海水含盐度不一，西部为8‰至11‰，中部为6‰至8‰，东部为2‰。

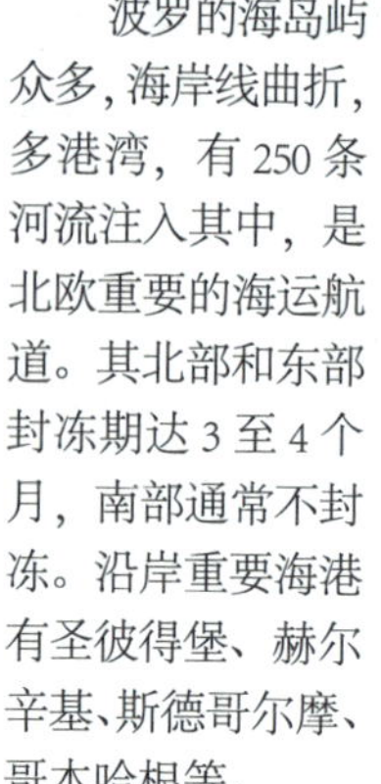

波罗的海岛屿众多，海岸线曲折，多港湾，有250条河流注入其中，是北欧重要的海运航道。其北部和东部封冻期达3至4个月，南部通常不封冻。沿岸重要海港有圣彼得堡、赫尔辛基、斯德哥尔摩、哥本哈根等。

波罗的海风光

波罗的海是世界上盐度最低的海域，海水含盐度自出口处向海内逐渐递减。此外，波罗的海还是北欧重要航道和旅游胜地。

世界上最大的陆间海

地中海位于非洲与欧洲之间，是世界上最大的陆间海。地中海面积251万平方千米，大体呈长方形，东西长4000千米，南北最宽处1800千米。地中海还是一个很深的海，最深处达5092米。其海底地形复杂奇特，意大利西南方的海底有一条海脊，把地中海分为东、西两个海盆。亚平宁半岛、西西里岛、马耳他岛等岛屿就是这个海脊露出海面的部分。海底地壳极不稳定，许多岛屿上有活火山和火山湖。比如，西西里岛上的埃特纳火山就在地中海岸。

在世界海洋中，地中海面积不算很大，可它对人类社会的贡献却无与伦比。它是西方文明的摇篮，古希腊爱琴文化的发祥地，中世纪国际贸易的重要场所。苏伊士运河开凿以后，它更成为国际航运的重要枢纽和世界战略通道。在地中海海面上，每天都有1500艘以上的商船行驶其间，西欧国家进口的石油、原料，出口的产品大都经过这里，地中海成了西方经济的生命线。

爱琴海风光

爱琴海是地中海东部的一个大海湾，位于地中海东北部、希腊和土耳其之间，是世界著名的旅游胜地。

世界上最长的河流

尼罗河风情

尼罗河流域是世界文明发祥地之一，这里孕育了埃及灿烂的文化。今天，埃及96%的人口和绝大部分工农业生产仍集中在这里。因此，尼罗河被视为埃及的生命线。图为尼罗河上的三角帆船，它构成了尼罗河独特的风景。

世界上最长的河流是尼罗河，它全长6650千米，纵贯非洲大陆东北部，流经埃塞俄比亚、埃及等多个国家，跨越撒哈拉沙漠，最后注入地中海。其流域面积约335万平方千米，平均流量为每秒3100立方米。

尼罗河有定期泛滥的特点，通常5月即开始涨水，8月达到最高水位，以后水位逐渐下降，1至5月为低水位期。产生这种现象的原因在于青尼罗河和阿特巴拉河的水源来自埃塞俄比亚高原上的季节性暴雨。洪水到来时会淹没两岸农田，洪水退后又会留下一层厚厚的河泥，形成肥沃的土壤。远在四五千年前，埃及人就知道如何掌握洪水发生的规律和利用两岸肥沃的土地，因而尼罗河河谷几千年来一直是良田千里，稻花飘香。

世界上流经国家最多的河流

多瑙河是世界上流经国家最多的一条河。多瑙河发源于德国西南部黑林山东麓海拔679米的地方，自西向东流经奥地利、捷克、斯洛伐克、匈牙利、克罗地亚、塞尔维亚、保加利亚、罗马尼亚、乌克兰等9个国家后，流入黑海。

多瑙河全长2860千米，是欧洲第二长河，它像一条蓝色的飘带环绕在欧洲的大地上，流域面积达81.7万平方千米。多瑙河两岸有许多美丽的城市，有享有“世界音乐名城”盛誉的奥地利首都维也纳，有被称为“多瑙河上的明珠”的布达佩斯，有一向有“谷仓”之称的塞尔维亚首都贝尔格莱德等。这些城市像一颗颗璀璨的明珠，镶嵌在多瑙河这条蓝色的飘带上。

世界上含沙量最大的河流

我国的黄河是世界上含沙量最大的河流。黄河发源于青海省巴颜喀拉山脉各姿各雅山麓，经四川、甘肃、宁夏、内蒙古、山西、陕西、河南、山东等9个省区，最后注入渤海。黄河全长5464千米，流域面积75.24万平方千米。内蒙古托克托河口镇以上为上游，河口镇至河南孟津为中游，孟津以下至入海口为下游。

黄河每年从中游带下的泥沙约有16亿吨之多，如果把这些泥沙堆成1米高、1米宽的土墙，可以绕地球赤道27圈。黄河中游地区夏季多暴雨，而该地区大部分为黄土高原，地表植被破坏严重，因此，在暴雨的冲刷下，滔滔洪水便挟带着大量疏松的黄土泻入黄河。河水中泥沙过多，使下游河床因泥沙淤积而不断抬高，有些地方甚至高出两岸地面，成为悬河。

多瑙河

多瑙河流经的国家之多、地形之复杂，堪称地理上的奇观。它像一条蓝色飘带蜿蜒在欧洲大陆上。

世界上流域面积最大的河流

世界上流域面积最大、流量最大的河流是亚马孙河，它长达6400多千米。丰沛的降水、聚水的地形以及有利于水系发育的广阔空间，使亚马孙河的流域面积达700多万平方千米，约占南美洲总面积的40%。1000多条支流汇集在一起，使亚马孙河每年注入大西洋的水量达3800立方千米，相当于刚果河的3倍多，是密西西比河的10倍，尼罗河的50倍，占世界河流入海总水量的1/5。亚马孙河在不到3小时内注入大西洋的淡水可满足一个450万人口国家（如以色列）一年全部的工农业生产和生活用水的需求。亚马孙河是当之无愧的“世界河王”。

亚马孙河

亚马孙河滋润着700多万平方千米的广袤土地，孕育了世界上最大的热带雨林区。亚马孙河流域也成为世界上公认的最神秘的“生命王国”。

与此同时，亚马孙河还是世界上最宽的河。在离入海口1500千米的内陆地区，河面一般有10多千米宽，雨季可达40千米宽。在它的入海口，河面宽达300多千米。由于亚马孙平原地势低矮平坦，一到洪水季节，河水排泄不畅，常使两岸数十千米乃至数百千米的平原、谷地形成一片汪洋，亚马孙河因此获得了“河海”的称号。亚马孙河河口呈巨大的喇叭状，大西洋的海潮可溯河流入内陆900至1300千米。大潮时，常形成5米高的巨浪，呼啸而上，气势磅礴，景色壮观。另外，亚马孙河流域多属热带雨林气候，是世界最大的热带雨林区，面积约占世界雨林总面积的1/3。它制造了地球上1/3的氧气，故被称为“地球之肺”。

世界上最早的运河

京杭大运河是中国古代劳动人民创造的一项伟大的水利建筑工程，是世界上开凿最早、规模最大的运河。它南起杭州，北到北京，全长1794千米，跨越地球10多个纬度，纵贯中国最富饶的东南沿海和华北大平原，经过北京、天津、河北、山东、江苏、浙江六个省市，沟通海河、黄河、淮河、长江、钱塘江五大水系，是中国古代南北交通的大动脉。

大运河开掘于春秋时期，完成于隋朝，繁荣于唐宋，取直于元代，疏通于明清，从公元前486年始凿，至1293年全线通航，前后共持续了1779年。在漫长的岁月里，大运河主要经历了三次较大的兴修过程。到了隋朝，隋炀帝动用几百万人，开凿贯通了大运河，这为以后国家经济文化的空前繁荣做出了巨大贡献。京杭大运河于隋代全线贯通后，经唐宋发展，最终在元代成为沟通海河、黄河、淮河、长江、钱塘江五大水系，贯通南北的交通大动脉。京杭大运河比沟通太平洋和大西洋的巴拿马运河长21倍，比连接地中海和红海的苏伊士运河长10倍，比被称为世界“运河之王”的卡拉库姆运河长1100多千米。

京杭大运河

京杭大运河是世界上开凿最早、最长的一条人工河道。大运河北起北京，南达杭州，流经北京、河北、天津、山东、江苏、浙江六个省市，沟通了海河、黄河、淮河、长江、钱塘江五大水系，为发展南北交通，加强南北之间经济、文化等方面的联系做出了巨大的贡献，直至今日仍然在发挥作用。

世界上海拔最高的淡水湖

的的喀喀湖

的的喀喀湖湖水清澈见底，明净非常，在阳光的照耀下，波光粼粼，十分美丽。

世界上海拔最高的淡水湖是秘鲁的的的喀喀湖。它位于秘鲁和玻利维亚两国之间的科亚奥高原上。湖面长200千米，宽66千米，面积8330平方千米。湖面海拔3812米，平均水深100米，最深达304米，湖水蓄积量827立方千米。的的喀喀湖是南美洲最大的淡水湖，也是世界上海拔最高的可通行大船的淡水湖。

的的喀喀湖形成于新生代的第三纪。在强烈的地壳运动中，随着科迪勒拉山系隆起及巨大的构造断裂，在东科迪勒拉山脉和西科迪勒拉山脉之间形成了一条西北—东南走向的构造盆地。的的喀喀湖就位于该构造盆地中。经过第四纪冰川作用，湖区地貌更加复杂。湖水源于安第斯山脉的积雪融水，另有25条河流注入湖中，最大的一条是自西北注入的拉米斯河，约提供湖水补给总量的2/5。湖水从唯一的出口——德萨瓜德罗河流出，但只能排出过剩的湖水总量的5%，其余的都在烈日和燥风的作用下蒸发。湖内有41个岛屿，著名的有太阳岛和月亮岛，岛上有印第安人的古迹。印第安人一向把的的喀喀湖奉为“圣湖”。

世界上最大的淡水湖

苏必利尔湖是世界最大的淡水湖，也是世界上仅次于里海的第二大湖（里海是咸水湖）。

该湖东北为加拿大，西南为美国。湖面东西长616千米，南北最宽处257千米，平均海拔180米，水面面积82103平方千米，最大深度405米，蓄水量1.2万立方千米。有近200条河流注入湖中，其中尼皮贡和圣路易斯河注入量最大。

该湖中主要岛屿有罗亚尔岛、阿波斯特尔群岛、米奇皮科滕岛和圣伊尼亚斯岛。沿湖多林地，风景秀丽，人口稀少。苏必利尔湖水质清澈，湖面多风浪，湖区冬寒夏凉。

【延伸阅读】

世界上最高的湖群区在哪里？

西藏自治区湖泊星罗棋布，全自治区约有1500个湖泊，总面积为24183平方千米，占全国湖泊总面积的1/3。西藏不仅是我国，还是世界上海拔最高的湖群区。据粗略统计，西藏自治区境内海拔4000米以上的湖泊有近千个，其中海拔5000米以上的有约20个。平均海拔在4500米左右的羌塘高原（又称藏北高原），是我国湖泊的集聚区，那里有我国最高的咸水湖纳木措。

苏必利尔湖

苏必利尔湖水质清澈，风景秀丽，沿湖人口稀少，有许多天然港湾和人工港。

国家之最

海拔最低的国家

马尔代夫是世界上海拔最低的国家，平均海拔仅有1.2米。马尔代夫，全名马尔代夫共和国，位于斯里兰卡南方650千米的海域里，横跨赤道，由露出水面及部分露出水面的大大小小1000多个珊瑚岛（环礁）组成。其中199个岛屿有人居住，岛屿平均面积不到2平方千米，总面积9万平方千米（含领海面积），陆地面积298平方千米。

多尼船是马尔代夫人用于在岛屿之间来往的主要交通工具。这种船只从船体、帆桁、钉、缆绳到帆都取材于椰子树，原住居民2000多年与海相处的历史，使他们具有绝佳的造船技术。马尔代夫虽属热带，但当地的气候却并不炎热，日夜温差也不大。马尔代夫属海洋性气候，全年平均气温约30摄氏度。由于受海风影响，湿度较大。5至10月受季候风影响，雨量不多但时有骤雨，而11月至次年4月天气则较闷热。

渔业和观光业是马尔代夫的两项主要产业。捕鱼对当地居民而言是一项传统且永不过时的谋生方式，他们乐天知命，生于水湄，长于水湄，早已把鱼类当作生命延续之泉，视其为真主所赐予的宝藏。近年来，因其优美的自然风光和特有的文化，这里逐渐成为旅游胜地，旅游业渐渐超过渔业，成为马尔代夫第一大经济支柱。

地形最狭长的国家

智利南北长4352千米，东西最窄96.8千米、最宽362.3千米，是世界上地形最狭长的国家，在地图上看起来就好像是南美洲的裙边一样。

开采铜矿

由于铜矿的开发在智利国民经济中占有举足轻重的地位，因此，智利不断增加对铜矿开发的投资，使铜的产量逐年增加。

智利共和国位于南美洲西南部，东邻安第斯山脉，西濒太平洋，海岸线总长约1万千米，面积75万多平方千米。由于地处美洲大陆的最南端，与南极洲隔海相望，智利人常称自己的国家为“天涯之国”。

智利是拉丁美洲比较富裕的国家，矿藏、森林和水产资源丰富，盛产铜，铜的产量和出口量均为世界第一，素有“铜矿之国”的美称。它还是世界上唯一生产硝石的国家。智利政府对外实施全面的开放政策，鼓励外国投资，这在很大程度上提高了国家的生产能力和国际竞争能力，使智利成为南美洲经济最发达的国家之一。

马尔代夫

旅游业是马尔代夫第一大经济支柱。马尔代夫优美的自然环境，每年都吸引着世界各地的游客前来观光旅游，享受阳光、沙滩和热带海域风情。

主权 指一个国家所拥有的独立自主地处理其内外事务的最高权力。

智利地势狭长，从北部的沙漠地带到南端的冰川极地地带，景色各具特点。由于各地风光、气候不同，任何时候都有可供观光的佳境。其著名的旅游景点包括北部港城阿里卡一带有世界“旱极”之称的阿塔卡玛沙漠、美丽的首都圣地亚哥、神秘的复活节岛以及远离居民区的火地岛等。

世界上最大的花卉出口国

荷兰不仅在首都阿姆斯特丹拥有世界最大的花卉市场——阿斯米尔鲜花拍卖市场，而且还是世界上最大的花卉出口国。全世界 70% 的鲜花都来自荷兰，阿斯米尔每天有 1400 万朵花与 150 万株植物进行交易，约占世界花卉产品的 80%，每年成交 3500 万朵花和 37 亿株植物。除了荷兰本身的花农外，国外超过 1500 家的花农现在也将他们的产品通过荷兰销售到世界各地。所以，在荷兰交易的鲜花与盆栽植物，超过 75% 都是出口到其他国家的。在所有的花卉产品中，玫瑰的交易量最大，其次是郁金香，再次是菊花。

先进的生产技术与高效率的拍卖方式是荷兰鲜花交易如此蓬勃兴旺的原因。通过显微镜研析及试管培育，再加上由计算机及全自动设备控制的温室，一棵植物不仅一年可产生 100 万棵后代，而且每一代可衍生出新的品种。

荷兰的鲜花拍卖过程相当独特、有趣。拍卖钟的指针会由较高的价钱开始持续地向低价格旋转，直到有买家按下按钮，指针停止的价格即是成交的价格，然后，中标的买家通过麦克风告知其所需要的数量。

阿斯米尔鲜花拍卖市场中的鲜花

每天大约有 1400 万朵花以及 150 万株植物在此交易。市场的拍卖时间为星期一到星期五早上的七点半到十一点半。

最早的葡萄酒酿造国

葡萄酒的历史可谓源远流长，早在 7000 多年前，人类就已经饮用葡萄酒了。

据考证，葡萄种植起源于小亚细亚至中东一带。在这些地区，葡萄栽培经历了三个阶段，即采集野生葡萄果实阶段，野生葡萄的培育阶段以及葡萄栽培技术随着旅行者和移民传入埃及等其他地区的阶段。波斯（即今日伊朗）是最早酿造葡萄酒的国家。1996 年，考古学家在伊朗北部扎格罗斯山脉一个石器时代晚期的村庄里挖掘出的一个罐子证明，人类在距今 7000 多年前就已饮用葡萄酒。美国宾夕法尼亚州立大学的麦戈文在投给英国《自然》杂志的文章中说，这个罐子产于公元前 5415 年，其中有残余的葡萄酒和防止葡萄酒变成醋的树脂。后来，人们又在埃及的古墓中发现大量珍贵文物，特别是浮雕，它们清楚地描绘了当时古埃及人栽培、采收葡萄和酿造葡萄酒的情景。而这些文物距今已有 6000 年的历史。西方学者认为，这是葡萄酒业的开端。

葡萄酒

葡萄酒是用新鲜的葡萄或葡萄汁经发酵酿成的酒精饮料，历史悠久，文化底蕴深厚。美国著名政治家、科学家本杰明·富兰克林曾说：“好的葡萄酒证明上帝希望我们幸福。”

欧洲最早开始种植葡萄并进行葡萄酒酿造的国家是希腊。一些旅行者和新的疆土征服者把葡萄栽培和酿造技术从小亚细亚和埃及带到了希腊的克里特岛，逐渐遍及希腊及其诸海岛。

【百科链接】

最著名的香槟酒产地：

香槟是法国东北部马恩河谷的一个地名，它成为著名的香槟酒产地已有 2000 年的历史了。远在 2000 多年前，该地区就开始种植葡萄和酿制葡萄酒了。

南方的茶园

茶起源于我国，已有3000多年的栽培历史，是目前人类的三大饮品之一，我国江南地区有大面积的茶园。

茶叶品种最多的国家

我国是世界上茶叶品种最多的国家，可以说，我国是茶的故乡。

大量的历史资料和近现代研究资料证明，茶树的原产地在我国的西南三省——云南、贵州、四川。这里气候温热，一年四季雨量充足，温暖而潮湿的地理环境特别适合茶树生长。

我国广阔的茶区和优越的自然条件、丰富的茶树品种资源以及卓越而富有创造性的采制技艺，造就了丰富多彩的红茶、绿茶、青茶、白茶、黄茶、黑茶等六大茶叶品类。茶有健身、治病等功效，又富欣赏情趣，可陶冶情操。中国茶艺在世界上享有盛誉，在唐代传入日本后，形成了日本茶道。

核电站最多的国家

美国是世界上核电站最多的国家。据最新资料表明，至2005年底，美国共有核电站117座（其中一座正在建设中），其中容量超过150万千瓦的有31座，最大的帕洛维德核电站装机容量为375.1万千瓦。

至2005年底，全世界共有核电站465座，大部分在发达国家，其中正在建设的有21座，全部在亚洲、中欧和东欧地区。

目前，我国已建成、在建及准备建设的核电站共有7座。

核电站

核电站是一种高能量、低耗料的电站，它以核燃料在核反应堆中发生特殊形式的“燃烧”产生热量来加热水，使之变成蒸汽。蒸汽通过管路进入汽轮机，推动汽轮发电机发电。

世界上出产祖母绿最多的国家

世界上出产祖母绿最多的国家是哥伦比亚。哥伦比亚出产的祖母绿，以其颜色佳、质地好、产量大闻名于世。哥伦比亚最主要的两处祖母绿矿床是木佐和契沃尔，它们分布在波哥大东北约100千米范围内，地处科迪勒拉山脉。

哥伦比亚从16世纪中叶就开始出产祖母绿了，当时祖母绿矿山被西班牙人所占有，直到1886年才归为国有。几个世纪以来，木佐和契沃尔矿山一直是世界上最大的优质祖母绿供应地，几乎垄断了国际市场，约占世界优质祖母绿总产量的80%。哥伦比亚祖母绿晶体中有一氧化碳气泡、液状氯化钠和立方体食盐等气液固三相包体，这在其他地区的祖母绿中是非常罕见的。另外，哥伦比亚祖母绿还常有黄铁矿、黑色炭质物、水晶、铬铁矿等包体。一般认为，契沃尔矿区的略带蓝色的翠绿祖母绿质量最佳，称得上是世界上最美丽的祖母绿。

蓝宝石胸针

古波斯人相信蓝宝石反射的光彩使天空呈现蔚蓝色，蓝宝石被看作是忠诚和德高望重的象征。其沉稳而高雅的色调被现代人赋予慈祥、诚实、宽容和高尚的内涵。

【延伸阅读】

哪国的玫瑰油产量最多？

保加利亚是世界玫瑰油产量最多的国家。保加利亚盛产玫瑰花，种植玫瑰上百种，素以“玫瑰之邦”闻名世界。每年初夏时节，巴尔干山南麓的“玫瑰谷”地带一片花海，各色玫瑰竞相开放。许多路边的花坛和住宅的花园里，玫瑰花也争芳斗妍。保加利亚所产的玫瑰油质地纯正、香气浓郁，最高年产量为2吨，出口量一直居世界第一位。

世界上出产蓝宝石最多的国家

出产蓝宝石最多的国家是澳大利亚，该国约有300座蓝宝石矿山，年产值达1500万美元，占全世界蓝宝石产量的80%。

狭义的蓝宝石是指化学成分以较纯的Al_2O_3为主，含有微量的钛和铁，呈蓝色的透明晶体。广义的蓝宝石除纯蓝色的外，也包括黄色的、绿色的、粉红色的、橙色的、黑色的，还有无色的。当然，纯蓝色者最为名贵。我国近几年来也曾发现蓝宝石矿。目前的蓝宝石产地约有6个，分布于山东、广东、福建、江苏等地，其中以山东昌乐最为出名。

铜矿储量最多的国家

智利素以“铜的王国”闻名于世，已探明铜储量1.85亿吨，占世界总储量的34%，居世界之首。

智利矿藏储量大，品种多。除铜矿储量列世界首位外，锂矿储量列世界第二位，另有大量金、银、铁、钼等矿产及丰富的煤矿、石油和天然气资源。智利还是世界上唯一出产天然硝石的国家，其硝石产量居世界首位。智利也是世界上最大的鱼粉出口国，渔产量列南美洲首位，世界第五位。

世界上渔产出口量最多的国家

加拿大渔业发达，主要产鲑鱼、白鱼和金枪鱼等，75%的渔业产品用于出口，是世界上最大的渔产出口国。

加拿大位于北美洲北部，东临大西洋，西濒太平洋，西北接美国阿拉斯加州，南与美国12个州相连，北临北冰洋，东北隔巴芬湾与格陵兰岛相望。大陆和沿海岛屿海岸线长2万余千米，渔业资源非常丰富，条件优越。其渔场面积50余万平方千米，约有10万余人从事渔业生产，2.6万人从事渔业加工。

橄榄油产量最多的国家

西班牙的橄榄种植业有2000余年的历史，橄榄油年产量约占世界总产量的40%，其中的50%出口到世界各地。无论从橄榄油的产量还是出口量来说，西班牙都稳居世界第一的宝座，故有“橄榄油王国”之称。

西班牙位于欧洲西南部伊比利亚半岛（比利牛斯半岛）油橄榄种植区，东部和东南部临地中海，南隔直布罗陀海峡与摩洛哥相望，东北与法国和安道尔接壤，西与葡萄牙毗邻，西部一角濒大西洋，西南为加的斯湾，西北及北为比斯开湾。其2/3的国土分布有橄榄林，橄榄种植面积达2万多平方千米，其中以安达卢西亚生产区最为出名。

橄榄油

橄榄油具有极佳的天然保健功效和美容功效，在西方被誉为“液体黄金”、“植物油皇后”、“地中海甘露”。

地势最低的国家

荷兰是世界上地势最低的国家。荷兰位于欧洲西部，其正式的国名是尼德兰王国，是“低地”的意思，这反映了荷兰的地理特点。

荷兰西、北两面濒临北海，莱茵河在这里入海。荷兰境内河湖众多，地势低平，在40884平方千米的国土中，有1/3的国土海拔不到1米，1/4的国土低于海平面，近1/4的国土经围海造田而成。荷兰首都阿姆斯特丹的地势尤为低洼，有的地方低至海平面以下5米。据说，冬季涨潮时，北海的海面竟然与城内二层楼顶一样高。若无海塘和河堤的保护，荷兰一半以上的土地将被淹没在北海的波涛中，3/4的居民将失去家园。

荷兰风车

风车是荷兰的象征之一，可用来碾谷物、粗盐、烟叶、榨油，压滚毛呢、毛毡，造纸，但在荷兰，它最大的作用是排除沼泽地的积水。正是这些风车不停地吸水、排水，才使荷兰全国2/3的土地免于被淹。

由于地势较低，荷兰人必须持续不断地与水做斗争。荷兰有一半的土地必须长期实施防洪保护，有1/4的土地位于海平面以下，而60%的人口居住在这些低洼地区。荷兰人利用现代化的泵水装置日夜不停地运转，排走多余的水。人与水的斗争更促进了若干大型海、河堤防工程如须德海工程、三角洲工程等的建成。

克里姆林宫

位于俄罗斯首都莫斯科的克里姆林宫可以说是俄罗斯的标识之一。其整体建筑大致呈三角形，宫墙全长2235米，高5至19米不等，共有4座城门和19个尖耸的塔楼。

【百科链接】

生产枫糖最多的国家：

加拿大是世界上生产枫糖最多的国家，年产量约3.2万吨，除少部分供国内消费，大量枫糖出口到世界各国。

面积最大的国家

俄罗斯是世界上领土面积最大的国家，其领土横跨欧亚两洲，北临北冰洋，西濒波罗的海，西南靠黑海、亚速海和里海，东临太平洋，东部隔海与美国阿拉斯加和日本相望。陆地西部与挪威、芬兰、爱沙尼亚、拉脱维亚、白俄罗斯、乌克兰交界，南部与格鲁吉亚、阿塞拜疆、哈萨克斯坦、中国、蒙古、朝鲜接壤。

俄罗斯欧洲领土的大部分为俄罗斯平原，南部是高加索山脉，乌拉尔山脉以东的亚洲领土以西西伯利亚平原、中西伯利亚高原和东西伯利亚山地为主。其境内主要山脉有乌拉尔山脉、高加索山脉等，主要岛屿有萨哈林岛、法兰士约瑟夫地群岛、新地岛等。俄罗斯境内河流众多，伏尔加河全长3690千米，为欧洲最长河流。境内主要湖泊有贝加尔湖、拉多加湖、奥涅加湖和泰梅尔湖等。俄罗斯地大物博，广袤的国土赋予了俄罗斯丰富的自然资源。其森林覆盖面积为867万平方千米，占国土面积的51%，木材蓄积量为807亿立方米；已探明天然气蕴藏量为48万亿立方米，占世界探明储量的1/3以上，居世界第一位；石油探明储量为65亿吨，占世界已探明储量的12%至13%；煤蕴藏量为2000亿吨，居世界第二位；铁、铝、铀、黄金等的蕴藏量也均居世界前列。

城市之最

斐济海岸风光

斐济是南太平洋地区有名的天然良港和热带风光绚丽的旅游胜地。

世界最东端的城市

在辽阔的太平洋中，有一个以维提岛为主体的由800多个岛礁组成的岛国斐济。斐济的首都苏瓦位于该岛的东南岸，是世界最东端的城市。苏瓦城坐落在维多利亚火山的山坡上，三面环水，一面背山。由于离赤道很近，这里炎热多雨，所以街道两旁的椰子树、芒果树、槟榔树、榕树生长茂盛，树冠像一顶顶撑开的大伞，浓绿成荫。

世界最南端的城市

世界上最南端的城市要算乌斯怀亚了。它是南美洲阿根廷火地岛地区的行政中心，位于该岛的南部，地处南纬54° 50′。这个依山傍水的城市人口仅8000人左右，主要经济活动是渔产加工和转运本区出产的木材、羊毛等。但是，特有的地理位置使其成为通往南极洲的门户，因而名扬世界。乌斯怀亚距本国首都布宜诺斯艾利斯远达3200千米，距南极洲却只有800千米。从澳大利亚、新西兰等地乘船往南极洲，至少需要一周的时间，而由乌斯怀亚起航，越过德雷克海峡，两天便可到达。因此，对于前往南极洲探险和考察的人来说，乌斯怀亚是一个理想的起航和补给基地。另外，火地岛以南，智利内瓦利诺岛上的维利亚穆斯港位于南纬54° 57′，约有居民400人，堪称世界上最南端的居民点。

【百科链接】

世界上最北端的城市：

世界上最北端的城市是挪威的特里姆瑟城。该城地处北纬69° 43′，虽在北极圈内，但由于受到暖流影响，海港常年不冻，成为水上飞机基地，也是北冰洋捕鱼和捕海豹的中心。

世界海拔最高的首都

玻利维亚共和国位于南美洲的中部，境内群山丛集，地势高峻。它的法定首都是一个名叫苏克雷的小城市，但除最高法院以外，所有的政府机关都设在全国第一大城市拉巴斯，所以，拉巴斯是玻利维亚的真正首都。拉巴斯坐落于玻利维亚高原北部一条狭窄的河谷中，海拔高度达3500至3700米，是世界上海拔最高的首都。

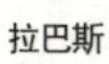

拉巴斯

拉巴斯是玻利维亚最大城市和经济、文化、交通中心，位于玻利维亚高原东部拉巴斯河谷内，西北距的的喀喀湖55千米，海拔3577米，是世界上最高的首都。

由于河谷中平地很少，拉巴斯城建在沿河两侧的山坡上，高低起伏很大。

人口密度 单位面积土地上居住的人口数，用“人/平方千米”表示。

世界上人口最多的城市

日本首都东京是世界上人口最多的城市。

东京铁塔

东京铁塔号称日本第一塔，矗立于东京都港区芝公园西侧，红白相间的塔身十分醒目，被视为东京市区的象征性建筑。

东京是一座现代化的国际城市，位于本州关东平原南端，下辖23个特别区、27个市、5个町、8个村以及伊豆群岛和小笠原群岛，总面积2155平方千米，人口约3530万。

东京是日本全国的政治中心，行政、立法、司法等国家机关都集中在这里。被人们称为官厅街的霞关一带聚集着国会议事堂、最高裁判所和外务省、通产省、文部省等内阁所属政府机关。东京也是日本的经济中心，日本主要的公司几乎都集中在这里。东京同它南面的横滨和东面的千叶地区共同构成了闻名日本的京滨叶工业区。东京金融业和商业发达，对内对外商务活动频繁。素有“东京心脏”之称的银座是当地最繁华的商业区。

东京还是日本的文化教育中心，各种文化机构密集，全国80%的出版社和规模大、设备先进的国立博物馆、西洋美术馆、国立图书馆等都坐落于此。作为一个国际性大都市，东京还经常举办各种国际文化交流活动，如东京音乐节和东京国际电影节等。

世界上人口最密集的城市

澳门平均每平方千米近2万人，比日本东京的人口密度还要高。澳门人口最密的是花王堂区，这里每平方千米超过10万人。另外，澳门每年还要接待近800万人次的外地游客，所以显得格外拥挤。澳门的人口密度高居世界榜首，被列入《吉尼斯世界纪录》。

澳门地处北回归线以南，受海洋和季风影响大，属亚热带海洋性气候。澳门有400多年的历史，长期以来中西文化的汇聚交流，使其成为一个独特的具有异域色彩的旅游城市。

澳门半岛上耸立着众多的欧式教堂及古老建筑，徜徉其间，仍可领略其昔日的风采和传统的韵味。东方最大的天主教堂——圣保罗教堂遗壁大三巴牌坊，岿然矗立，似乎在沉思着自己已逝的风光与辉煌。古老神奇的妈阁庙中供奉着天后娘娘妈祖，她祥和而仁慈，默默地倾听着朝拜者的心声。凼仔岛位于澳门半岛之南，环境优美，建筑别具风格。宏伟壮观的东亚大学、赛马场均建于此。赛马场前的广场上安放着金质四面佛，系从泰国请来，是澳门的主要观光点之一。

澳门大三巴牌坊

大三巴牌坊是葡萄牙侵略者于1602年所建的圣保罗大教堂的前壁，与教堂为邻的圣保罗大学在1835年失火，教堂受殃及而毁于大火，但坚石构造的前壁和石阶幸免于难并得以保存至今。

最早看见太阳升起的城市

能最早看见太阳升起的城市是南太平洋英属岛国图瓦卢首都富纳富提，它位于东经 179° 13′，紧临国际日期变更线。

富纳富提岛略呈瓢形，是由 30 多个礁屿组成的环礁，东部各礁屿大部相连成串，西部许多礁屿孤立存在，岛屿高度不超过海平面 5 米。1568 年，西班牙人最先到达这些岛屿，以后英、荷、法、美等国人相继来到。该岛于 1892 年沦为英国“保护地”，1943 年为美军基地。这里的居民讲图瓦卢语和英语，多信奉基督教。

富纳富提没有电视，也没有音乐厅，生活似乎很单调，有与世隔绝之感。但一到黄昏，当地男女常常成群结队地在海边、草地、中心广场上唱歌跳舞，怡然自乐，似身处“桃花源”般无忧无虑。

努库阿洛法市政厅

努库阿洛法濒临海港，风景优美，城内绿茵遍地，四时鲜花不断。1000 多年的王朝历史在努库阿洛法城中留下了多处古迹，给这座城市增添了几分人文气息。

最后看见太阳落山的城市

最后看见太阳落山的城市是南太平洋汤加王国的首都努库阿洛法。它位于汤加的汤加塔布岛北海岸中部，是汤加最大的海港。

努库阿洛法是西半球最西的首都（根据经线），也是东半球最东的首都（根据国际日期变更线），是最先庆贺元旦的首都。在努库阿洛法有一家日界线饭店，它用大字招贴声明汤加是“世界上最先升起太阳的国家”，以招徕世界各地的旅游者。

努库阿洛法市内最醒目的古建筑是于 1867 年建造的皇宫，它是汤加最大最漂亮的维多利亚式建筑。努库阿洛法郊外有一座哈安蒙胧加三石塔，是这座皇宫的拱门，它是古代汤加人用大型独木舟从瓦里斯岛运来大石头建造的。该市还有用重 40 吨的巨石制成的“日历”。这块“日历”顶端刻着一年中最长和最短一天的日期，并且有太阳升起时的标记。

伊斯坦布尔的蓝色清真寺

风光秀丽、古迹繁多、交通便利、商业发达，使伊斯坦布尔成为一座世界著名的旅游城市，也是欧亚两大洲共有的一颗明珠。

【延伸阅读】

独一无二的跨洲名城是哪座城市？

土耳其是一个地跨亚欧两洲的国家，其国内有一个举世无双的跨洲名城——伊斯坦布尔。作为亚欧两洲分界线的博斯普鲁斯海峡从该城通过，市区沿海峡两侧和马尔马拉海滨伸展达 40 千米。海峡两岸的欧洲部分被深入内地的狭长的金角湾分为两个小区，北为贝约卢区，南为旧城区，海峡东岸的亚洲部分为于斯屈达尔区。伊斯坦布尔是出入黑海的门户，正扼欧亚陆上交通要冲，海峡两岸有铁路和公路分别通向欧、亚各地。

桥梁最多的城市

意大利的威尼斯是世界著名的水上城市，也是世界上桥梁最多的城市。它位于亚得里亚海的北端，坐落在离大陆4千米的拉古纳湖中。威尼斯市内及其周围环绕着177条人工或天然的河道，其中有的宽达70米，而大多数只有2至3米宽。全部河道的总长度可达45千米。

威尼斯小船贡多拉

贡多拉是威尼斯特有的交通工具，它船身狭长，首尾翘起，适宜在狭窄的水巷中穿行。

为了连接城市的各个部分，威尼斯人建造了400多座各式各样的桥梁。这些桥造型千姿百态，风格各异，有的如游龙，有的似飞虹，有的庄重，有的小巧。其中最著名的利亚德桥是一座单孔拱桥，用大理石砌成，建于1592年前后，桥长48米，宽22米。威尼斯与大陆之间还建有一座长4千米的铁路大桥，此外，还有一座由228个拱组成的公路大桥。市内的水上交通工具主要是汽艇以及一种名叫贡多拉的小船。

威尼斯本地人口大约有36万，每年有300多万人从世界各地前来参观游览，感受威尼斯的美丽和浪漫。

最安全的城市

2005年3月15日揭晓的“全球最安全城市”榜单上，欧洲小国卢森堡大公国首都卢森堡位列榜首。卢森堡大公国位于欧洲西北部，东邻德国，南毗法国，西部和北部与比利时接壤。

卢森堡大公国被称为“千堡之国”，首都卢森堡市原来就是一座古堡。早在3世纪，人们就已开始在现在市区的布克附近的岩石上修建城堡，而到了10世纪又在原地重建了一座要塞城堡——这被认为是卢森堡建市的雏形。

卢森堡大公国是一个富有而和平的国度，经济实力强，政局稳定，国际关系良好，人民追求和平，生活富裕而安定。

高层建筑最多的城市

上海是世界上高层建筑最多的城市。上海的高层建筑有4000多座，主要集中在浦东陆家嘴和人民广场。改革开放以来，一大批具有现代气息和民族风格的高层建筑竞相出现，光彩夺目。单以建筑体型来说，就有联谊大厦和瑞金大厦的“方”，金桥大厦和新锦江的“圆”，

卢森堡维安登古堡

维安登古堡是中世纪时欧洲非常著名的城堡，以公元4世纪罗马时代的一个要塞为基础，在11至13世纪逐渐扩建形成。它位于乌尔河谷旁的小山丘的制高点上，有着圆锥状的螺塔和坚固的城墙。

花园酒家的“板式”，城市酒家的“锯齿”，太平洋饭店的“弧形”，扬子江酒家的“几何斜面”，虹桥和银河宾馆的“三角斜面”，锦沧文华的“骨牌”，锦明与晚报大楼的“八角双塔”，解放日报大楼的“方棱组合”，还有太阳广场大厦的“U”字形，波特曼的“山”字形，华亭宾馆的风车形，电管大楼的凹凸型，以及明天广场的棱锥体形，上海外滩活动中心的白玉兰形，金茂大厦的宝塔形，等等。

上海浦东风光

上海高楼林立，是我国最繁华的国际大都市，这里不仅经济繁荣，也有着深厚的文化底蕴。

上海地处长江三角洲前缘，东濒东海，南临杭州湾，西与富庶的江苏、浙江毗邻，北界黄金水道长江入海口，是我国最大的城市之一，最重要的经济金融中心、交通枢纽和对外贸易口岸，也是我国科学技术、文化教育事业的重要基地。全市陆地面积为6340.5平方千米，其中外环线以内的主城区面积610平方千米。

消费水平最高的城市

瑞士银行2005年的一项调查发现，挪威奥斯陆、中国香港和日本东京是世界上消费水平最高的3个城市。

孟买印度门

孟买印度门是1911年为纪念来访的英国国王乔治五世在此登陆而建，此门是孟买的象征，也是游览孟买的游客的必到之地。其建筑设计融合了印度和波斯文化，形式与法国凯旋门极为相似。现在它已成为印度的标志性建筑，也是政府迎接各国贵宾的重要场所。

这项调查结果显示，如果依据西欧人的消费习惯，不把房租考虑在内，同样的商品和服务在奥斯陆的价格是全球平均价格的2倍；如果把房租计算在内，香港则是全球生活最昂贵的城市，其次是伦敦和纽约。相比之下，花费最少的城市是印度的孟买、阿根廷首都布宜诺斯艾利斯、乌克兰首都基辅、罗马尼亚首都布加勒斯特和保加利亚首都索非亚。

就地区而言，西欧和北美洲国家消费水平最高，物价比全球平均水平高出25%。如果按消费种类细分，则东京的食品价格最贵；芝加哥、纽约、东京和奥斯陆的男装价格最贵；东京、纽约和芝加哥的女装价格最贵；新加坡的汽车售价最高，其次是奥斯陆、哥本哈根和雅典。

根据2006年美国美世人力资源咨询公司对世界144个城市进行综合评估后得出的全球物价最高城市榜单，莫斯科已超过东京，成为世界物价水平最高的城市。这次综合评估的评估因素包括住房、交通、食物在内的200多个考察对象的相对价格。专家分析认为，世界各城市物价水平排名的变化，主要原因是各国货币汇率的变动。而莫斯科排名上升则是由于近来出现的房地产热导致莫斯科住房价格飞速上涨。

2007年《经济学人》杂志的调查显示，全球消费水平最高的城市是挪威首都奥斯陆，紧随其后的是法国巴黎、丹麦哥本哈根和英国伦敦。

名字最长的城市

世界上名字最长的城市是曼谷。你一定会感到奇怪，“曼谷”不就两个字吗，怎么会是最长的名字呢？其实，“曼谷”二字并非泰国首都的本名，而是外国人对它的称呼，最初通用于西方，现译为“曼谷”是沿用华侨的翻译。

曼谷玉佛寺

玉佛寺位于泰国首都曼谷大王宫东北角，是泰国最著名的佛寺。玉佛寺大院中有三座壮丽的宝塔，其中一座锡兰式金塔内藏佛陀舍利子，塔外层的金色陶瓷来自意大利。

泰国人称自己的首都为“恭贴”，意即“仙都”，或称“恭贴玛哈那空”，意即“大仙都市”。但这些名称都还只是这座城名的简称，它的全称用汉语音译过来，共有67个字，即“恭贴玛哈那空，阿蒙叻达纳哥信，玛杳特拉瑜他耶，玛哈底陆魄，诺帕叻特纳拉察他尼布里隆，乌童拉察尼卫玛哈萨坦，阿蒙披曼阿哇丹萨蒂，萨格塔底耶维萨奴甘巴席”。这样长的名字如果译为罗马字母，则长达156个字，可谓世界上最长的地名了。其含义是，“天仙之都，供奉玉佛的皇都，攻不克的京城，幸福的京都，富饶雄伟的世界都城，琼楼玉宇的仙宫，毗湿奴住的天宫，毗湿奴建的，因陀罗赐的都城。”据研究，这样长的地名和历史上泰国君主的尊号有关，因为尊号越长，就越能显示其地位的至高无上。

音乐气氛最浓厚的城市

奥地利以美丽的多瑙河和森林景色著称，潺潺流水和葱葱绿意给音乐家提供了不少灵感。奥地利首都维也纳是世界音乐之都，世界上应该没有第二个像维也纳这样沉浸在浓厚音乐气氛中的城市。在“蓝色”的多瑙河畔，时时处处可闻优美的旋律。这里天才涌现，名家辈出，贝多芬、莫扎特、施特劳斯等音乐大师，名垂千古。这里的音乐艺术发展不衰，世界著名的音乐家云集此地，一年一度的新年音乐会闻名全球。

维也纳全市共有五大交响乐团，不计其数的小乐团，剧院23个，还有大量的音乐厅。每天晚上，各个剧院座无虚席，观众会穿上最新颖、最漂亮的服装来观看演出，聆听音乐。就连维也纳街头，或饭店、咖啡馆等场所，也洋溢着音乐之声。

已知最古老的城市

1935年2月10日，宾夕法尼亚大学博物馆宣布，考古学家在美索不达米亚北部地区挖掘德彼高拉大土丘时发现了已知最古老的城市遗址。

考古学家挖出来的部分，包括一座庙宇的墙和个人居处、家用陶器、刀和磨石，还有妇女化妆品的容器、锭子、用织布机织的衣服以及其他一些器皿。另外，考古学家还发现一些有木制棺材的坟墓，里面还有尸体，随葬的珍贵物品都原封未动。

这座新发现的城市可追溯到公元前3750年，比已知最早的迦勒底古城还古老。

维也纳金色大厅

金色大厅是维也纳最古老、最现代化的音乐厅。其金碧辉煌的建筑风格和华丽璀璨的音响效果使其无愧于金色的美称。这里也是每年举行维也纳新年音乐会的法定场所。

Part 5

文化艺术之最篇

文学之最

现存最早的传记文学

《史记》是我国纪传体史学的奠基之作，也是世界上最早的传记文学作品。书中全面记述了上古至汉初3000年来的政治、经济、文化等多方面的历史情况，是我国古代历史的伟大总结。

《史记》书影

《史记》最初没有固定书名，一般称为《太史公书》，或称《太史公记》，《史记》本来是古代史书的通称，从三国开始，《史记》由通称逐渐成为《太史公书》的专名。梁启超称赞这部巨著是“千古之绝作”，鲁迅誉之为“史家之绝唱，无韵之《离骚》”。

《史记》包括本纪、表、书、世家和列传，共130篇，52万余字。本纪叙述历代帝王的政绩；表是各个历史时期的简单大事记；书是个别事件始末的文献记载，分别叙述天文、历法、水利、经济、文化、艺术等方面的发展和现状，与后世的专门科学史相近；世家主要叙述贵族王侯的生平；列传则是各种不同类型、不同阶层人物的传记。

《史记》的作者是司马迁，他既给“成功英雄”刘邦立传，也给“失败英雄”项羽立传；他不仅为达官贵人立传，也在“游侠列传”、“滑稽列传”中为鸡鸣狗盗之辈立传；他甚至也给反面人物立传，在“佞幸列传”中勾勒了不少丑恶的形像。《史记》是古代散文的楷模，从唐宋八大家，到明代前后七子、清代的桐城派，都对《史记》推崇备至。

最早的科幻小说

科幻小说是一种文艺创作，它的情节虽然不可能发生在人们已知的世界上，但必须以科学为大前提，情节的推展也必须尽量合乎科学逻辑。许多资料称，2世纪希腊作家卢西安创作的《真实的历史》是世界上第一部科幻小说。在这篇著作中，一艘船被巨大的水龙卷送到了月球，船上的人被牵涉进一场月球帝国和太阳帝国的战争。小说中虽然没有引入鬼神法术等观念，但在今天看来，它还是缺乏科学依据的。因此，著名科幻小说作家阿西莫夫和奥尔迪斯把现代意义上的第一部科幻小说定为1818年英国诗人雪莱的妻子玛丽·雪莱创作的《弗兰肯斯坦》。

玛丽·雪莱

玛丽·雪莱（1797～1851），英国著名小说家，因于1818年创作了文学史上第一部科幻小说《弗兰肯斯坦》（或译《科学怪人》）而被誉为“科幻小说之母”。她是英国著名浪漫主义诗人雪莱的第二任妻子。

《弗兰肯斯坦》故事情节很简单：青年科学家弗兰肯斯坦利用死人的器官和组织拼合出了一个人体，并在一次雷击下使其拥有了生命，可这个天性善良的“组合人”却因面貌丑陋而不容于世界，整个故事以悲剧收场。玛丽·雪莱并没有意识到她的这部小说创造了一个崭新的体裁。在浪漫幻想、宣泄情感、尊崇自由、弥漫神秘的特点之下，《弗兰肯斯坦》第一次在文艺创作中引入了现代的科学原理和技术发明，使得它在浪漫主义和现实主义、幻想与科学之间找到了一个平衡点。

最短的科幻小说

世界上最短的科幻小说仅25个字。美国近代著名科幻小说家弗里蒂克·布朗曾写过一篇就目前来说世界上最短的科幻小说。这篇小说译成现代汉语恰好是25个字，仅一句话：

地球上最后一个人独自坐在房间里，这时，忽然响起了敲门声……

尽管只有一句话，但它同样具备小说的特点。就小说的三要素而言，有人物（一个人）、有情节（一个人独坐，听到敲门声）、有环境（仅有一人的地球上的某房间里）。这25个字促使读者追究、探求的问题太多了：地球上怎么会只剩下一个人？其他人都到哪里去了？是去往别的星球还是都死了？既然地球上仅剩一个人，那么敲门的又是谁呢？是人类，是外星人，还是其他高智能的动物？……总之，它会使每个读者都产生多维而丰富的联想和想象，有一百个读者，就会有一百个关于“地球上最后一个人”的故事。

最早的长篇小说

日本女作家紫式部的《源氏物语》是日本最早的长篇小说，作品人物心理描写细腻，情节曲折。同时，它也是世界最早的长篇小说。

物语是日本的一种由口头说唱发展而来的传奇文体，受到中国汉魏六朝及唐代传奇文学的影响。《源氏物语》以缠绵的笔意、典雅的语言、曲折的情节体现了日本的民族风格，标志着物语文学发展的顶峰，对日本后世文学的创作和发展具有深远的影响。它被称为日本的“国宝”。

克伦威尔

克伦威尔（1599～1658），英国17世纪资产阶级革命的领袖、政治家和军事家，他领导国议军在英国内战中大获全胜。他是才干杰出、叱咤风云的军事将领，是使国会民主政体成为英国政体的关键性人物。

《源氏物语》全书54回，近百万字，分两部分：前44回写源氏极享荣华、伴随感情纠葛的一生，是作品的中心内容；后10回写源氏之子薰（实为三公主和柏木大将的私生子）与宇治山庄女子之间错综的爱情故事。小说历经4代天皇、跨越70多个年头，登场人物数以百计，仅主要人物就有几十人之多。《源氏物语》在艺术上最大的成功之处是塑造了源氏及众多女性形象。

《源氏物语绘卷》插图

《源氏物语》是日本宫廷女作家紫式部创作的日本最早的长篇小说，也是当时世界上最早的长篇小说。这篇小说以源氏为典型的代表人物，描绘了这位贵族公子一生中荣华富贵及浮沉不定的命运。《源氏物语绘卷》根据《源氏物语》绘制而成，是日本12世纪著名的故事连环画。

【百科链接】

第一篇浪漫主义宣言：

1827年，雨果发表剧本《克伦威尔》及其序言。那篇序言被认为是法国浪漫主义的宣言，成为文学史上划时代的文献，对法国浪漫主义文学的发展起了很大的推动作用。

世界上最长的史诗

《格萨尔王传》手抄本

现藏于中央民族大学。《格萨尔王传》是世界上迄今发现的演唱篇幅最长的史诗，它既是族群文化多样性的熔炉，又是多民族民间文化可持续发展的见证。

世界上最长的史诗是我国的《格萨尔王传》。

世界上许多民族都有史诗，但大多随着时间的推移失传了，仅有少数被人们以文字形式记录下来，成为人类共同的瑰宝，比如，古希腊史诗《伊利亚特》、《奥德赛》。我国的《格萨尔王传》至今仍有行吟诗人口头传唱，是具有史诗原生态标本意义的、活着的史诗。

《格萨尔王传》诞生于我国藏区，流传于藏、蒙古、纳西、裕固、白等民族，是一部流传地域辽阔，影响众多民族的史诗，也是世界上篇幅最长的史诗。它至少有120部、100多万行、2000多万字。仅藏族最著名的说唱艺人扎巴老人1986年去世前留下的部分，就有25部、600余万字，相当于《荷马史诗》的25倍。

《格萨尔王传》这部英雄史诗，通过对主人公格萨尔一生不畏强暴、不怕艰难险阻，以惊人的毅力和神奇的力量征战四方的英雄业绩的描述，热情讴歌了正义战胜邪恶、光明战胜黑暗的斗争。降妖伏魔、惩恶扬善、除暴安良、抑强扶弱、维护公理、伸张正义的主题思想像一根红线，贯穿了整部史诗。正因为反映了人民的疾苦，表达了人民的心声，《格萨尔王传》在深受苦难的藏族人民中引起了强烈的共鸣。

千百年来，《格萨尔王传》以其丰富的文化内涵，引人入胜的故事情节及精湛的艺术魅力吸引了千百万人。

世界上最早、最大的百科全书

百科全书通常指一大套概要介绍人类一切门类知识或某一门类知识的工具书。百科全书可以是综合性的，包含所有领域的相关内容；也可以是专科的，只介绍某一领域的知识。

中国明朝的《永乐大典》是最早的近乎于现代意义上的百科全书，它是我国古代编纂的一部大型类书，是中华民族珍贵的文化遗产。

《永乐大典》成书于永乐二年（1404年），是明成祖朱棣为了炫耀文治，命解缙、姚广孝、王景、邹辑等人纂修的。全书正文22877卷例，目录60卷，装成11095册，总字数约3.7亿字。书中保存了我国上自先秦，下迄明初的各种典籍资料8000余种，是我国古代最大的百科全书。1860年，英法联军洗劫京城，该书毁损遗失了许多。建国后，我国文史专家又陆续开始搜集。目前，《永乐大典》残本星散于世界各地公私藏家之手，大约400册，800余卷，不到原书的4%。

《永乐大典》书影

《永乐大典》初名《文献大成》，是我国古代编纂的一部大型类书，收录《永乐大典》的图书均未删改，是中华民族珍贵的文化遗产，也是中国古代最大的百科全书。

百科全书　概要记述人类一切门类知识或某一门类全部知识的工具书。

世界上内容最广泛的百科全书

《大英百科全书》又名《不列颠百科全书》，诞生于1768年，历经200多年修订、再版与完善，1974年推出的第15版是最负盛誉的百科全书之一，也是目前世界上内容最广泛的百科全书。

《大英百科全书》的条目均由世界各国著名的学者、各个领域的专家撰写，对主要学科、重要人物和事件都有详尽介绍和叙述，其学术性和权威性已为世人所公认。1994年，《大英百科全书》发布了网络版。作为互联网上第一部百科全书，它受到了各方好评，多次获得电子出版物有关奖项。《大英百科全书》（网络版）的用户遍及世界各高校、中小学、公共图书馆及政府机构，是世界上使用最广泛的电子参考工具之一。

《大英百科全书》（网络版）除包括印本内容外，还包括最新修改和大量印本中没有的内容，可检索词条达到9.8万个，共收录了322幅手绘线条图、9811幅照片、193幅国旗、337幅地图、204段动画影像、714张表格。此外，还精心挑选了20余万个优秀网站的链接，并提供150种期刊的浏览。

《诗经》书影

风、雅、颂、赋、比、兴是《诗经》的“六义”，前三个说的是内容，后三个说的是手法。《风》、《雅》、《颂》三部分内容是依据音乐的不同而划分的。

世界上最早的一部诗歌总集

《诗经》是我国第一部诗歌总汇，也是世界上最早的一部诗歌总集。《诗经》共收入了自西周初年至春秋中叶大约500多年间的诗歌305篇，分风（160篇）、雅（105篇）、颂（40篇）三大部分。它们都得名于音乐。

“风”的含义是声调，古人所谓的《秦风》、《郑风》，就如同现在我们所说的陕西调、河南调。十五国风是出自各地的民歌，是《诗经》中文学成就最高的一部分，有对爱情、劳动等美好事物的吟唱，也有怀故土、思征人及反压迫、反欺凌的怨叹与怒号。“雅”是正的意思，周代人把正声叫作雅乐，犹如清代人把昆腔叫作雅部，带有一种尊崇的意味，分《大雅》、《小雅》，多为贵族祭祀、祈丰年、颂祖德的诗歌。“颂”是用于宗庙祭祀的乐歌。

世界上收录汉字最多的一部大字典

《康熙字典》是世界上收录汉字最多的一部大字典。该书的编撰工作始于康熙四十九年（1711年），完成于康熙五十五年（1716年），历时六年，是清康熙年间文华殿大学士张玉书、陈廷敬等30多位著名学者奉诏编撰的。

《康熙字典》依据明代梅膺祚的《字汇》和张自烈的《正字通》增补扩充而成，并附有《补遗》、《备考》，收录冷僻和音义不全的字。全书共分为12集，每集又分为上、中、下三卷，共收录汉字47035个，为汉字研究的主要参考文献之一。

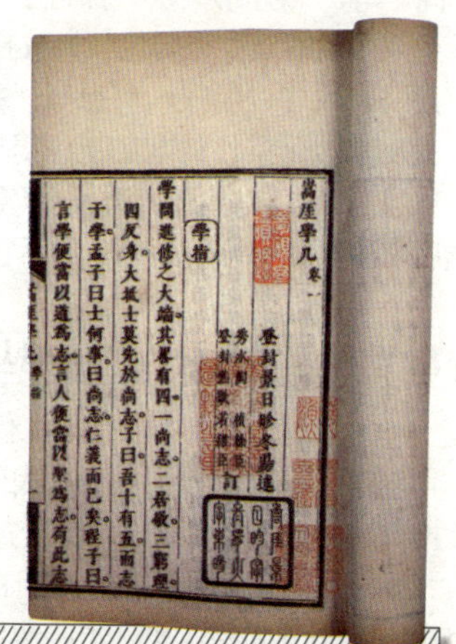

《康熙字典》书影

《康熙字典》是张玉书、陈廷敬等30多位著名学者奉诏编撰的一部具有深远影响的汉字辞书，共收录汉字47035个，为汉字研究的主要参考文献之一。

世界上最早的兵书

《孙子兵法》是世界上最早的一部兵书，也是中国古典军事文化遗产中的璀璨瑰宝，其内容博大精深，思想精邃富赡，逻辑缜密严谨，作者为春秋时期伟大的军事家孙武，大约成书于春秋末年。该书问世以来，对中国古代军事学术的发展产生了巨大而深远的影响，被人们尊奉为“兵经”、“百世谈兵之祖”。历代兵学家、军事家无不从中汲取养料，以指导战争实践和发展军事理论。

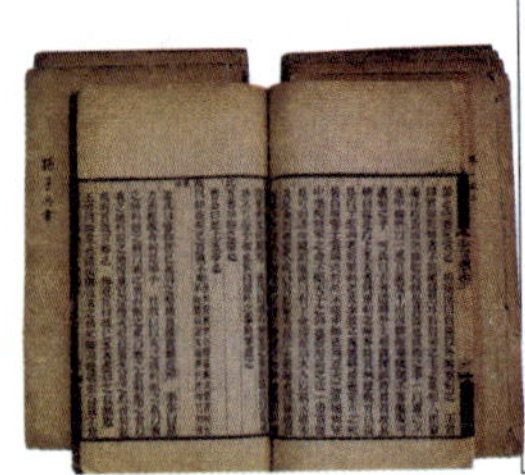

清版《孙子兵法》书影

《孙子兵法》成书于春秋末期，是我国古代流传下来的最早、最完整、最著名的军事著作，在中国军事史上占有重要的地位，其军事思想对中国历代军事家、政治家、思想家产生了深远的影响。《孙子兵法》现已被译成日、英、法、德、俄等十几种文字，在世界各地广为流传，享有“兵学圣典”的美誉。

《孙子兵法》全书共13篇，有《计》、《作战》、《谋攻》、《形》、《势》、《虚实》、《军争》、《九变》、《行军》、《地形》、《九地》、《火攻》、《用间》等。《孙子兵法》探讨了与战争有关的一系列矛盾的对立和转化，如敌我、主客、众寡、强弱、攻守、胜败、利患等，并在研究种种矛盾及其转化条件的基础上，提出了战争的战略和战术。其语言叙述简洁，内容富有辩证法思想，后来的很多将领用兵都受到了它的影响。

世界上古代最大的一部丛书

《四库全书》是中国古代最大的一部官修书，也是世界上古代最大的一部丛书。据文津阁藏本，该书共收录古籍3503种、79337卷。“四库”之名源于初唐，当时的官方藏书分为经、史、子、集四个书库，号称“四部库书”，或“四库之书”。经史子集四分法是我国古代图书分类的主要方法，它基本上囊括了古代所有图书，故称“全书”。

《四库全书》的编纂过程共分四步：第一步是征集图书，征书工作从乾隆三十七年（1772年）开始，至乾隆四十三年（1778年）结束，历时七年之久，共征集图书12237种；第二步是整理图书，提出应抄、应刻、应存的具体意见，三审之后，送呈御览；第三步是抄写底本；第四步是校订。校订是最后一道关键性工序，书经分校、复校两关之后，再经总裁抽阅，最后装帧谨呈。分校、复校、总裁等各司其职，对于保证《四库全书》的质量起了重要作用。

乾隆四十六年（1781年）十二月，第一部《四库全书》终于抄写完毕并装帧谨呈。接着又用了将近三年的时间，抄完第二、三、四部，四部分贮文渊阁、文溯阁、文源阁、文津阁珍藏，即所谓的“北四阁”。从乾隆四十七年（1782年）七月到乾隆五十二年（1787年）又抄了三部，分贮江南文宗阁、文汇阁和文澜阁珍藏，即所谓的“南三阁”。每部《四库全书》装订为36300册，6752函。七阁《四库全书》都钤有玺印，如文渊阁藏本册首钤“文渊阁宝”朱文方印，卷尾钤“乾隆御览之宝”朱文方印。

文渊阁《四库全书》

《四库全书》是清乾隆年间编修的百科全书，它汇集了从先秦到清代前期的主要典籍。此书原抄七部，分置七阁，今存世者仅文渊阁、文溯阁、文津阁三部及文澜阁残本，其中以文渊阁本最为完备。

最早的悲剧作家

埃斯库罗斯出身于雅典的一个贵族家庭，是古希腊悲剧诗人之一，也是世界上最早的悲剧作家，被称为“悲剧之父”。相传他创作了70部悲剧，但流传至今的只有7部：《乞援人》、《波斯人》、《七将攻忒拜》、《被缚的普罗米修斯》、《阿伽门农》、《奠酒人》和《报仇神》。除《波斯人》之外，其他的都取材于希腊神话。

他最著名的悲剧作品要数《被缚的普罗米修斯》，它讲述的是英雄普罗米修斯为争取人类的幸福而受到宙斯的折磨，但仍坚强不屈、誓不低头的故事。作家通过这一个剧本讴歌了人类的希望与理性。《被缚的普罗米修斯》首次打破当时的演出格局，把演员从一个增加为两个，加强了对话部分，使演员的对话成为主体，完成了从集体歌舞向戏剧的飞跃。因此，埃斯库罗斯是古希腊戏剧的奠基人。

最早的喜剧作家

古希腊最著名的喜剧作家是阿里斯托芬。他是人们公认的“喜剧之父”，是世界上第一位喜剧作家。古希腊喜剧出现在悲剧之后，在雅典城邦发生危机的时代最为繁荣。由于它取材于当时的现实生活，反映的是人们普遍关心的政治和社会问题，因此比古希腊悲剧更具强烈的政治战斗性。

据说阿里斯托芬共写过44部喜剧，但现存的仅11部。他的喜剧作品题材广泛，其中对战争与和平问题关注最多。《阿卡奈人》是阿里斯托芬最著名的反战喜剧作品；《鸟》是他唯一以神话幻想为题材的喜剧；而《财神》则抒发了他渴求平等的思想。

阿里斯托芬善于采用夸张的手法，以漫画式的形象构成强烈的讽刺。他的作品体现了他纵横驰骋的想象力，有虚构的离奇荒诞的情节，也有种种特殊性格的人物。作品的语言文字来自民间，朴实自然，诙谐生动，时而粗犷，时而婉转，有的像政论，有的像诗歌。

阿里斯托芬像

阿里斯托芬（约公元前446～公元前385），古希腊喜剧作家。相传他写有44部喜剧，现存《阿卡奈人》、《骑士》、《和平》、《鸟》、《蛙》等11部，有“喜剧之父”之称。

世界上最早创作侦探小说的作家

埃德加·爱伦·坡是美国著名的短篇小说大师。他在一生短短40年中留下了不少使人难以忘怀的作品。他擅长刻画人物，以描写怪诞的心理现象闻名，而其故事情节又以渲染恐怖的气氛著称。他的推理手法使他的小说成为现代侦探和推理小说的先驱。其推理小说的代表作是《失窃的信》。睿智的杜平侦探是他的一系列小说中破解谜团的主角，但他的破案方法却是由一位远说不上聪明的叙述者来讲述的，就像柯南道尔的小说中福尔摩斯的故事是由不太睿智的华生医生来讲述的一样。

埃德加·爱伦·坡

埃德加·爱伦·坡是19世纪美国诗人、小说家和文学评论家，被誉为侦探小说鼻祖、科幻小说先驱之一、恐怖小说大师、象征主义先驱之一等。

世界上写作时间最长的诗剧

《浮士德》的作者歌德是德国著名诗人，也是欧洲启蒙运动后期最伟大的作家，他20多岁就写出了世界名著《少年维特之烦恼》。而他的巨著《浮士德》则是世界上写作时间最长的诗剧，前后共花了60年时间。

《浮士德》取材于德国16世纪关于浮士德博士的传说，是一部长达12111行的诗剧，第一部不分幕，25场，第二部分5幕，27场。全剧没有首尾连贯的情节，而是以浮士德思想的发展变化为线索，表达了作者深刻的人生体验——生活就是追求。浮士德是一个有着极丰富的象征意义的艺术形象。他自强不息、追求真理，为了探求人生的意义将灵魂卖给了魔鬼。他经历了书斋生活、爱情生活、政治生活、追求古典美和建功立业五个阶段。这五个阶段都有现实的依据，它们高度浓缩了从文艺复兴到19世纪初期几百年间德国乃至整个欧洲资产阶级探索和奋斗的精神历程。

《浮士德》构思宏伟，内容复杂，结构庞大，风格多变，熔现实主义与浪漫主义于一炉，将真实的描写与奔放的想象、当代的生活与古代的神话传说杂糅一处，善于运用矛盾对比的方法安排场面、配置人物，时庄时谐、有讽有颂，形式多样、色彩斑驳，达到了极高的艺术境界。它和《荷马史诗》、但丁的《神曲》及莎士比亚的《哈姆雷特》并称欧洲文学的四大古典名著。

歌德像

歌德（1749～1832），18世纪中叶到19世纪初欧洲最重要的作家、诗人，他的一生跨两个世纪，处于欧洲封建制度日趋崩溃、革命力量不断高涨的大变革时代。在这种社会浪潮中，歌德不断接受先进思潮，从而加深了自己对社会的认识，创作出了大量优秀的作品。

世界上最早的社会主义现实主义长篇小说

世界上最早的社会主义现实主义长篇小说是《母亲》，发表于1906年，作者是世界无产阶级文学最早的代表、苏联社会主义文学的奠基人高尔基。《母亲》是无产阶级文学中最早的一部广泛描写无产阶级革命斗争的长篇小说，也是社会主义现实主义文学最早的典范作品。它的出现标志着无产阶级文学的成熟，列宁赞誉它是“一本非常及时的书”。

高尔基

高尔基（1868～1936），苏联伟大的无产阶级作家，“无产阶级艺术最伟大的代表者”，社会主义现实主义文学的奠基人，无产阶级文学导师，苏联文学的创始人。

《母亲》主要反映了俄国1905年革命准备时期如火如荼的工人运动，它成功地塑造了世界文学史上以巴威尔和他的母亲尼洛夫娜为代表的第一批自觉的无产阶级革命者的英雄形象。作品通过这些光辉形象，反映了俄国工人阶级和广大革命群众在马克思主义理论的指导下，在无产阶级革命斗争中成长的过程，揭示了马克思列宁主义理论和社会民主工党在指导和组织革命群众过程中的巨大作用，以及资本主义必然灭亡、社会主义必然胜利的历史规律，热情歌颂了无产阶级敢于斗争、善于斗争、勇于牺牲、前仆后继的革命英雄主义和革命乐观主义精神。

《母亲》问世后，先后在欧洲及世界不少国家翻译出版，对国际工人运动和民族解放运动以及无产阶级文学的发展产生了积极的影响。

世界上最早塑造无产阶级领袖形象的作品

世界上最早塑造无产阶级领袖形象的作品，是1924年发表的长篇政治抒情诗《列宁》，作者是苏联十月革命的伟大歌手、苏联无产阶级诗歌的奠基人和革命家马雅可夫斯基。

马雅可夫斯基

马雅可夫斯基（1893～1930），是苏联著名的诗人，早年参加未来派诗歌运动，还参加了布尔什维克党的活动。马雅可夫斯基的许多作品都有中文译本，对中国一些诗人的创作有较大影响。

长诗《列宁》包括序诗和正文的三个部分：第一部分运用历史唯物主义观点叙述了200多年的欧洲资本主义发展史和国际革命运动史，说明列宁主义产生的历史必然性和它所具有的国际意义；第二部分写列宁和党领导的一系列重大的人民革命斗争，突出了列宁体现人民意志的历史作用及其坚定的原则性和科学的预见性，同时强调了列宁和党与人民的血肉联系，歌颂了列宁的伟大功绩；第三部分写列宁逝世后，苏联人民和世界劳动人民哀悼他，并决心继承他的遗志，完成他所开创的不朽事业。长诗以饱满的激情，塑造了革命领袖列宁的光辉形象，对列宁极其丰富的革命理论和实践活动作了艺术的概括，热情歌颂了列宁和他不朽的事业。

长诗《列宁》不仅标志着社会主义现实主义创作原则在诗歌创作中的成功实践，而且为苏联社会主义现实主义诗歌文学奠定了坚实的基础。

【百科链接】

世界上最早的寓言集：

《伊索寓言》，相传为公元前6世纪古希腊奴隶伊索所编。全书通过简短而精练的小寓言故事来体现日常生活中那些不为我们察觉的真理。

世界上最早系统阐述文艺理论的著作

最早系统阐述文艺理论的著作是古希腊亚里士多德所著的《诗学》。

《诗学》可以分为五大部分：第一部分包括第一到五章，主要分析了各种艺术所摹仿的对象、摹仿所采用的媒介和方式，以及各种艺术由此而形成的差别，进而指出了诗的起源，还追溯了悲剧与喜剧的历史发展；第二部分包括第六到二十二章，讨论了悲剧及其构成要素和写作风格等；第三部分包括第二十三到二十四章，讨论的是史诗；第四部分是第二十五章，讨论批评家对诗人的指责，并提出反驳这些指责的原则和方法；第五部分是第二十六章，比较了史诗与悲剧的高低。《诗学》探讨了一系列值得重视的理论问题，如人的天性与艺术摹仿的关系，构成悲剧艺术的成分，悲剧的功用，情节的组合，悲剧和史诗的异同等。《诗学》提出的某些观点，如情节是对行动的摹仿，诗评不应套用评论政治的标准等，在当时具有可贵的创新意义。这篇不朽的著作集中地反映了一种新的、比较成熟的诗学思想。

列宁像

列宁原名弗拉基米尔·伊里奇·乌里扬诺夫，是全世界无产阶级和劳动人民的革命导师和伟大领袖，他在新的历史条件下发展了马克思主义，创立了列宁主义。

《诗学》强调了诗的“自我完善”，却没有提及希腊悲剧的起源和发展的宗教背景，也忽略了悲剧的存在、兴盛和趋于衰落的社会原因。悲剧人物固然应对自己的抉择（或决定）和行动负责，但在某些作品里，命运的制约或神的催动是导致悲剧性结局的重要原因。而《诗学》对此没有给予应有的重视。

最早写无韵体诗的人

无韵体诗又叫素体诗，是英国格律诗的一种。这种诗每行由 5 个抑扬格音步，即 10 个音节组成，每首行数不拘。世界上最早写无韵体诗的人是文艺复兴时期的英国诗人萨利，无韵体诗即因他的作品不押韵的特点而得名。萨利在英国诗坛上影响深远，其后的莎士比亚、弥尔顿等都曾用这种诗体写过剧本和叙事诗。

世界上最早的无产阶级文学刊物

世界上最早的无产阶级文学刊物是《北极星》，1837 年由英国宪章派创办。它经常刊载工人的诗歌，其中也包括著名作家琼斯、林顿等人的诗歌。这些诗歌短小精悍、鼓动性强，适合于集体歌唱。刊物从工人阶级的切身利益出发，号召工人兄弟起来为争取自己的权利而斗争，具有明确具体的政治目的。它为宪章运动文学的形成和发展，准备了一定的文化基础。

世界上最早的无产阶级文学评论

世界上最早的无产阶级文学评论是英国宪章运动作家的文学评论。19 世纪 40 年代初，苏格兰宪章派主办的《宪章通报》和其他刊物，对弥尔顿、彭斯、拜伦、雪莱、狄更斯等人作品的进步思想和社会意义进行了评论。

英国政府镇压宪章运动

19 世纪 30 至 50 年代，由于民主思想的进步和宪章文学的影响，英国发生了争取实现人民宪章的工人运动，称为宪章运动。但由于遭到政府的镇压，再加上从运动一开始工人内部就存在着严重分歧，宪章运动到 50 年代末期就结束了。

世界上最早的空想社会主义小说

托马斯·莫尔

托马斯·莫尔（1478 ～ 1535），英国空想社会主义者，也是《乌托邦》一书的作者。

世界上最早的空想社会主义小说是《乌托邦》，它是英国早期最主要的人文主义者莫尔于 1516 年用拉丁文写成的。小说分为两个部分：第一部分写作者出使尼德兰，遇见一个葡萄牙航海家，通过和他的对话批判当时英国和欧洲的社会制度；第二部分写航海家描述乌托邦的社会制度。小说揭露了英国资本主义原始积累的残酷性，谴责了英国“羊吃人”的圈地运动的罪恶，抨击了法律的残酷、封建战争给人民带来的灾难、统治阶级敲骨吸髓的剥削和贪得无厌的掠夺与寄生生活，以及其他不公平的现象。

莫尔认为，社会罪恶的根源在于私有制，要实现社会正义就必须废除私有制。因此，他设计了一个理想的社会“乌托邦”：没有私有制，没有人剥削人的现象，产品归全社会所有，公民在政治上一律平等，人人参加劳动，按需分配，没有专制暴政，没有宗教迷信和宗教狂热，人与人友好和谐。虽然这个理想的社会只是一个被美化了的宗法社会、中古生产方式和城邦政体的混合物，纯属空想，但它对后来描写理想社会的文学作品及社会主义思想的发展都产生了很大影响。

意识流小说 20 世纪初期诞生于西方，以表现人物的意识流动、展示恍惚迷离的心灵世界为主的小说。

世界文学中影响最大的一部侦探小说

世界文学中影响最大的一部侦探小说，是柯南道尔（1859 ～ 1930）创作的《福尔摩斯探案全集》。小说以错综复杂的情节和曲折离奇的侦探方法著称，热情赞扬了私人侦探福尔摩斯高超绝伦的侦探技巧、破案方法和强烈的正义感，表达了人民的心声。

福尔摩斯雕像

由于《福尔摩斯探案全集》风靡世界，1990 年，贝克街 221B 号被改造成福尔摩斯博物馆，里面按照维多利亚时代的风格给福尔摩斯先生布置了一个家。

小说共 60 篇，每篇写一个有关福尔摩斯破案的故事，作者在 1887 年至 1893 年写了 25 篇。因想另写历史小说，作者在第 25 篇《最后一案》中，有意让福尔摩斯与罪犯同归于尽，从而结束了《福尔摩斯探案》系列。但此举却出人意料地遭到了英国广大读者的强烈反对，有的人甚至戴上了黑纱，表示对福尔摩斯的沉痛哀悼。在 10 年之后的 1903 年，柯南道尔终于被读者的热情所感动，继续写作《福尔摩斯探案全集》，使福尔摩斯起死回生。作者直到 1927 年即去世的前 3 年才搁笔，又写了 35 篇。他吸取了上次教训，最后也未敢让福尔摩斯以身殉职，而是让他到一个乡下隐居去了。

《福尔摩斯探案全集》不仅为英国人民所喜爱，而且受到了全世界人民的欢迎。迄今为止，它已被译成了 52 种语言，在世界上广为传播，还被一些警察学校作为教授“推理分析科学”的重要素材。

【百科链接】

世界上最老的女作家：

世界上最老的女作家是英国当代作家艾丽斯·波洛克（1868 ～ 1971）。她在 102 岁零 8 个月时，还写了《我的维多利亚青年时期的画像》一书，该书于 1971 年 3 月由约翰逊出版公司出版。

世界上最著名的意识流小说家

世界上最著名的意识流小说家，是爱尔兰小说家和诗人乔伊斯。

乔伊斯的创作深受世界意识流小说的开山祖师、美国作家亨利·詹姆斯的影响。亨利·詹姆斯在创作中大量地使用内心独白和象征手法，表现主人公的下意识或潜意识，刻意描写变态心理和糜烂生活，追求烦琐的细节描写和奇特的用语。其作品的思想内容和语言都很晦涩，令人难以理解。

乔伊斯的第一部短篇小说集《都柏林人》采用现实主义手法，描写了城市下层人民的日常生活。他从 1916 年写的第二部小说《青年艺术家的肖像》开始，采用新的方法进行创作，以内心独白的方式表达人物的思想感情，外在世界则通过人物的感受来表现。

乔伊斯

乔伊斯（1882 ～ 1941），爱尔兰作家，诗人。他是 20 世纪最伟大的作家之一，他的作品及意识流思想对全世界产生了巨大的影响。

乔伊斯的代表作是《尤利西斯》，发表于 1922 年。这部小说将人物的言行、思想和感觉的偶然转念、瞬间印象和联想，像流水一样全部表现了出来。整部小说数十万字，却仅写了 3 个人物在 10 多个小时中的意识活动，被视为意识流小说的典范之作。

如果说美国亨利·詹姆斯开了意识流小说的先河，那么乔伊斯则通过努力把它推向了一个高潮，并开了第二次世界大战后盛行的法国、美国新小说派的先河，在创作方法上甚至影响了一些现实主义小说的创作。

世界上最伟大的工人诗人

世界上最伟大的工人诗人是巴黎公社诗人的杰出代表鲍狄埃（1816~1887）。

鲍狄埃出生于巴黎一个包装工人家庭，1831年将《自由万岁》等在七月革命期间所写的15首政治诗歌汇成诗集《年轻的诗神》出版。1840年以后，他写下了《人民》等不少战斗诗歌，号召法国工人团结一致，与资产阶级进行斗争。1871年5月28日，巴黎公社失败，他又创作了震撼全球的壮丽诗篇《国际歌》——这是全世界无产阶级和被压迫人民的第一首且最著名的战歌，也是巴黎公社文学最光辉的成就。其后，他被迫流亡英国和美国。

拉雪兹公墓

世界上最著名的墓地之一，埋葬着许多为法国作出重要贡献的名人。巴黎公社社员墙也位于拉雪兹公墓内，1871年5月28日，巴黎公社的最后147名社员在这里被杀。鲍狄埃的墓也在这里。

1876年，鲍狄埃在流亡中写了一首著名长诗《美国工人致法国工人》，揭露了资本主义剥削和压迫工人的罪恶，呼唤公社、号召各国人民团结起来，为实现公社的理想而斗争。他同一时期写成的《巴黎公社》，则总结了公社失败的历史教训，号召用人民武装摧毁敌人的武装。1880年，他回到了祖国，写下了《起义者》、《罢工》、《前进吧，工人阶级》、《人民之路》等大量诗歌，揭露了统治阶级的丑恶嘴脸，塑造了无产阶级的巨人形象。1887年，他出版了《革命歌集》，在工人群众中广为传唱。列宁称誉鲍狄埃是“一位最伟大的用歌作为工具的宣传家”。

法兰西第三共和国的罪恶（漫画）

法兰西第三共和国是巴黎革命推翻法兰西第二帝国后建立的共和国，其政府军血腥镇压了巴黎公社起义，无数革命战士壮烈牺牲。

世界上最著名的文学奖项

世界上最著名的文学奖是诺贝尔文学奖。

诺贝尔1833年生于瑞典斯德哥尔摩，1896年12月10日卒于意大利，是著名的化学家、工程师，在文学创作方面亦有成就。诺贝尔终生未婚，一生共获129项发明专利。

从1901年开始，诺贝尔奖基本每年评选一次，在诺贝尔逝世日颁发。诺贝尔文学奖是诺贝尔奖的一种。诺贝尔奖金是用诺贝尔的遗产所设立的奖金。根据诺贝尔的遗嘱，将其遗产作为基金，以其利息分设了物理、化学、生理或医学、文学、和平事业五种奖，1968年又增设了经济学奖。这些奖项分别由四个单位评定，其中文学奖由瑞典文学院评定。其奖金数额视当年基金收益而定，多时可达20万美元。

诺贝尔文学奖是迄今世界上奖金数额最大、声誉最高、影响最广的一种世界性大奖。

世界上最早获得诺贝尔文学奖的诗人

世界上最早获得诺贝尔文学奖的诗人是20世纪法国巴那派诗人、法兰西学院院士苏里·普吕多姆（1839~1907）。他的主要作品有《长短诗集》、《寂寞集》、《徒然的爱》和哲理长诗《正义》与《幸福》等。他在创作上追求诗歌形式的完美，偏重自我分析，间或带有教诲色彩。1901年，瑞典皇家科学院认为他的诗作是“高尚的理想、完美的艺术和罕有的心灵与智慧结晶之实证”，而将首届诺贝尔文学奖授予了他。

世界上最早拒绝诺贝尔文学奖的人

世界上最早拒绝诺贝尔文学奖的人是萨特。萨特是法国最著名的存在主义文学的创始人和主将、左翼知识分子的思想领袖、戏剧家和小说家，其主要文学作品有：剧本《苍蝇》、《死无葬身之地的人》、《可尊敬的妓女》和《肮脏之手》、《特洛亚妇女》等；长篇小说《恶心》和《自由之路》四部曲；被西方誉为当代戏剧经典著作的哲理剧《禁闭》等。他的作品在今天的法国知识分子阶层中仍具有很大影响。因为“他那思想丰富、充满自由气息和探求真理精神的作品已对我们的时代产生了深远的影响”，1964年，瑞典皇家学院将诺贝尔文学奖授予了他，但他拒绝接受，理由是他“谢绝一切来自官方的荣誉”。

萨特

萨特（1905～1980），法国20世纪最重要的哲学家之一，法国无神论存在主义的主要代表人物。他也是优秀的文学家、戏剧家、评论家和社会活动家。

世界上最早获得诺贝尔文学奖的女作家

世界文学史上最早获得诺贝尔文学奖的女作家是瑞典的塞尔玛·拉格洛夫。她出生于一个军官家庭，曾多年任教，晚年参加反法西斯斗争。她的作品大多取材于瑞典民间故事和英雄传说，反映资本主义势力侵入农村后贵族地主的没落破产，缅怀封建宗法制度下的农村生活。她的处女作、长篇小说《古泰斯·贝林的传说》风格独特，使她一举成名。她的其他主要作品还有《假基督的奇迹》、《耶路撒冷》、《尼尔斯骑鹅旅行记》及三部曲《吕温斯葛尔特的戒指》、《舍洛塔·吕温斯葛尔特》和《安娜·斯维尔特》。其中的《尼尔斯骑鹅旅行记》，使她获得了世界性的声誉，并获得1909年的诺贝尔文学奖，该小说被译成了多种文字，甚至曾作为历史、地理教科书出版。

【延伸阅读】

世界上最早被迫放弃诺贝尔文学奖的人是谁?

世界上最早被迫放弃诺贝尔文学奖的人是苏联作家帕斯捷纳克，他也是迄今唯一被迫放弃该项大奖的作家。他的早期诗作具有明显的象征主义色彩和逃避现实的倾向，以后他写了反映社会主义革命过程中贫苦人民生活的长篇小说《日瓦戈医生》，于1957年先后在意、英、美等国出版。1958年，瑞典皇家学院说他“在现代抒情诗和俄罗斯伟大叙事诗传统方面获得了重大成就”而决定将当年诺贝尔文学奖授给他，但由于苏联当局和许多作家的强烈反对和抗议，他被迫放弃领奖。

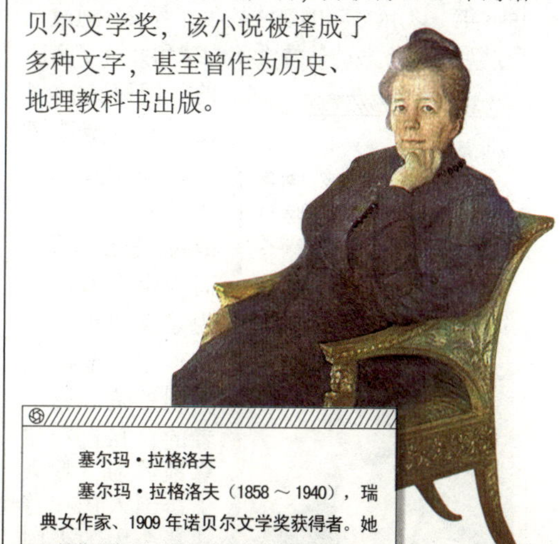

塞尔玛·拉格洛夫

塞尔玛·拉格洛夫（1858～1940），瑞典女作家、1909年诺贝尔文学奖获得者。她同情劳动人民，为和平事业做出了许多贡献。为了表彰她的贡献，瑞典政府于1991年把她的肖像印在了20克朗钞票上。

世界上作品发行量最大的作家

世界上作品发行量最大的作家是英国推理小说作家阿加莎·克里斯蒂，她的作品被译成157种语言出版，据1988年统计，总印数已达4亿册，与《圣经》、《莎士比亚戏剧集》分列世界畅销书前三名。

克里斯蒂写出了轰动世界文坛的《牧师住宅凶杀案》、《东方快车谋杀案》、《尼罗河上的惨案》、《十个小黑人》、《捕鼠器》、《沉默的证人》、《幕》等作品，每部作品都引起了读者狂热的欢迎，而书中的波洛侦探也成为继福尔摩斯之后的第二个世界级大侦探。

世界上最杰出的短篇小说家

世界上最杰出的短篇小说家是19世纪法国批判现实主义小说家莫泊桑（1850~1893）。他仅在1879年至1889年10年间就写了350余篇中短篇小说和6部长篇小说。这些小说较为真实地反映了当时法国社会的日常生活，揭露了法国资本主义社会的黑暗与丑恶，对底层人民寄予了深切的同情。

他的代表作，也是他的第一篇充满爱国主义激情的短篇小说是《羊脂球》。小说发表于1880年，以1870年的普法战争为背景，通过一个逃难的“下贱的”妓女羊脂球和九个“高洁的”同路人的对比描写，塑造了一个热爱祖国、热爱家乡、憎恨敌人、舍己为人，而为生活所迫沦为妓女的下层妇女形象，辛辣地讽刺了贵族资产者的自私自利和寡廉鲜耻，歌颂了法国人民在普法战争中的爱国感情和反抗精神。莫泊桑的短篇佳作还有《项链》、《一家》、《两朋友》、《绳子的故事》、《米隆老爹》等。

莫泊桑

莫泊桑的文学成就以短篇小说最为突出，他是与契诃夫和欧·亨利并列的世界短篇小说之王，对后世产生了极大影响。

莫泊桑在短篇小说创作上成绩卓著，有“世界短篇小说巨匠”之称。他擅长从日常事件中选材，深刻挖掘主题，以小见大地概括生活。其题材丰富多样，构思新颖精巧，语言简洁明快，人物惟妙惟肖。莫泊桑不仅在法国文学中占有重要地位，而且对后来的欧洲作家和中国作家也产生了很大的影响。

世界上最早的流浪汉小说

世界上最早的流浪汉小说是《小赖子》。它是西班牙一个不知名的作家在1553年写成的，也是最有代表性的一部流浪汉小说。

堂吉诃德与桑丘像

塞万提斯的《堂吉诃德》奠定了世界现代小说的基础，著作中全身盔甲、骑着瘦马的穷乡绅和胖嘟嘟的乐观随从也成了全世界人民熟悉和喜爱的文学人物。

小赖子从小离家流浪，先为一个瞎子领路，后来先后侍候过一个吝啬的教士、一个身无分文的绅士、一个穿着破烂的修士、一个经销免罪符的骗子和一个公差。这些人贪婪、狡诈，不顾廉耻，小赖子也受他们的影响学会了欺诈，一心只想发迹。最后，他在城里做了个消息报子，赚取不义之财，甚至还靠老婆与神甫私通获得生活所需。这部小说以主人公小赖子的流浪史为线索，描写了社会各阶层的人物，并以幽默俏皮的手法，大胆地讽刺了僧侣的狡诈、吝啬、贪婪与伪善以及贵族的傲慢和空虚，揭露了西班牙社会的腐朽和破落。

《小赖子》不仅对西班牙流浪汉小说乃至其他小说的发展产生了重大影响，而且对欧洲小说，特别是长篇小说的人物描写和结构方法也产生了深远的影响，著名小说家塞万提斯的代表作《堂吉诃德》就是采用与其类似的方法写成的。

第一个赢得世界“童话大师”称誉的人

19世纪丹麦最著名的童话作家安徒生，以其丰硕的童话创作成就，成为第一个赢得世界“童话大师”称誉的北欧作家。其代表作有《海的女儿》、《皇帝的新装》、《卖火柴的小女孩》等。

安徒生出生于一个贫苦的鞋匠家庭，11岁丧父，母亲改嫁，他只好充当学徒。14岁时，安徒生到哥本哈根皇家剧院做杂役，17岁才正式上学，当年便发表了诗剧《阿尔芙索尔》，从此走上了文学创作的道路。他从30岁起开始童话的创作，并将其作为“争取未来一代”的“不朽的工作”。在每年圣诞节，他均以出版一册童话集作为献给孩子们的礼物。至去世前两年的43年中，他共发表了164篇童话和故事。1875年8月4日，终身未婚的安徒生病死在哥本哈根一个朋友的家中。

安徒生的童话，形象鲜明，故事生动，想象丰富，思想深刻，不仅对儿童有强大的吸引力和深刻的教育意义，对成人也有巨大的启示作用。他的童话不仅是欧洲文学中最优秀的儿童文学作品，而且是世界文学宝库中的珍贵遗产，它反映了19世纪丹麦的社会现实，为童话文学艺术的发展做出了贡献。

安徒生雕像

安徒生（1805～1875），丹麦19世纪童话作家，世界文学童话创始人，代表作有《海的女儿》、《丑小鸭》、《卖火柴的小女孩》。

最早的哲理小说

世界文学中最早的哲理小说是《波斯人信札》，是法国启蒙运动文学的先驱孟德斯鸠于1721年创作完成的。小说主要叙述了波斯青年郁斯贝克和黎加旅居巴黎的10年生活。全书用书信体写成，计160封信，通过书信的形式，叙述一些零星故事，谈论一些人物，借此阐发作者在政治、社会、宗教、道德等方面的启蒙思想。作者大胆地批判了国王的专制和上层官僚政客的残暴，揭露了天主教会的狡诈和愚民政策的罪行。孟德斯鸠的这部小说为8世纪以后哲理小说的发展开辟了道路。以后的哲理小说代表作有伏尔泰的《老实人》和狄德罗的《拉摩的侄儿》等。这类哲理小说目的不在于全面描写人物和细致描写环境，而是以具有鲜明的政治倾向性和教诲性的形式，使读者了解作者的政治观点和哲学思想。

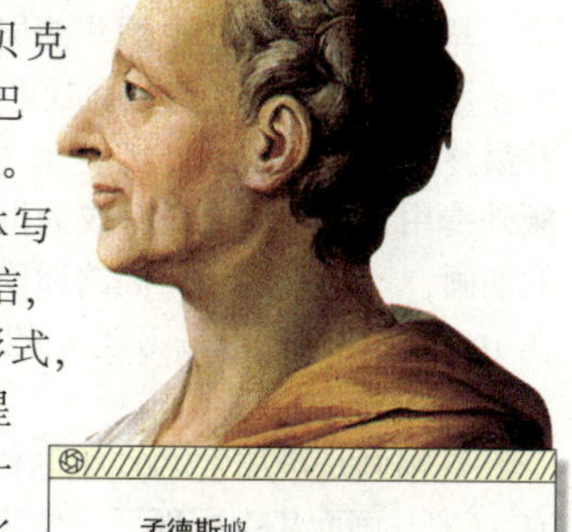

孟德斯鸠

孟德斯鸠（1689～1755），18世纪上半叶法国启蒙思想家、社会学家，资产阶级国家学说和法学理论的奠基人，法国资产阶级革命的思想先驱之一。

【延伸阅读】

最早歌颂共青团员的小说是什么？

世界上最早歌颂共青团员的小说，是苏联无产阶级作家、共产主义战士奥斯特洛夫斯基（1904～1936）以自己为原型，于1932年至1934年在双目失明、全身瘫痪的情况下，以顽强的毅力写成的长篇巨著《钢铁是怎样炼成的》。小说塑造了共青团员保尔·柯察金这一光辉形象，激励着无数青年为人类的进步事业奋斗终生。

美术之最

售价最高的油画

毕加索的名画《拿烟斗的男孩》，于2004年5月5日在美国纽约索思比拍卖行被拍卖，并最终以创纪录的1.04亿美元（包括竞拍者的额外费用）的价格成交，成为世界上售价最高的油画，一举打破了凡·高的遗作《加歇医生像》在1990年创下的8250万美元的名画拍卖价纪录。

这幅画是毕加索1905年创作的，当时他只有24岁。画面集中展现了一位表情有点忧郁的青春期男孩，他身穿蓝色服装，头戴花冠，手里拿着一支烟斗，画面的背景是两大束色彩艳丽、活泼的花。有关专家评价说，这一作品色彩清新明快，笔法细腻，人物和景致都刻画得非常生动逼真，是毕加索一生中很有代表性也很经典的作品之一。

《拿烟斗的男孩》

这幅画是毕加索1905年创作的，当时他只有24岁，刚刚在巴黎著名的蒙玛特高地——青年艺术家聚集的地方安顿下来。这幅作品被评论家誉为“具有达·芬奇《蒙娜丽莎》似的神秘，凡·高《加歇医生像》似的忧郁的唯美之作。”

《加歇医生像》

这是凡·高于1890年6月，也就是在自杀前一个月，为精心照顾他的加歇医生画的肖像，曾占据世界最昂贵艺术品宝座长达14年之久。

世界上最早的油画

尼德兰画家凡·艾克兄弟于1415年绘制的巨作《根特祭坛画》（375厘米×520厘米），首次采用了一种新的油色画法。他们试验用油调色，最先使用了新的涂料、松脂或乳剂，使画面能保持经久鲜润的效果。此画可以称为世界上第一件真正的油画作品。

《根特祭坛画》是一种多翼式开闭形祭坛组画。每逢节日的礼拜盛会，祭坛的两翼在音乐声中被徐徐打开，辉煌夺目的12幅祭坛画便呈现在人们的眼前。它们分成上、下两段和左右两翼，上段的中央是基督像，两旁是圣母玛利亚像和洗礼者约翰像，两翼的内侧是《合唱的天使们》和《奏乐的天使们》，外侧是亚当和夏娃的画像；下段的中央是《羔羊的颂赞》，两翼左侧是《骑士》和《裁判官》，右侧是《隐者》和《巡礼者》。《根特祭坛画》的题材虽来源于宗教，但画家以对现实世界肯定和赞美的态度，以及对人物细致和写实的描绘，构成了这幅作品的基调，从而使整个画面充满诗意，具有无穷的艺术魅力。

最大的酒店壁画

香港的香格里拉大酒店位于地铁金钟站正上方，构成太谷广场一角，直插天空，曾多次被选为世界最优秀的酒店。酒店内的宾客可透过宽敞明亮的窗户欣赏到维多利亚港以及整个港岛的醉人景色。该酒店的特色在于古老的欧洲格调与东方传统的融和，最能表现该特征的是中央天井部分的一幅名为《大好河山》的巨型中国山水壁画，号称“世界第一大酒店山水壁画”，有 16 层楼高，共长 51 米，宽 14 米，已列入《吉尼斯世界纪录》。人们只要乘坐透明升降机，即可在酒店的 41 至 56 楼之间清晰地欣赏到这幅巨画。

世界上第一幅版画

我国唐咸通九年 (868 年) 刻印的《金刚经》扉页上有一幅木刻版画《说法图》，它比丢勒的版画早 700 年，是世界上第一幅版画，系由技工根据画家画稿刻印的版画。

到了 18 世纪，才开始有画家自己绘稿、自己制版、自己印刷创作版画。

世界上第一幅水彩画

世界上第一幅水彩画，是 16 世纪德国画家阿尔布雷特·丢勒画的《一大块草皮》。这以前的彩色画仅是一些在素描上作些水彩色补充的画。

丢勒在学画时就经常用水彩画风景画和动植物画，他严肃地观察大自然，崇拜、赞叹大自然的姿态，他的许多作品都成了视觉艺术的典范。他的主要水彩作品有《风景》、《小白兔》、《一大块草皮》、《阿尔卑斯山风景》等。

丢勒《自画像》

阿尔布雷特·丢勒（1471～1528），德国画家、版画家及木版画设计家。丢勒生于文艺复兴时期，他深入观察自然，竭力发现宇宙的秘密，以揭示和表现美，并取得了巨大的成功，成为北方文艺复兴的代表人物。

丢勒《一大块草皮》

丢勒的动物、植物写生十分注意局部和细节，艺术家的创作技巧得到了充分展示。

18 世纪以前的水彩画色彩不是十分丰富，虽然当时描绘野外氛围的画还比较成功。在水彩肖像画、充满诗意的风景画和刻画精致的细密画中，我们可以看到色彩的发展——这为现代水彩画的出现奠定了基础。

到了 18 世纪和 19 世纪，英国的艺术家们感觉到，水彩画似乎特别适宜于描绘英国的自然环境、生活趣味和民族特色，于是水彩画在英国得到了飞速的发展，18 世纪和 19 世纪的英国成了现代水彩画的发源地。

【百科链接】

世界上最早的招贴画：

世界上最早的招贴画，是 16 世纪德国农民战争和宗教改革时期出现的用木头刻印的招贴画《飞单》。

《时髦婚姻》

《时髦婚姻》通过描写当时英国一个破落贵族与身为议员的暴发户以子女婚姻互相利用和勾结的故事，揭露了上流社会的种种丑态以及由此产生的悲剧。

世界上最早的漫画

世界上最早的漫画是英国著名油画家和版画家贺加斯（1697~1764）在1743年至1745年间创作的由6幅油画组成的讽刺组画《时髦婚姻》。由于它的某些夸张、幽默的手法和辛辣的讽刺与现在的漫画具有共同点，人们把《时髦婚姻》评定为最早的漫画，并把作者贺加斯看作最早的漫画家。

最早的美术学院

世界上最早的美术学院是意大利卡拉奇三兄弟于1585年在波伦亚创办的一个工作室。16世纪意大利样式主义风格盛行时，来自波伦亚的卡拉奇兄弟却并未追随这股潮流。他们反对矫饰的作风，力图使文艺复兴的理性原则和古典美发扬光大，同时他们也倡导自然的写生，从而发展了一种新的艺术原则，这些艺术原则体现在他们的美术学院和作品中。卡拉奇兄弟确立了学习程序和系统，注意对青年的培养。以卡拉奇兄弟为代表的学院派，促进了欧洲古典绘画的发展，对以后欧洲的学院派艺术产生了深远影响。

世界上最迷人的油画

2000年2月，意大利公众舆论研究学会进行了一次民意调查：“你认为当今最有名的油画是哪一幅？”令人吃惊的是，高达85.8%的被调查者的答案是《蒙娜丽莎》。而巴黎罗浮宫咨询台碰到最多的一个问题是《蒙娜丽莎》在哪里。每年参观罗浮宫的500万名游客，大多是直奔《蒙娜丽莎》而来的。

《蒙娜丽莎》为什么如此迷人呢？《蒙娜丽莎》可谓达·芬奇绘画艺术的最高成就，他成功地塑造了资本主义上升时期一位城市有产阶级的妇女形象。画中人物坐姿优雅，笑容微妙，背景山水幽深苍茫，画家那奇特的烟雾状空气透视的笔法得到了淋漓尽致的发挥。

此画最奇妙的是蒙娜丽莎的笑容。不同的观者在不同的时间去看，都会有不同的感受。人们觉得她有时笑得舒畅温柔，有时又显得严肃庄重，有时有着淡淡的忧伤，有时却又显出讥嘲和揶揄。蒙娜丽莎的微笑具有一种神秘莫测的千古奇韵，被不少美术史家称为“神秘的微笑”。

画面人数最多的画

世界上画面人数最多的画是清代宫廷画家徐扬所作的《姑苏繁华图》。此画是一幅描绘清朝乾隆年间姑苏繁华盛景的传世之作。画卷融山水、人物、界画于一体，画中人物1.2万多个，

《姑苏繁华图》局部

《姑苏繁华图》现为国家一级文物，作者徐扬，苏州人，擅画人物及花鸟草虫。画卷布局严谨，气势恢弘，描绘了苏州城郊百里的风景和街市的繁华景象，具有极大的历史价值。

野兽派　19 世纪末 20 世纪初出现的新艺术象征主义画派，特点是狂野的色彩使用和强烈的视觉冲击力，常给人不合常理的感觉。

舟楫排筏 400 余艘，各式桥梁 50 余座，大小市招 260 多家，豆人寸马神情毕现，湖光山色、城乡风情跃然纸上。

《法庭上的芙丽涅》

画面上的芙丽涅处于中心位置，以臂遮脸，表现了刚被掀开衣裳的一刹那，作者用画笔表现了在美面前的人生诸相以及人性的复杂与矛盾，也体现了古希腊时期所崇尚的美的主题——美的纯洁、美的神圣以及美的不可战胜的力量。

世界上最小和最长的国画

潘锡兴是江苏无锡人，曾经在无锡轻工学院学习国画，当过美工。1998 年到美国之后，他凭灵巧的双手，当起街头艺人，空闲时则埋头琢磨研究他的微型国画。其作品《虎溪图》，画在 0.2 毫米 ×0.4 毫米（约一粒芝麻的 1/4 大小）的宣纸上，须借助 200 倍的显微镜才能看清楚画面上的亭台楼阁和小桥流水，是世界上最小的国画。

世界上最长的国画是由南京中艺画廊国画部画家平克祥历时 10 年完成的长卷《长征万里行》。此画长 400 米，高 0.5 米，画面从长江源头唐古拉山各拉丹东雪山的玉龙雪山口开始，横跨青海等 10 省市，到上海为止。为画此画，平克祥身背画夹，12 次闯三峡，行程 2 万余里，用了 3000 多张宣纸。

世界上最早的裸体模特

2300 多年前，古希腊雕刻家普拉克西特莱斯创作《尼多斯的阿佛洛狄忒》时，请他的女友芙丽涅做裸体模特，这是使用裸体模特最早的记载。

芙丽涅是当时雅典最美的女人，历史上流传着很多关于她的趣闻逸事，最著名的莫过于这个发生在法庭上的故事了：传说在一般情况下，这位美人是决不会裸着身子出现在公共浴场的，她只在祭祀海神的节日里，借洗礼仪式之名，裸体从海水中跳出来。但是，她却因此以渎神罪受到了法庭的传讯。富有戏剧性的是，在审判时，辩护师希佩里德斯让被告在众目睽睽之下揭开衣服裸露躯体，并对着在场的 501 位市民陪审团成员说：“难道能让这样美的乳房消失吗？”最后，法庭终于宣判被告无罪。19 世纪的法国画家热罗姆还以此为题材画了一幅油画《法庭上的芙丽涅》。

世界上最大的塑像

美国著名雕塑家克尔扎克父子在怀俄明州东北部的黑丘山上雕塑了一座世界上最大的塑像。这座雕像被塑在萨得柯德山峰上，总高约 171 米，上面能站 4000 人。这座雕塑塑造了一个骑在马上率领人们向侵略者进攻的印第安酋长形象。这座雕像比拉西莫尔山上的 4 位美国总统的塑像高 10 倍，是世界上最大的雕像。

《尼多斯的阿佛洛狄忒》

图为古希腊雕刻家普拉克西特莱斯创作的《尼多斯的阿佛洛狄忒》，阿佛洛狄忒的形象是以芙丽涅为模特创作的。

《基督显圣》

《基督显圣》是伊凡诺夫于1832年开始构思，直到1845年才基本完成的作品。伊凡诺夫"艺术为社会发展服务"的信念，对俄罗斯19世纪中期和后期的艺术产生广泛而深远的影响。

世界上耗时最长的油画创作

俄国伊凡诺夫的画作《基督显圣》创作于1837年至1857年，前后历时20年，是世界上耗时最长的油画创作。

伊凡诺夫（1806~1858），出生于彼得堡，自幼从父学画。因受沙皇专制打压，他久居意大利，从事创作活动长达30年。远离祖国的伊凡诺夫，始终思索着在俄国深刻体验过的社会悲剧。怎样才能把人类从苦海和邪恶中拯救出来呢？把人类梦想得救的愿望烙印在画布上的想法随着这样的思考而越发强烈。于是，伊凡诺夫倾毕生精力创作了《基督显圣》。这幅画是俄国新时代画坛最重要的作品。

画中描绘的环境是约旦河岸。犹太预言家宣称人类的救世主即将到来，因此许多犹太人在约旦河边聚集，正在布道的约翰向等待得不耐烦的犹太人宣布，传说中的救世主已经到来。伊凡诺夫通过约翰在民众前演说的神情姿态，表现出对暴君希律王的谴责。关于这幅画的含义，画家曾写道："约翰在群众前批判伪君子、假善人是个很好的主题。坏人恐慌，民众对约翰的信心表示惊叹，被他的精神所鼓舞。我想在这幅画中描绘世俗官僚的堕落和对民众的压迫，为了保住王位向罗马人谄媚的犹太王公们的卑劣行径，以及各种不同阶层人们的悲哀。我想描绘人们的恐惧和忧伤，以及对自由和独立的向往。"

世界上最大的剪纸

吉林陈国章老人的剪纸作品百米长卷《关东民俗万象图》，高1米，长105米，重70余千克，是世界上最大的剪纸。

陈国章善于继承传统又不囿于传统，他的作品以关东艺术为底韵，融合南北剪纸艺术之精华，并以他深厚的造型基础和美学思想为指导，逐步形成了个人的风格。陈国章的剪纸取材多样，涉猎广泛，善于运用组合素材或成套的作品来表现各种事物。民间风俗与传说、历史人物、花鸟鱼虫、飞禽走兽都是他表现的对象。他的《十二生肖》有多种样本；《百龙图》是一部远古至今龙形图腾的演变史；《金陵十二钗》、《水浒一百单八将》中的人物栩栩如生；而百米长卷《关东民俗万象图》则是关东民众风情不可多得的一部历史"文献"。

中国剪纸艺术

剪纸是我国一项古老而广泛流传的艺术，已形成了许多不同的风格流派。剪纸不仅表现了人们的审美爱好，还蕴含着民族的深层心理，是中国最具特色的民间艺术之一。

价值最高的失窃名画

《圣母与卷线轴》

又名《圣母玛利亚与亚恩温德》，是世界上价值最高的失窃名画。画中参差不齐的蓝色山前，圣母玛利亚安详地坐着，膝上的圣婴拿着一个木头卷线轴……

2003年8月27日，达·芬奇的真迹《圣母与卷线轴》在英国苏格兰的德拉姆兰里戈城堡遭窃，此画价值至少达3000万英镑，创下失窃名画价值最高纪录。2007年10月，英国警方寻获了此画，并逮捕了4名盗贼。

《圣母与卷线轴》是德拉姆兰里戈城堡的第一珍品。这幅作品尺寸不大，是达·芬奇精心绘制的送给法国国王路易十二的国务大臣的礼物。画面描绘的是年幼的耶稣手持呈十字架形状的卷线轴和圣母玛利亚在一起的情景，隐示着圣母和世界都无法改变耶稣未来受难的命运。

世界上最大和最小的画廊

法国巴黎罗浮宫收藏的艺术品已达40万件，是世界上藏画最多的博物馆，其内有世界上最大的画廊。

罗浮宫是世界上最著名、最大的艺术宝库之一，是举世瞩目的艺术殿堂和万宝之宫，同时也是法国历史最悠久的王宫。罗浮宫位于巴黎市中心的塞纳河北岸（右岸），是巴黎的心脏，始建于1204年，历经700多年扩建重修达到今天的规模。它的整体建筑呈“U”形，分为新老两部分，老的建于路易十四时期，新的建于拿破仑时代。宫前的金字塔形玻璃入口是华人建筑大师贝聿铭设计的。罗浮宫最壮观的大画廊最初是亨利四世在位期间花了13年的时间建造的。

世界上最小的画廊位于阿根廷首都布宜诺斯艾利斯。这个画廊占地面积很小，设在一家老工厂的浴室内。从地面到天花板的高度只有0.3米左右，参观的人不得不爬一段楼梯，从楼梯口探出头去欣赏画廊中的艺术作品。该画廊陈列着27件艺术作品，其中包括微型油画和雕刻品，所有作品均是艺术大赛中的获奖作品。

世界上最多才多艺的艺术家

世界上最多才多艺的艺术家是达·芬奇。《岩间圣母》、《最后的晚餐》、《圣母子与圣安娜》等世界最著名的宗教画，以及《蒙娜丽莎》这样伟大的肖像画足以说明达·芬奇在艺术方面的才华和成就。而达·芬奇不但是位杰出的画家，还是数学家、力学家、物理学家、机械专家、建筑学家、天文学家、生理学家。他发明了轻而耐火的桥梁、蒙甲的战车、炸弹、臼炮、冲城机、投石机、海战攻防器、战舰、新炸药，还设计过飞机、直升机、降落伞、机枪、坦克、潜水艇、双层船壳战舰、起重机、纺车、冲床、自行车等，在地理、水利工程等领域也做出过重大贡献。此外，他还精通音乐。

罗浮宫

世界上最古老、最大、最著名的博物馆之一，位于法国巴黎市中心的塞纳河北岸，始建于1204年，历经700多年扩建、重修达到今天的规模，是世界著名的艺术殿堂。

世界上作品最多的油画家

世界上作品最多的油画家是西班牙画家毕加索。在其80多年的创作生涯中，毕加索大约共创作了13500幅油画、素描，10万件版画和雕版，3.4万幅书刊插图，200件雕刻或陶器。有人对他所创作的艺术作品作过粗略的估算，总价值高达6.9亿。

毕加索的一生辉煌之至，他是有史以来第一个亲眼看到自己的作品被收藏进罗浮宫的画家。在1999年12月法国一家报纸进行的一次民意调查中，他以40%的高票当选为20世纪最伟大的10位画家之首。对于作品，毕加索说："我的每一幅画中都装有我的血，这就是我的画的含义。"全世界前10名最高拍卖价的画作里面，毕加索的作品就有4幅。

毕加索是个不断变化艺术手法的探求者。《嘉列特磨坊》、《喝苦艾酒的女人》等画作中，总能看到用罗特列克手法经营的声光魅影，暧昧地流动着款款哀伤。他的首张拼贴作品《藤椅上的静物》和1913年创作的《吉他》，则是以拼贴手法实现立体主义的最佳诠释。油画《格尔尼卡》是毕加索最著名的一幅以立体主义、现实主义和超现实主义手法相结合的抽象画，剧烈变形、扭曲和夸张的笔触以及几何彩块的堆积，表现了痛苦、受难和兽性，表达了毕加索复杂的情感。

【百科链接】

毕加索最著名的作品：

毕加索是位多产画家，据统计他的作品总计近3.7万件，其中最著名的画作是他在第二次世界大战时期为了控诉法西斯暴行而创作的油画《格尔尼卡》。

《格尔尼卡》

这幅画创作于20世纪30年代，是一件具有重大影响及历史意义的杰作，画中表现的是1937年德国空军疯狂轰炸西班牙小城格尔尼卡的暴行，结合了立体主义、现实主义和超现实主义风格来表现痛苦、受难和兽性。

世界上最多产的卡通画家

美国著名漫画家马丁是世界公认最多产的卡通画家。

马丁最有名的漫画有《威利和埃塞尔》、《有手的猫》、《鲍弗先生》。《威利和埃塞尔》自 1981 年发表以来，已经连载了 23 年，并同时发表在美国的 75 家报纸上，有稳定的读者群，在报纸发行的每个地方都能进入漫画排行榜的前 10 位。在长篇漫画《有手的猫》中，马丁不仅给猫加上了手，让猫成为人的主宰，还使老鼠成了猫的长辈。这一猫鼠游戏赢得了人们的笑声，无论爱猫还是爱鼠的人都喜欢马丁的故事。马丁另一部广受欢迎的连环漫画是《鲍弗先生》，它从 1986 年开始发表，至今已在全世界的 200 多家报纸上刊登，现在已分四本出版。马丁的最新力作是《新前年》。

马丁的漫画国际网站是最早的漫画网站之一，并被选入前 100 名最受欢迎的网站之列。

最年老的模特

1925 年，西班牙画家何塞·古铁雷斯·索拉纳在创作《老船主》时，雇佣的模特是一位百岁老人。据这位模特老人回忆，64 年前（即 1861 年）他就曾经为当年的画家费德里柯·德·马德拉做过模特，当时他才 30 多岁，而那时，索拉纳还没有出生呢。

画自画像最多的画家

据不完全统计，荷兰伦勃朗被世界各地博物馆收藏的自画像大约有 90 幅，其中油画 60 幅、版画 20 幅、素描 10 幅。

伦勃朗自画像

伦勃朗（1606 ～ 1669），荷兰历史上最伟大的画家，也是欧洲 17 世纪最伟大的画家之一，最有名的作品是《夜巡》。

伦勃朗于 1606 年 7 月 15 日生于莱顿，1669 年卒于阿姆斯特丹。他擅长肖像画、风景画、风俗画等，不少画作采用强烈的明暗对比，用光线塑造形体，画面层次丰富，戏剧性强，形成了伦勃朗绘画的重要特色。

伦勃朗晚年创作的肖像作品带有鲜明的情绪和强烈的力量。作品中的人物似乎在诘问自己是谁，自己在生活中的角色等。

《夜巡》

《夜巡》是伦勃朗为阿姆斯特丹城射手连队画的一幅群像，画家对构图进行了精心设计，尽量使每个人都能被看见，同时使中心人物突出。柯克中尉及其副手极为突出。

音乐之最

最名贵的小提琴

目前存留的意大利古董小提琴是世界上最名贵的小提琴，它们的售价从一百万到数百万美元不等，是许多著名演奏家喜爱的乐器。

小提琴起源于16世纪初，大约一个世纪以后，在意大利的克里莫那城出现了提琴制造业。17、18世纪是小提琴制造的黄金时代，意大利最著名的三位大师安德利·阿马提、斯特拉第瓦里、德尔杰苏·瓜内利使小提琴制造业达到了历史上的最高峰。他们虽都很有名，但在制造风格和琴本身的表现力上都有差别。阿马提的琴外形柔美，音色甜美；斯特拉第瓦里的琴则相对刚硬，声音圆润；瓜内利家族打破了提琴制作工艺上的工整、对称的传统，力图以一种不和谐的粗犷来表现线条的力量，这使得其小提琴外表极具表现力，声音很浑厚，更适于大厅演奏。

意大利古董小提琴在视觉、美学和音响设计上都几近完美，即使从现代科学的角度来看，这些小提琴所涉及的力学和声学原理依然十分复杂，再加上其独特的木材和油漆方面的处理，使它们充满了神秘色彩。

小提琴

小提琴的发音近似人声，适于表现温柔、热烈、轻快、辉煌以及最富于戏剧性的强烈感情。

世界上最早的钢琴

据文献记载，最早的古钢琴叫克拉维卡，其创制年代大约在12世纪到14世纪之间。最早的古钢琴有拨弦古钢琴和击弦古钢琴两种。克拉维卡是一种在多弦乐器上加键而成的击弦古钢琴。

拨弦古钢琴也叫羽管键琴或庆巴罗古钢琴，演奏时机械上的羽毛管拨弦发音。这种古钢琴音色清晰明亮，曾被广泛应用于教堂、宫廷音乐中。击弦古钢琴发音轻柔微弱，适于演奏温馨抒情的曲调，特别适合在家庭中演奏室内乐，曾盛行一时。

1709年，意大利钢琴制造家克利斯托弗利改进了羽管键琴，成功制造出了用皮革包裹前端的小槌，发明了键盘机械槌击式钢琴，奠定了现代钢琴键盘机械的基础，他因而成为人们公认的现代钢琴的创始人。而最早的立式钢琴则是于1750年由德国古钢琴制作家佛里德里西制成的。

击弦古钢琴

击弦古钢琴，又称小键琴，是早期键盘乐器的一种。它由扁薄的长方形盒子构成，是用槌子敲弦发声的，和近代的钢琴相比，装置较为简陋，音量较弱，音色也不太明亮。

世界上最古老的乐器

有据可查的最古老的乐器，是新石器时代的“骨哨”，其年代的上限为距今7000年左右，发现于我国浙江河姆渡遗址中。“骨哨”是截取鸟禽类的中段肢骨加工而成的，长度4至12厘米不等，器身略呈曲弧。其中有一件骨哨，出土时腔内插有一肢骨，将有孔的一段放入嘴里轻吹，同时抽动腔内肢骨，就可以吹出简单的乐曲。

最长的古典交响乐

交响乐是欧洲文艺复兴时期的产物。交响乐曲的名称源于希腊语，为“一齐响”的意思。交响曲是一种具有奏鸣曲（由呈示部、展开部、再现部组成的曲式）的体裁特点，由庞大的管弦乐队演奏的宏大套曲（包含几个大的段落——即“乐章”）形式的音乐作品。古典交响曲一般分为四个乐章：第一乐章采用奏鸣曲式；第二乐章通常为慢速度，曲式任选；第三乐章一般为小步舞曲；第四乐章原则上以奏鸣曲式为基础，但却往往更像回旋曲。

奥地利音乐家马勒（1860~1911）所作的《第三交响曲D小调》是古典交响曲中最长的一曲。该曲创作于1895年至1896年的夏季，是讽刺与情感的特殊混合物。仅第一乐章就历时45分钟，远远长于贝多芬《第五交响曲》的全z章作为第二段落。第四乐章有女低音独唱，第五乐章以童声合唱开始，童声模仿着快乐的“叮咚、叮咚”的钟声，女声合唱继之而起，唱出“受苦难的孩子们行乞之歌”，六个乐章全部演奏完需要1小时34分钟。

骨哨

出土于浙江省余姚市河姆渡文化遗址。骨哨的出土，证明了原始氏族公社时期人们已经有了艺术欣赏能力，也证明乐器最初的发源，还是来自于生产劳动。

马勒说：“这部作品实际上反映了整个世界，在这方面，人不过是一种乐器，宇宙则是用这件乐器在演奏。”

马勒

马勒（1860～1911），著名的指挥家、作曲家。他的作品在艺术风格上继承了后期浪漫派音乐的传统，并极力扩展了交响乐的表现力。

世界上最早的歌剧

音乐史上第一部真正能称为歌剧的作品是《达夫尼》，由诗人奥塔维奥·里努奇尼（1563~1621）和作曲家雅各布·佩里（1561~1633）、卡奇尼（1545~1618年）共同创作，1597年上演。可惜这部歌剧早已失传。

1600年，他们又合作写了第二部歌剧《尤丽狄西》，它与前一部一样，都取材于古希腊神话。收存在卡奇尼的牧歌集《新音乐》中的序言和唱法说明，是现存最早的有关宣叙调和美声唱法的珍贵资料。

1607年蒙特威尔第创作的《奥菲欧》是第一部真正意义上的近代歌剧。在这部歌剧里，作者运用了相当近代化的管弦乐队为戏剧配乐，用不谐和音烘托气氛和展现矛盾。

蒙特威尔第认为歌剧的音乐要表达人类深刻的情感，并且要与歌词意义相吻合，不可盲目炫技。在他的歌剧里，独唱（宣叙调、咏叹调）、重唱、管弦乐和舞蹈糅合在一起为剧情服务。鉴于对歌剧这种体裁所起的奠基性的作用，蒙特威尔第被誉为“近代歌剧之父”。

世界上最长的歌剧

篇幅最长、演出时间最长的歌剧是德国作曲家瓦格纳历时22年作曲并编剧的三幕歌剧《纽伦堡的名歌手》，这部歌剧在正常无间断的情况下演出长达5小时15分钟。

剧中，青年武士瓦尔特与金饰匠的女儿叶娃相爱，但金饰匠却宣布叶娃只能嫁给圣约翰节歌咏比赛的获胜者。在鞋匠萨科斯的帮助下，瓦尔特战胜了一直垂涎叶娃的卑鄙的市镇小吏贝克梅塞尔，如愿以偿地娶了叶娃做他的新娘。

这部作品通过进步的民间艺术与墨守成规的腐朽保守艺术间的斗争，来赞颂民族和人民的理想。瓦格纳在这部歌剧中倾注了自己全部的感情和心血，正如他自己所说的那样，他写作这部作品“有时高兴得发笑，有时则失声痛哭”。

歌剧《卡门》剧照

《卡门》自诞生以来久演不衰，深受世界人民的喜爱，是上演率最高的一部歌剧。

上演率最高的歌剧

法国著名作曲家乔治·比才于1875年创作的歌剧《卡门》，自诞生以来久演不衰，深受世界人民的喜爱，是上演率最高的一部歌剧。原剧那高超的艺术成就和独特的魅力使之雅俗共赏，令人百观不厌。

乔治·比才

乔治·比才（1838～1875），法国作曲家。他把鲜明的民族色彩、富有表现力的反映生活冲突的旋律以及法国歌剧传统的表现手法熔于一炉，代表了19世纪法国歌剧的最高成就。其代表作是《卡门》。

四幕歌剧《卡门》的主人公是一个相貌美丽而性格倔强的吉卜赛姑娘——烟厂女工卡门。卡门使军人唐·豪塞坠入情网，并舍弃了他在农村时的情人——温柔而善良的米卡爱拉。后来，唐·豪塞因为放走了与女工们打架的卡门而被捕入狱，出狱后他又加入了卡门所在的走私犯的行列。卡门后来又爱上了斗牛士埃斯卡米里奥，在卡门为埃斯卡米里奥斗牛胜利而欢呼时，她却死在了唐·豪塞的剑下。

歌剧《卡门》通过“举重若轻”的处理，以轻松自如、明快干练的笔调描绘出了一幅灼热的南国生活的画面。黑白互衬、明暗相映、正反交错是《卡门》最突出的艺术特质。它以逼真的写实手法展现出人性的辩证的悲剧，却绝无半滴多余的浪漫眼泪。《卡门》获得了堪与莫扎特相媲美的成就，这得力于作曲家能以超然物外而又体贴入微的心态对待他笔下的每一个人物和每一个情境。

【百科链接】

一生不写歌剧的伟大音乐家：

德国古典乐派的最后一人、杰出的音乐家勃拉姆斯一生中竟从未写过一部歌剧。这一现象在与他具有相同地位的音乐家中，是十分罕见的。据说，他认为：“写作歌剧比结婚还难。”

世界上最早的唱片

世界上的第一张唱片是由美国工程师埃米尔·别尔利赫尔于1888年录制而成的。这张唱片现存于美国华盛顿国家博物馆。早期的唱片中间有两个孔，唱针由里向外转动。唱片只录一面，背面贴有文字说明卡。

世界上最早的爵士乐唱片是1917年3月7日开始销售的。这张唱片一面录有《新奥尔良爵士乐队歌曲》，另一面录有《紧张、坚定的一瞬》。其演奏者是尼克·拉罗卡的原新奥尔良爵士乐队，由美国新泽西州卡姆登的皮克塔公司出版。

美国的格伦·米拉乐团演奏的歌曲《卡达努加·秋·秋》，被1941年摄制的美国电影《桑·巴雷小夜曲》使用，这首歌曲在剧中的效果非常好。同年，美国无线电公司开始销售这首歌曲的唱片，销量仅几个月就达到了100万张。为此，美国无线电公司特意制作了一张镀金的唱片赠给格伦·米拉乐团，以示庆贺。这就是世界上最早的镀金唱片。

金唱片是西方国家专门为了奖赏灌制唱片的歌唱家而设制的。某张唱片只要卖出了100万张，那么第100万张就称为“金唱片”。当然，歌唱者所得的这张“金唱片”并非金质，只是一种荣誉。世界上最早的金唱片录制的是列昂卡瓦洛（1858~1919）所作的歌剧《丑角》中的一段咏叹调，由意大利著名男高音歌唱家恩里科·卡鲁索（1873~1921）演唱。1896年，法国帕台·弗雷贝公司开始销售世界上最早的歌剧唱片，这是一种圆筒形唱片，灌制录音的均是当时著名的歌剧演员。1903年，格拉莫冯公司的弗雷德·盖斯巴格在意大利米兰录制的《丑角》是世界上最早的歌剧全曲唱片，由歌剧作者列昂卡瓦洛亲自担任指挥。

欧文·柏林

欧文·柏林（1888～1989），他将民众的语言、民众的思想、民众的信念都融入歌中，创作了大量风靡全美的作品。

世界上最畅销和最耐用的唱片

个人唱片销售数量的最高纪录是由美国摇滚歌星迈克尔·杰克逊创造的，他灌制的唱片集在全世界共销售了数千万张。由于他在歌坛久盛不衰，所以他的这一纪录还在不断地直线上升。

第一张破100万张大关的古典密纹慢转唱片，是钢琴家哈维·拉凡·小克立本杰演奏的柴科夫斯基的《钢琴奏鸣曲第一号》。

迈克尔·杰克逊

迈克尔·杰克逊被誉为“流行音乐之王”，是出色的音乐全才，他的音乐融合了黑人节奏蓝调与白人摇滚，形成独特的MJ乐风。

世界上发行量最大的歌曲唱片是美国作曲家欧文·柏林所写的《我愿光明再生》，这是一首圣诞节颂歌，作品问世后的数十年间，售出的唱片数竟高达5000万张。

1977年8月20日，美国“旅行者1号”太空船从美国肯尼迪角出发。太空船周围用几枚钛制螺栓固定着一个铝盒，盒里有一个瓷唱头，一个钻石唱针和一张喷金的铜唱片，唱片内录入了两个小时的音响节目，内容是地球上的各种声音，其中3/4是地球上各时代、各地区不同民族的音乐，共有27首之多，其中有一首是我国的古琴曲《流水》。这张唱片即使使用10亿年，音色也仍将嘹亮如新，堪称世界上最耐用的唱片。

圆舞曲 又名华尔兹，是一种三拍子的舞曲，起源于奥地利民间舞蹈。

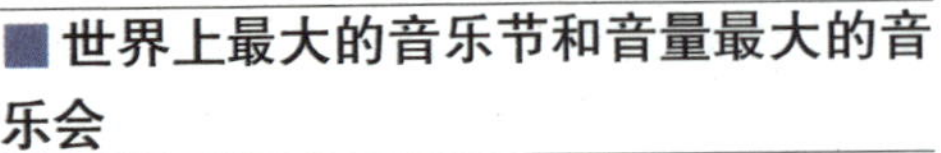

世界上最大的音乐节和音量最大的音乐会

1969年8月15日，在美国纽约市郊的胡士托私人农场，举行了一次举世无双的大型音乐节，来自各州的参加者多达45万人。音乐节起先规定买票入场，后因人多票少无法控制，干脆免费开放。这次活动的口号是“和平与音乐”，历时三天三夜。和以往的大型聚会不同的是，这次“和平与音乐”大型音乐节不但没有发生暴力事件，而且还在现场诞生了几个婴儿。

1976年5月31日，英国伦敦的查尔顿足球场举办了一场大音量的音乐会。舞台上放置了80台800瓦超级DC30A扩音机、20台600瓦高音200型分频器，扩音设备的输出总功率高达7.6万瓦，舞台前50米的观众席的噪声达120分贝。尽管如此，仍有成千上万的人甘愿冒终生耳聋之险而前去赴会。这是世界上音量最大的音乐会。

世界上最早的音乐比赛和公演音乐会

大约6世纪，在特耳菲城举办的纪念阿波罗神斩巨蟒的大型比赛中出现了最早的音乐比赛。这次比赛项目很多，除了体育外，还有音乐与诗歌。古希腊人相信，公开的比赛不仅有助于演奏者才能的施展，也能提高一般听众的欣赏水平。这是有文字记载的世界上最早的音乐比赛。

世界上最早的凭票入场的收费音乐会，是1672年由英国的小提琴家约翰·巴尼斯特举办的。音乐会的场地是一个大房间，里面像一家啤酒店，摆着一些椅子和桌子，票价一先令。巴尼斯特组织了几个乐师，在搭起的小台上演奏，每晚6时开始，一连演奏了6年。

音乐会上最多的谢幕次数和最长时间的重演

1983年7月5日，奥地利维也纳国家歌剧院演出了普契尼的歌剧《波希米亚人》，世界著名的男高音歌唱家帕拉契多·多明戈的表演十分出色。他的领唱结束后，雷鸣般的掌声长达一个半小时，多明戈谢幕高达83次，成为歌剧史上获得直接来自于观众的最高殊荣的歌唱演员。

1844年，在英国的一场音乐会中，亨德尔的一首歌受到没完没了的鼓掌，使得其他节目无法上演，只得宣布散场了事。世界上最长时间的重演，是1792年首次上演的西马罗沙的歌剧《塞格雷多的婚礼》，在当时奥匈帝国皇帝里奥布尔德二世的命令下，全剧重演。

票价最贵的音乐会

1985年1月17日，意大利著名的男高音歌唱家帕瓦罗蒂在夏威夷州府檀香山音乐厅举办过一场演出，这个音乐会的最低票价竟达125美元，尽管如此，门票早在半年之前就已全部预订完毕。不过，据当地报纸报道，檀香山的票价仅为帕瓦罗蒂在美国内华达州的拉斯维加斯城演出时票价的一半。19世纪末，被誉为“瑞典夜莺”的抒情花

帕拉契多·多明戈

帕拉契多·多明戈是西班牙著名男高音歌唱家，生于马德里，父母均是西班牙民族歌剧演员。他的嗓音丰满华丽，坚强有力，能胜任从抒情到戏剧型的各类男高音角色。

激情演唱的帕瓦罗蒂

帕瓦罗蒂（1935～2007），世界著名男高音歌唱家，他的嗓音丰满、充沛，其中高音区音色宽厚，带有强烈的自然美感。

腔女高音歌唱家詹尼·琳德（1820~1887）的音乐会票价则更为昂贵。音乐迷为了聆听她的演唱，不惜付出653美元去购买一张门票。

世界上最大型的灯光音乐会演

“幻彩咏香江”是一项世界级的多媒体灯光音乐会演。每天晚上8时起，香港维多利亚港沿岸的18幢主要建筑物一一亮起璀璨的灯光，灯光舞动，配以音响效果和旁白，香港的繁华风貌表现无遗。

“幻彩咏香江”已被列入《吉尼斯世界纪录》，成为全球最大型的灯光音乐会演。全新制作的会演共有五个主题，先以“旭日初升”作序幕，然后是“活力澎湃”、“继往开来”和“共创辉煌”，最后以“普天同庆”压轴。在特别的日子里，会演还会加插海上烟火表演。

世界上最多产和作曲最快的作曲家

世界上作品最多的作曲家当数德国的特利曼，他生于1681年，卒于1767年。在音乐创作生涯中，他完成了供一年不同时节礼拜使用的12套礼拜乐曲，并创作了78种用于其他场合的乐曲。此外，他还创作了40部歌剧、700首管弦乐曲、44首受难曲和若干首协奏曲及室内乐。

奥地利作曲家舒伯特是有名的突发天才，他的传世名曲几乎都在很短的时间内完成。著名的《听！云雀》、《摇篮曲》就是他酒后仅用十几分钟创作而成的。舒伯特的生活非常贫困，有时不得不用自己刚写好的乐谱换取食物。他说：“如果我有钱买五线谱纸，我可以天天作曲，一曲作完一曲又开始。”他一生创作了600多首歌曲，几乎都是突发而成。

舒伯特像

舒伯特的创作生涯虽然很短暂，但却给后人留下了大量的音乐财富——600多首委婉动听的歌曲，这些歌曲为世界音乐宝库增添了耀眼的光辉，他也因此被誉为“歌曲之王”。其最有代表性的歌曲有《魔王》、《野玫瑰》、《圣母颂》、《菩提树》、《鳟鱼》、《小夜曲》等。

最大和最小的乐队

1872年，著名的圆舞曲大师、奥地利作曲家施特劳斯应美国人邀请，签署了一场演出合同。合同规定他必须指挥一个由两万多人组成的巨大乐队。演出当天，特地建造起来的音乐大厅里人山人海，十余万听众和两万多乐队成员济济一堂，盛况空前。

美国人克里斯托弗·特里一个人“组成”了一个乐队。演出时，只见他在舞台上迅速地来回奔忙，一会儿吹黑管，一会儿吹长笛，一会儿打鼓，一会儿敲锣，有条不紊，演奏自如。这个一人乐队是世界上最小的乐队，曾在世界上许多国家举办过巡回演出，并且深受观众的欢迎。

幻彩咏香江

幻彩咏香江是香港的一个多媒体灯光音乐会演，在维多利亚港沿岸的多座摩天大楼举行，是香港旅游发展局于2004年发起的一个宣传香港的旅游项目，曾经吸引了超过400万名旅客及市民欣赏。

影视之最

最早的有声影片

1927 年 10 月 26 日，艾伦·克罗斯兰的《爵士歌王》在美国问世。这是世界上第一部带有音乐和部分对话场面的故事片，它标志着有声电影时代的到来。

电影声音的出现，为电影艺术拓展了新的表现空间，在电影史上是革命性的成果。声音从早期的毫无艺术美感可言的画面补充和附庸，如今在很多方面影响并改变电影的艺术审美特质和艺术表现方式，使电影从二维的平面延展为三维的空间。电影音乐已不仅仅是一首旋律优美的歌曲，更是一部“交响组曲”、“交响音画”、“交响音诗”。电影音乐正从更丰富的层次影响着观众对影片的欣赏和理解。

《爵士歌王》海报

《爵士歌王》描述了主人公酷爱唱歌跳舞，一心想成为百老汇明星，但遭到家人的反对。多年后，主人公背井离乡，更名改姓的他终于登上了舞台，在旧金山的夜店酒吧里实现了自己的理想，成了一名爵士歌手。

最长的系列电影

《寅次郎的故事》是日本松竹映画制作的全长 48 部的喜剧电影，是世界上最长的系列电影。

车寅次郎（阿寅）是父亲车平造和卖艺女子菊所生的孩子。16 岁和父亲大吵了一架后，阿寅离家出走。20 年后，车寅次郎突然回到了故乡——东京都葛饰柴又的寅屋，看望阔别已久的叔叔婶婶和同父异母的妹妹樱花。寅次郎自小就是出了名的淘气鬼，时常做些出格的事情，长大也没多少变化。在妹妹的相亲会上他出尽了洋相，回去和叔叔婶婶大吵了一架后又愤然出走了。经过一番曲折，阿寅终于帮助妹妹找到了真心喜欢的人——印刷厂的技工阿博，而他自己却像游子一样又出行了。

第 1 部便定下了整部作品的基调。每次阿寅在外飘荡久了，就会回到葛饰柴又和妹妹碰碰头。作为全剧最大的特色，每次都会有一位当红的女明星客串演出，和阿寅在路上相识。她们每次虽然都对阿寅表现出好感，但都不是真正恋爱，而阿寅往往对此浑然不觉，直到明白后，便默默地离开，重新开始漂泊的生活。

《寅次郎的故事》剧照

共 48 部的《寅次郎的故事》是电影史上最长的喜剧系列电影，在日本本土放映时，每每形成节日气氛。直到“寅次郎”的扮演者渥美清离世，此片才得以终结。

《寅次郎的故事》通常在盂兰盆节和正月初一上映，一年上映两部。作品自始至终着力于表现日本美丽的自然和人文风光，这是该作的一大特色。

【百科链接】

世界上最早的电影：

1895 年 12 月 28 日，法国人卢米埃尔兄弟在巴黎的“大咖啡馆”，第一次用自己发明的放映摄影兼用机放映了电影《火车到（进）站》。这标志着世界第一部电影的正式诞生。

最高收入的电影

《泰坦尼克号》（美国，1997年）于1997年12月19日上映，获1998年奥斯卡最佳影片、最佳导演、最佳音效、最佳摄影等11项大奖。截至1999年5月已获得票房总收入18.35亿美元，它所创的纪录迄今仍无影片能够超越。

造价2.5亿美元的《泰坦尼克号》是当时成本最为昂贵的影片，更是一件展示当代电脑特效水平的杰作。

《泰坦尼克号》剧照

该片拍摄历时5年，耗资2.5亿美元，是当时最昂贵的电影。该片更荣获11项奥斯卡大奖，成为世界电影史上的一个神话。此外，影片还展示了当代电脑特效科技的高超水平。

但票房收入最高的电影并不是《泰坦尼克号》，而是《乱世佳人》。米高梅公司的《乱世佳人》，仅在北美一地即售出1.9755亿张票，总收入达1.936亿美元。如把物价和票价上涨的因素考虑在内，这笔收入相当于今天的8.853亿美元。而在把物价上涨因素计算在内的美国最高票房收入影片榜，至2007年，《乱世佳人》名列第一，票房收入将近27亿美元。

最早的彩色故事片

世界上最早的彩色故事片是美国导演马摩里安执导的《名利场》。

1935年，由于生产具有特殊感光性能的彩色胶片的工艺得到了满意的解决，美国导演马摩里安摄制了世界上第一部大型彩色故事片《名利场》。此片根据英国作家萨克雷的著名长篇小说《名利场》改编，辛辣地讽刺了买卖良心和荣誉的“名利场”中的各种丑恶现象。20世纪40年代以后，彩色电影成为电影主流。

耗资最大的影片

一般认为，拍摄于1963年的《埃及艳后》是有史以来最昂贵的电影。如果把物价上涨因素计算在内，以实际成本而论，此片共耗资2.864亿美元，几乎使福克斯公司倒闭，但这笔投资物有所值，该片在全美共取得3.776亿美元的票房。

《埃及艳后》讲述的是埃及托勒密王朝最后一位女王克莉奥帕特拉七世（Cleopatra VII，公元前69~公元前30）的故事。她才貌出众，聪颖机智，手腕高明。她的一生富有戏剧性，尤其是她被卷入罗马共和末期的政治旋涡，同恺撒、安东尼关系密切，并伴以种种传闻逸事，这些使她成为文学和艺术作品中的著名人物。

但是最昂贵的电影到底是哪部并无定论。一直以来，《埃及艳后》都在与1968年推出的电影《战争与和平》争夺“世界最昂贵的电影”头衔，而据美国一家权威电影网站调查统计，《战争与和平》耗资5.6亿美元。

电影《埃及艳后》（1963年）海报

影片由理查德·伯顿与伊丽莎白·泰勒主演，拍摄过程极其奢华，以惊人气魄重现了古罗马时代一段波澜壮阔的历史。

历史上被搬上银幕最多的人物

法国皇帝拿破仑·波拿巴所创立的伟业，不亚于亚历山大和恺撒，是法国历史上最伟大的领袖之一。1897年以来，拿破仑·波拿巴成为175部电影的主角，超过了其他历史人物。

身穿礼服的拿破仑皇帝

1804年12月2日中午，在巴黎圣母院，35岁的拿破仑身穿镶嵌银鼬皮的紫色天鹅绒礼服，佩戴着当年查理大帝登基时用过的宝剑，头戴黄金铸就的桂冠，登基成为法兰西皇帝。

而上银幕最多的小说人物则是阿瑟·柯南道尔创作的侦探福尔摩斯。自1900年以来，他出现在211部影片中，先后由75名演员扮演。福尔摩斯面对扑朔迷离、疑云重重的悬案，在他合乎逻辑的推理下，最终总能找出真相。福尔摩斯的神勇形象鼓舞着人们与邪恶和犯罪进行不屈不挠的斗争。而坐在茶几旁边的藤椅上，戴上那顶方格子呢帽，拿着大侦探的烟斗，一边吸烟一边分析案情的样子，则成为一种标志性符号和荧屏上的经典形象。

世界上票房总收入最高的科幻片

如把物价和票价上涨的因素计算在内，乔治·卢卡斯导演的《星球大战》的原版和特别版（美国，1977和1997年）票房总收入11.9亿美元，创历史最高纪录，是票房总收入最高的科幻片。

1977年首映的《星球大战》为好莱坞和整个世界开启了科幻巨片、影像技术的新时代。《星球大战》还派生出了众多电视剧集、书籍、漫画、电子游戏、玩具等其他产品。2005年，《福布斯》杂志估计这个电影系列在过去30年的总收入达200亿美元。

而由于《星球大战》的成功，卢卡斯影业旗下的“天行者音效”、“THX标准”、Avid后期制作系统等早已成为电影技术领域的一种业界标准。更重要的是，卢卡斯当时自主创立的工业光魔（ILM）特效公司因《星球大战》一举成名，成了业内视觉特效的标杆和领头羊。

【百科链接】

叙事蒙太奇：

蒙太奇具有叙事和表意两大功能。叙事蒙太奇是影视片中最常用的一种叙事方法，它的特征是以交代情节、展示事件为主旨。这种蒙太奇由美国电影大师格里菲斯等人首创。

另外，福克斯公司的《独立日》（美国，1996年），由于人物形象突出，剧情天衣无缝，音乐振奋人心，特技形象逼真，初次发行就在世界各地获得8.11亿美元的总收入，创科幻片初次发行票房总收入之最。

《星球大战》剧照

乔治·卢卡斯执导的《星球大战》在1977年问世后，以其前所未有的太空场面、纷繁复杂的星系斗争，被称为“继摩西开辟红海之后最为壮丽的120分钟”。

世界上使用服装最多的影片

1996年，麦当娜击败众多好莱坞女演员，得到在电影《埃维塔》中出演阿根廷独裁总统胡安·贝隆光彩照人的妻子伊娃·贝隆的机会。尽管由“物质女孩”麦当娜出演这位深受爱戴的女性在当时遭到阿根廷人民的集体抗议，但这部影片却是麦当娜事业的一座里程碑。

《埃维塔》海报

由音乐剧改编的电影《埃维塔》，其女主角由麦当娜扮演，当年，因为麦当娜出演阿根廷的国母，在阿根廷引起了不小的风波。

在该片中，麦当娜更换服装85次，穿戴过39顶帽子、45双鞋和56副耳环，使该片成为世界上女主角使用服装最多的影片。而在《走向四方》（美国，1951年）一片中，共使用了3.2万套服装，是使用服装最多的影片。

世界上票房收入最高的恐怖片

美国派拉蒙影业公司拍摄的恐怖片《夺命狂呼》，从1996年上映到1997年7月为止，已获得票房收入1.616亿美元。《夺命狂呼2》（美国，1997年）由大卫·阿凯特和科特妮·考克斯主演，从1997年12月至1998年8月，票房收入1.605亿美元。而如果把物价和票价上涨因素计算在内，威廉·弗里德金导演的《驱魔师》（美国，1973年）是票房收入最高的恐怖片。按照今天的物价标准计算，该片的票房收入超过3.81亿美元。

由威利斯和奥斯蒙特主演的超自然恐怖片《第六感》（美国，1999年）截止到2000年4月，在全世界的票房收入达6.794亿美元，是自然类恐怖片中票房收入最高的影片。

世界上最大的电影制片厂

美国加利福尼亚州洛杉矶市附近的好莱坞是世界著名的影城，20世纪初，一些制片商开始在这里拍片，到1928年已形成以派拉蒙等八大影片公司为首的强大阵容。

环球影城是好莱坞最吸引人的去处，占地1.7平方千米，有561座建筑物、34个音响舞台，是世界上最大的电影制片厂。在这里你可以参观电影的制作过程，回顾经典影片的片断。影城内有三个游览区，分别是电影车之旅、影城中心与娱乐中心。在影城中心，观众还可以在电影拍摄现场亲身体验电影的拍摄过程。

好莱坞的标志

好莱坞位于加利福尼亚州洛杉矶市的西北部，是世界著名的电影城市。图为好莱坞的标志，每个字母的高度为13.7米。

世界上获利最多的系列影片

世界上获利最多的系列影片，是英国特工007詹姆士·邦德的一系列影片。这20多部邦德系列片是以伊恩·弗莱明的小说为基础的，大多由科比·勃洛科里担任制作，已在世界各地获得票房收入10多亿美元，超过了其他系列电影。

皮尔斯·布鲁斯南是第五任007，也是目前最成功的007扮演者。他修养极高，举手投足间都表现出良好的绅士风度；他富于创造性，而且还有优秀的社交能力，可赢得人心，又可保持出众的形象。这种不同凡响的恰到好处，颇具魅力，几乎使他成为一个“完美”男人。因而他在《黄金眼》、《择日再死》等007系列影片中打上了自己的烙印。这一系列电影不仅取得十几亿美元的票房收入，布鲁斯南本人更被誉为世界影坛最多才多艺、最富冒险精神、最具演技的传奇性男演员之一，并从此步入了他在好莱坞的黄金时代。

世界上最昂贵的电影上映权

上映权最昂贵的影片是百老汇的音乐剧《安妮》，其上映权费用为950万美元。这笔交易是哥伦比亚公司于1978年宣布的，该片于1982年发行，由约翰·休斯顿执导，阿尔伯特·费尼主演。

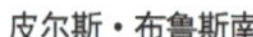

皮尔斯·布鲁斯南

布鲁斯南出演的007很受观众欢迎，而根据网上调查，他出演的詹姆斯·邦德是最受网民欢迎的，被形容为“刚强与温柔并济”型的詹姆斯·邦德。

音乐剧《安妮》来自Harold Gray在报纸《芝加哥讲坛》上连载的漫画《孤女安妮》。这部漫画在美国漫画史上占有重要的地位。主人公安妮是个善良勇敢的女孩，她接触过社会上各式各样的人物，也凭着她的机智与各种恶势力作斗争，从不实际的社会改良家到无恶不作的政客，从黑社会的歹徒到纳粹军官都是她斗争的对象。

开始，安妮旅行中只有大狗做伴，后来，“爸爸”出现在漫画里。这个“爸爸”并不是安妮的亲生父亲，他叫Warbucks先生，是个白手起家的亿万富翁。从某种角度来说，他与安妮都是同一类人，是凭自己的努力奋斗而成功的人。在漫画里，Warbucks先生收养安妮后不久就因为战争而离家从军，之后，安妮又开始了历险。

动画电影《玩具总动员》剧照

电影花费了上亿的成本，历时4年才完成，令人叹为观止的是计算机动画的精密手法在本片中得到充分发挥，从一景一物到人物的所有表情全由计算机绘制而成，工程浩大。

好莱坞年龄最大和最小的导演

好莱坞年龄最大的导演是乔治·科克（1899~1983），1981年他以82岁高龄导演了他平生最后一部影片，即由米高梅公司制作的《富裕和闻名》。斯蒂芬·保尔在导演《再度恋爱》（美国，1980年）时年仅20岁，是好莱坞最年轻的导演。

【百科链接】

最早的3D动画片：

世界上第一部电脑立体动画电影是1995年迪斯尼公司出品的《玩具总动员》。它上映当年即获得了奥斯卡特殊成就奖，以及奥斯卡最佳原著剧本、最佳音乐或喜剧片配乐等多项提名。

建筑之最

最大的巨石建筑

胡夫金字塔是世界上最大的巨石建筑。它位于埃及首都开罗西南约10千米处，被誉为“世界古代七大奇迹”之一。

胡夫金字塔

胡夫金字塔位于埃及首都开罗西南约10千米的吉萨高地。胡夫金字塔是埃及现存规模最大的金字塔，被喻为“世界古代七大奇迹”之一。

在古埃及，每位法老从登基之日起，便着手为自己修筑陵墓以求死后超度为神。胡夫金字塔建于埃及第四王朝第二位法老胡夫统治时期（约公元前2670年前后），是胡夫为自己修建的陵墓。

胡夫金字塔的塔身由大小不一的230万块巨石组成，重量在1.5吨至160吨之间不等，石块间合缝严密，不用任何黏合物。如把这些石头凿成平均一立方英尺的小块并排列成行，其长度则相当于地球周长的2/3。胡夫大金字塔的4个斜面正对东、南、西、北四个方向，误差很小。塔的底边原长230米，现在由于塔外层的石灰石脱落，底边减短为227米，倾角为51°52′。塔原高146.59米，因顶端剥落，现高136.5米，相当于一座40层的摩天大楼，塔底面呈正方形，占地5.29万平方米。

胡夫金字塔工程浩大，结构精细，其建造涉及测量学、天文学、力学、物理学和数学等各领域，被称为人类历史上最伟大的巨石建筑。关于它，至今仍有许多未解之谜。

最大的会堂式建筑

北京人民大会堂于1958年10月破土动工，1959年8月竣工，占地15万平方米，建筑总面积达17.18万平方米，是世界上最大的会堂式建筑。

北京人民大会堂位于天安门广场西侧，平面呈山字形，正面墙呈“弓”字形。主要由大会堂、宴会厅、人大常委会办公楼3个部分组成。大会堂由东面入口，南北宽76米，东西进深60米，共有固定座位9770个，会场主席台可容纳300人。吊顶与墙壁之间全部为圆角相交，达到了浑然一体的效果。吊顶中央高悬红五角星灯，四周是用镏金制成的光芒和向日葵花瓣，整个会场烘托出一种团结向上的气势。宴会厅设置在二楼，由北面入口，是接待世界各国贵宾和友人的场所，面积达7000平方米，有坐席5000个。

人民大会堂

人民大会堂位于北京市中心天安门广场西侧，西长安街南侧，是中国全国人民代表大会开会的地方，又是党、国家和各人民团体举行政治活动的重要场所，也是中国国家领导人和人民群众举行政治、外交、文化活动的场所。

世界上建筑规模最大的水利工程

长江三峡水利枢纽工程（简称三峡工程）包括两岸非溢流坝在内，总长2335米。泄流坝段483米，26台70万千瓦水电站机组，双线5级船闸和升船机，无论单项、总体都是世界上建筑规模最大的水利工程。

长江三峡工程因位于长江干流的三峡（包括瞿塘峡、巫峡、西陵峡）河段而得名，始建于1994年。

三峡工程由大坝、水电站厂房、通航建筑物等主要建筑物组成。大坝为混凝土重力坝，最大坝高175米，坝轴线总长2309.47米，坝顶高程（指相对下游的吴淞口基面）为185米。正常蓄水位175米，相应的总库容量为393亿立方米。水电站厂房位于电站坝段坝后，总装机容量1820万千瓦，年发电量847亿千瓦时。

三峡工程建成后，大大提高了荆江河段的防洪能力。在电能利用方面，极大地缓解了华中、华东、川东的能源紧张状况。在航运方面，大大改善了长江、特别是川江渝宜段（重庆—宜昌）的航道条件，对促进西南与华中、华东地区的物资交流和发展长江航运事业也有很大意义。此外，三峡工程建成后还具有巨大的养殖、旅游等方面的价值。

世界上最大的冰建筑物

位于瑞典尤卡斯耶尔维的冰旅馆，是世界上最大的冰建筑物。如今冰旅馆的规模不断扩大，已是当初的10多倍，仅冰块就需要3000多吨。可尽管如此，房间仍然供不应求。

冰旅馆中所有的冰建筑都只有一层，最大的那一幢就是住宿的房间。走进旅馆如同进入了水晶王国。冰柱支撑起的冰大堂晶莹剔透。冰沙发、冰茶几、冰桌子和各种冰雕及冰墙饰，在各色灯光映衬下显得精妙绝伦，冰酒吧、冰教堂、冰艺术中心、冰电影院等应有尽有，简直是童话故事里的仙境。

瑞典冰旅馆

瑞典冰旅馆因为独特的风格，逐渐受到人们的青睐，其面积逐年增加。目前这座宾馆以冰雕、电影院、桑拿浴和冰吧为特色，还设有世界上独一无二的冰制祈祷室。

冰旅馆中的冰酒吧最吸引人。冰吧台、冰吧椅、冰酒杯，在这种环境里，用这样的冰酒杯品尝五彩缤纷的各种鸡尾酒真是难得的享受。每年天气转暖后，冰旅馆就会逐渐融化，因此，冰旅馆是每年冬天重新建造的，每一年的造型和布局都不一样。

冰旅馆曾两度被《新闻周刊》评为“世界上最绝妙的酒吧”，世界名模、摇滚乐队、总统及欧洲王室等名人都曾经慕名而来。

三峡大坝

1994年12月14日，当今世界第一大水电工程——三峡大坝工程正式动工。它位于湖北省宜昌市境内的三斗坪，其防洪库容量为221.5亿立方米，能够抵御百年一遇的特大洪水。

世界上最大、最完整的古建筑群

故宫又称“紫禁城”，是明清两代的皇宫，气势宏大严谨，雄伟壮丽，是中国古代建筑艺术的精华，也是世界上最大、最完整的古建筑群。1988 年故宫被联合国教科文组织列为“世界文化遗产”。

故宫角楼

角楼建成于明永乐十八年（1420 年），清代重修。它是紫禁城城池的一部分，与城垣、城门楼及护城河同属于皇宫的防卫设施。

故宫始建于 1406 至 1420 年，是明成祖朱棣迁都北京后所建，占地面积约 70 多万平方米（长 960 米，宽 750 米），建筑面积 15.5 万平方米，有房屋 9999 间。

故宫的建筑依据布局与功用分为“外朝”与“内廷”两大部分。“外朝”与“内廷”以乾清门为界，乾清门以南为外朝，以北为内廷。故宫外朝、内廷的建筑气氛迥然不同。外朝的主要建筑是太和殿、中和殿和保和殿。太和殿红墙黄瓦、朱楹金扉，金碧辉煌，是故宫最壮观的建筑，也是我国最大的木结构殿宇。中和殿是故宫三大殿之一，位于太和殿后。保和殿是科举考试殿试的地方。内廷以乾清宫、交泰殿、坤宁宫三宫为中心，两翼为养心殿、东西六宫、斋宫、毓庆宫，后有御花园，是封建帝王与后妃居住之所。

故宫严格按《周礼·考工记》中“前朝后市，左祖右社”的帝都营建原则建造。整个建筑庄严宏伟，特别是太和殿、中和殿和保和殿三大殿，这三座殿建在 8 米高的三层汉白玉石阶上，以显示封建帝王至高无上的威严。太和殿坐落在紫禁城对角线的中心，故宫的设计者认为，不这样不足以显示皇帝的威严，不足以震慑天下。

当今世界规模最宏大的佛教石窟寺

莫高窟是当今世界规模最宏大、内容最丰富、艺术最精湛、保存最完整的佛教石窟寺，被誉为“东方艺术明珠”。

莫高窟又称千佛洞，位于甘肃省敦煌市东南 25 千米的鸣沙山东麓。始建于前秦建元二年(366 年)，迄今保存有北凉、北魏、西魏、北周、隋、唐、五代、宋、西夏、元代等不同时期建造的多种类型洞窟 735 个，其中有壁画和彩塑的洞窟 492 个、壁画 4.5 万平方米、彩塑 2400 余身、唐宋木结构窟檐 5 座。1900 年，人们在藏经洞（今编号第 17 窟）内发现了西晋至宋代经、史、子、集各类文书及绘画作品 5 万余件。

敦煌莫高窟

莫高窟位于中国甘肃省敦煌市东南 25 千米处的鸣沙山东麓断崖上，前临宕泉河，面向东，南北长 1680 米，高 50 米，洞窟分布高低错落、鳞次栉比，上、下最多有 5 层。

莫高窟的艺术特点主要表现在建筑、塑像和壁画三者的有机结合上，它系统反映了北魏、隋、唐等 10 多个朝代的艺术风格。长长的栈道将大大小小的石窟曲折相连，洞窟的四壁全是与佛教有关的壁画和彩塑，肃穆端庄的佛影、飘舞灵动的飞天，令人屏声敛息。

1987 年，莫高窟被列为世界文化遗产。

【百科链接】

我国最奇特的塔：

在滇西芒市，有一座有 200 多年历史的塔，此塔被一棵大青树紧紧箍在中间，塔顶上生长着参天大树，一眼看去，树包塔，塔长树，树塔浑然一体，是非常罕见的自然景观。

恒山悬空寺

悬空寺又名玄空寺，是国内现存唯一的佛、道、儒三教合一的独特寺庙。它修建在悬崖峭壁间，始建于北魏后期，迄今已有1500多年的历史。悬空寺面对恒山，背倚翠屏，上载危岩，下临深谷，楼阁悬空，结构巧奇，寺下岩石上的“壮观”二字，是诗仙李白的墨宝。

现存最早的悬崖绝壁上的木结构建筑群

悬空寺是世界上现存最早的建于悬崖绝壁上的木结构建筑群，也是我国现存唯一的佛、道、儒三教合一的独特寺庙。它始建于北魏太和十五年（491年），迄今已有1500多年的历史。自古以来，这里一直被列为北岳恒山的第一奇观。

悬空寺悬挂在北岳恒山金龙峡西侧翠屏峰的悬崖峭壁间，面对恒山，背倚翠屏，上载危岩，下临深谷，背岩依龛，寺门向南，以西为正，楼阁悬空，结构巧奇。全寺为木质框架式结构，共有殿阁40间，利用力学原理半插飞梁为基，巧借岩石暗托梁柱，上下一体，廊栏左右相连，曲折出奇，虚实相生。寺内有铜、铁、石、泥佛像共80多尊。

远望悬空寺，它像一幅玲珑剔透的浮雕，镶嵌在万仞峭壁间；近看，它却大有凌空欲飞之势。登临悬空寺，攀悬梯，跨飞栈，穿石窟，钻天窗，走屋脊，步曲廊，忽上忽下，左右回旋，仰视一线青天。俯首而视，峡水长流，叮咚成曲，如置身于九天宫阙。

悬空寺选址之险、建筑之奇、结构之巧、内涵之丰富，都堪称世界一绝。它不仅是中华民族的国宝，也是全人类的珍贵文化遗产。

最长的人造建筑

万里长城横亘于中国北方的崇山峻岭之巅，总长度6700多千米，是世界上最长的人造建筑。

万里长城始建于春秋战国时期，是冷兵器战争时代的国家军事防御工程，其修建时间、工程量都堪称世界之最，是我们祖先智慧的体现，也是中华民族的象征。

根据历史记载，从战国以来，有20多个诸侯国和封建王朝修筑过长城。最早修建长城的是楚国。随后，齐、燕、魏、赵、秦等国为了防御北方游牧民族的侵扰也开始修筑自己的长城。秦统一六国后，秦始皇派著名大将蒙恬北伐匈奴，并把各国长城连接起来，形成西起临洮东至辽东绵延万余里的“万里长城”。秦始皇为修筑长城动用了30万人，创造了人类建

绵延万里的长城

长城是中国古代历史上中原王朝为巩固北部边防而修筑的军事防御工程，经过历朝历代的多次修建，形成东起鸭绿江，西达嘉峪关，横贯9省市的宏伟规模。

【百科链接】

最古老的铁索桥：

在澜沧江畔，有一座明成化十一年（1475年）修建的霁虹铁索桥，它是现在已知的世界上最早的铁索桥。

筑史上的奇迹。但秦长城只有遗迹残存，今天我们所见到的主要是明长城，它西起嘉峪关，东到山海关。

当年，长城的修建是为了防止少数民族南侵，保护中原经济和文化。如今经过精心开发和修复，山海关、居庸关、八达岭、司马台、慕田峪、嘉峪关等长城关口已成为驰名中外的旅游胜地。

最大的地下皇陵

位于西安市临潼县东约5千米处的秦始皇陵，是目前世界上最大的地下皇陵。陵园内城垣周长3870米，外城垣周长6210米，陵区内目前探明的大型地面建筑为寝殿、便殿、园寺吏舍等遗址。秦始皇陵由封土夯筑而成，形成了三级阶梯，状呈覆斗，底部近似方形，底面积约25万平方米，高115米，经过2000多年的风雨侵蚀和人为破坏，现封土底面积约为12万平方米，高度为87米，整座陵区总面积为56.25平方千米。

秦始皇陵是秦始皇嬴政为自己修建的陵墓，从他即位起开工修建，前后历时38年之久，比著名的埃及胡夫金字塔的修造时间还长8年，修陵人数最多时将近80万，几乎相当于修建胡夫金字塔动用人数的8倍。

秦始皇陵地下宫殿是陵墓建筑的核心部分，位于封土堆之下。陵园以封土堆为中心，四周陪葬众多，物品丰富，规模空前，有闻名遐迩的兵马俑陪葬坑、铜车马坑、大型石质铠甲坑、百戏俑坑、文官俑坑以及陪葬墓等。数十年来，这里出土的文物多达10万余件。

秦始皇陵兵马俑坑

秦始皇兵马俑坑是秦始皇陵的陪葬坑，是世界上最大的地下军事博物馆。最早发现的是一号俑坑，呈长方形，东西长230米，南北宽62米，深约5米，总面积14260平方米，四面有斜坡门道，左右两侧又各有一个兵马俑坑，现称二号坑和三号坑。

现存最古老的石拱桥

赵州桥又名安济桥，建于隋大业（605~618）年间，为著名匠师李春所设计，是当今世界跨径最大、建造最早的单孔敞肩型石拱桥。该桥构思精巧，造型稳重，是世界桥梁史上的杰作，于1961年被定为全国重点文物保护单位。

赵州桥

赵州桥是世界上现存最早、保存最好的石拱桥，距今已有1400多年的历史。

赵州桥坐落在赵县城南的洨河上，全长64.4米，拱顶宽9米，跨径37.02米，拱矢7.23米。赵州桥在建造上有其独到的特点：桥身为单孔，跨度大，而弧形平缓，既节约石料，又便于行人和车辆行走；敞肩拱的运用不仅增加了排水面积，减少了水流阻力，而且节省了石料，减轻了桥身重量，增加了桥的稳定性；采用纵向并列砌筑法，每道拱券可独立站稳，既便于施工、节约木材，又便于单独修补；桥台基址没有特殊设置，采用天然地基。

1400多年来，赵州桥经历了10次水灾、8次战乱和多次地震都安然无恙。著名桥梁专家茅以升说，抛开桥的内部结构不论，它能够存在1000多年就说明了一切。

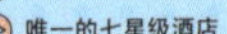

最大的博物馆机构

史密森学会是目前世界上最大的博物馆机构。史密森学会是1848年根据英国科学家詹姆斯·史密森先生的遗嘱，将其遗产捐赠给美国政府，以此为基础设立的学会。该学会归联邦政府管理，也是唯一由美国政府资助的半官方性质的博物馆机构。史密森学会下设14所博物馆和1所国立动物园。博物馆的总藏品量达1.4亿多件，囊括了美术、自然历史、艺术、航空航天、雕塑、肖像等多个方面。

史密森学会下属的博物馆均对公众免费开放，每年接待参观者约4000万人次。

世界上最高的桥梁

米约高架桥位于巴黎通往地中海地区的公路上，是目前世界上最高的桥梁。

这座桥由英国建筑师诺曼·福斯特设计，长达2.46千米，坐落在法国中央高原山脉的两大高原之间。桥柱高343米，最高点比埃菲尔铁塔还要高23米。大桥共有7座塔柱，其中第二座塔柱高245米，是世界上最高的塔柱。这座大桥已于2004年12月17日正式开通，它的建成大大缓解了前往地中海和西班牙的卡车司机和旅游者带来的交通压力。建造者估计，大桥平均每日的车流量约为1万辆，在夏季高峰期则可达到2.5万辆。

米约高架桥的建造总共耗时39个月，耗资3.1亿欧元（合3.78亿美元），耗费钢材3.6万吨，占大桥总重量的1/4，其他部分是用混凝土建造的。

唯一的七星级酒店

迪拜的伯瓷酒店是世界上唯一的七星级酒店（因为饭店设备实在太高级，远远超过五星的标准，因此被破例称为“七星级”）。

20世纪90年代，富庶的迪拜在其王储的提议下，由知名企业家投资兴建了美轮美奂的伯瓷酒店。伯瓷酒店建立在离海岸线280米处的人工岛上。它融合了最新的建筑及工程科技，拥有迷人的造型，看上去仿佛和天空融为了一体。伯瓷工程花了5年的时间，两年半的时间用于阿拉伯海填海造岛，两年半的时间用于建筑本身，用了9000吨钢铁，有250根基建桩柱打在40米的深海。整个酒店由英国阿特金斯建筑规划室设计，外观如同一张鼓满了风的帆，共56层，高321米，比法国的埃菲尔铁塔还高，是全球最高的酒店。

迪拜七星级酒店

迪拜七星级酒店位于阿拉伯联合酋长国第二大城市迪拜海滨的一座人工岛上，建筑共56层，高321米，是目前全球最高的饭店，里面的设施和服务极尽奢华。

史密森城堡

史密森学会的办公地点是1855年落成的风格古典的史密森大厦，现在一般称为史密森城堡。

世界上第一座钢铁结构的高塔

埃菲尔铁塔

埃菲尔铁塔是法国巴黎的著名铁塔，坐落在塞纳河右岸战神广场的北端。1887 年 1 月 26 日动工，1889 年 5 月 15 日开放，距今已有 100 多年的历史了，每年都吸引着大批的游客，如今它已经成为巴黎标志性的建筑了。

世界第一座钢铁建筑塔夫·埃菲尔铁塔矗立于法国巴黎市中心塞纳河右岸的战神广场。

埃菲尔铁塔是为庆祝法国大革命胜利 100 周年的国际博览会而建的，1887 年动工，1889 年竣工，以其设计人——著名的法国建筑工程师塔夫·埃菲尔的名字命名。

埃菲尔铁塔高 320.7 米，塔身为钢架镂空结构，重 9000 吨，共用了 1.8 万多个金属部件，以 100 多万个铆钉铆成一体，靠 4 条粗大的水泥塔墩支撑。全塔分为三层：第一层高 57 米，第二层高 115 米，第三层高 276 米。每层都设有带高栏的平台，供游人眺望独具风情的巴黎市区美景。晴空万里之时，人们从铁塔上可以看到远达 70 千米处的景色。

埃菲尔铁塔不仅是一座铁塔，而且是相当热闹的商业大楼。它内部有饭店、酒吧间，还有百货店、杂货铺及机器人。50 年代以来，铁塔成了法国广播电视的中心，是世界上最高的天线塔之一。每天来自世界各地的游客络绎不绝，每年的旅游者近 350 万人。铁塔的投资，当年就几乎全部收回。

今天，埃菲尔铁塔这一世界独一无二的宏伟建筑仍展示着人类的聪明才智，它不仅是一座吸引游人观光的高塔，更是巴黎这座美丽而历史悠久的城市的象征。

世界上最大的古代圆形剧场

世界上现存最大的古代圆形剧场是意大利罗马的弗拉维圆形剧场。它是古罗马弗拉维王朝的创立者韦斯巴芗为纪念征服耶路撒冷而建造的，历时约 10 年之久。

罗马大角斗场内部

大角斗场内的看台约有 60 排，分为 5 个区：最下面前排是贵宾（元老、祭司等）区，第二区供贵族使用，第三区是给富人使用的，第四区由普通公民使用，最后一区则给底层妇女使用，全部是站席。

在公元前 1 世纪，奥古斯都统治下的帝国时代，圆形剧场代替方形剧场在坎帕尼亚的城市中得到发展。圆形剧场是为角斗士表演而建的，中心是一个竞技场，竞技场被层层看台所环绕。弗拉维圆形剧场是其中最壮丽的剧场，也是古罗马最著名的建筑之一。

大剧场呈椭圆形，长轴 189 米，短轴 162 米，周长 527 米，占地 2 万平方米。中央是表演区，周围是阶梯形的看台，约有 60 排编号座位，可容纳 8 万观众。观众分别从 80 个入口进场，对号入座。剧场外观雄伟而华丽，总高度达 48.5 米，分为 4 层，下面 3 层是透空的拱券，外面贴着各种式样的“古典柱式”。第 4 层是石墙面贴壁柱。表演区的台上铺有木板（现已没有），下面有乐池、道具间及供角斗士准备搏斗的小室和关闭猛兽的笼子共 80 多间。剧场内可以进行各种竞技表演、马戏表演，中央舞台区还可以蓄水成池，模拟海战表演，但主要是供角斗之用。

【百科链接】

世界上最大的哥特式基督教堂：

美国纽约市的圣约翰大教堂位于曼哈顿岛阿姆斯特丹大道和 112 街的交界处，是世界最大的哥特式基督教堂。该教堂始建于 1892 年，建筑工程时断时续，前后历经了 20 年。

现存最高的木塔

佛宫寺释迦塔位于山西应县城内西北的佛宫寺内，俗称应县木塔。该塔建于辽清宁二年（1056年），金明昌六年（1195年）增修完毕，是现存最高、最古老的一座木构式佛塔建筑，也是唯一一座木结构楼阁式塔，为全国重点文物保护单位。

应县木塔通高67.13米，底层直径为30米，平面为八角形，外观是五层，但是塔内夹有暗层四级，实为九层。塔内各层，使用了中国传统的斜撑、梁枋和短柱等建筑方法，整个塔连为一体，既坚固又壮观。据测，建筑该塔实用木材3500立方米以上，重达3000吨左右。塔内佛像雕刻精细，各具神态；精美华丽的壁画色泽鲜艳，人物栩栩如生。

应县木塔的设计大胆继承了汉、唐以来富有民族特色的重楼形式，充分利用传统建筑技巧，广泛采用斗拱结构，设计科学严密，构造完美，巧夺天工，是一座既有民族风格、民族特点，又符合宗教要求的建筑。

应县木塔自建造至今已有900多年的历史，长期经受风雨侵蚀，并曾遭军阀炮击及多次强烈地震，虽有轻微倾斜，仍巍然屹立，堪称建筑史上的奇迹。

应县木塔

应县木塔是世界现存最古老、最高大的全木结构塔式建筑，历经1次大风暴和7次大地震，至今仍巍然屹立。

契丹藏印本《大方广佛华严经》残卷

图为契丹藏印本《大方广佛华严经》第四十七卷残卷，是辽代藏印中的精品，发现于应县木塔内。

世界上最早的图书馆

在两河流域古巴比伦王朝的一座寺庙废墟附近，考古学家发现了大批堆在一起的泥版文献，这说明该寺为古代的图书馆。该寺庙约建于公元前3000年，以此来看，这是已知最早的图书馆。

公元前7世纪，亚述巴尼拔国王在尼尼微建立了藏有大约2.5万块泥版文献的皇宫图书馆。这是现今已发掘的古文明遗址中保存最完整、规模最宏大、书籍最齐全的图书馆。在时间上要比埃及著名的亚历山大图书馆早400年。由于泥版图书的特殊性，这里的图书大部分都保存了下来。

1849年，英国业余考古学家莱尔德在发掘尼尼微的亚述王宫遗址时，在亚述国王辛那赫里布（公元前704~公元前681在位）的宫殿里，发现了这个泥版"图书馆"。图书馆的藏书大部分是从全国各地传抄的摹本，一部分从私人处获得。图书馆中藏有大量泥版文书，门类齐全，包括宗教神话、艺术作品、天文、医学等，其中的王朝世袭表、史事札记、宫廷敕令以及神话故事、歌谣和颂诗，为后人了解亚述帝国乃至整个亚述—巴比伦文明提供了可靠资料。

世界上最大、层次最多的歌剧院

位于意大利米兰市中心的斯卡拉歌剧院是世界上最大、层次最多的歌剧院。

斯卡拉歌剧院坐落在斯卡拉圣玛利亚教堂遗址，建成于1778年，有“世界歌剧院代名词”之称。歌剧院庄严雄伟、富丽堂皇，共有7层观台，可容3000多人，剧场内正中悬挂的大型吊灯，共有365个灯头，象征一年365天。

斯卡拉歌剧院从落成的那天起，就成了米兰社会、文化和政治集会的中心，也成了意大利最主要的歌剧院，几乎所有杰出的意大利作曲家都曾有歌剧作品在这里首演。两个多世纪里，大剧院几经破坏、修复，战后的1946年按原样重新修建后，1955年斯卡拉歌剧院旁又新建了一座拥有600个座位的斯卡拉小剧院，用以演出早期古典歌剧和一些小规模的作品。斯卡拉歌剧院还附有剧院历史陈列馆和歌剧演员进修中心。陈列馆内陈列着大批手稿、名家用过的指挥棒、乐器等。歌剧演员进修中心用以培养世界各国年轻演员并传播、研究意大利音乐和歌剧。事实上，该剧院已被视为世界歌剧艺术的中心，因而具有其独特的国际性意义。

2002年4月，斯卡拉歌剧院又一次进入整修，维修耗资6700万美元。2004年12月斯卡拉歌剧院以全新的面貌开放，又一次成为全世界的焦点。

斯卡拉歌剧院

斯卡拉歌剧院是意大利最大的歌剧院，也是世界上音响效果最佳的歌剧院之一。它位于米兰市中心，与米兰大教堂相距约200米。

世界上最早的私人面包博物馆

距贝尔格莱德42千米的佩钦齐村，是塞尔维亚共和国伏伊伏丁那自治省的一个普通小村。而今，该村因为拥有世界上第一家私人面包博物馆而闻名世界。

米兰维托伊曼纽二世拱廊

米兰是世界上有名的时尚之都，米兰维托伊曼纽二世拱廊是一个华丽的购物商场，里面有无数的精品店，规模和橱窗布置都数一数二，尤其橱窗布置天天更新，即使不买东西，只是站在橱窗外欣赏也是一大乐事。

面包博物馆于1998年建成，占地约1200平方米，有3个展厅，展品近2000件。馆主耶雷米亚是个酷爱面包题材的画家。

第一展厅是古老农业器械展厅，主要展出仿制的耕地、种植和收割的农具，以及粮食储存器具等。第二展厅主要展示各式面包。塞尔维亚人的历史与面包密切相关，自古以来，塞尔维亚人就离不开面包。从一定意义上说，塞尔维亚人制作和食用面包已成为一种文化。他们不仅平时每天食用面包，婚丧嫁娶、生日聚会和庆祝节日时都要制作不同的面包。这个面包展厅展出的仅是96种具有代表性的面包。此外，这里还展出了制作面包的面包炉和其他用具。最后一个展厅为绘画展厅，展出馆主多年来以面包为题材的绘画作品和用面包拼成的各种图案。

伊泰普水电站

伊泰普水电站全长7744米，整座大坝就像一座钢筋混凝土铸就的长城，显得雄伟壮观。

世界上最高的大坝

当今世界最高的大坝——伊泰普水电站大坝，位于巴拉那河流经巴西、巴拉圭两国边境的河段。这里河水流量大，水流湍急，两国政府共同开发水力资源，历时16年，耗资170多亿美元，于1991年5月建成举世瞩目的伊泰普水电站。

水电站大坝全长7744米，宽196米。大坝拦腰截断巴拉那河，形成面积1350平方千米、库容290亿立方米的人工湖。电站安装了18台发电机组，总装机容量1260万千瓦，是世界单机容量最大的机组，年发电量可达750亿千瓦时。枢纽左岸属巴西，右岸属巴拉圭。主要建筑物自左坝头起有左岸土坝、左岸堆石坝、导流明渠及其控制建筑物混凝土重力坝和坝内泄水孔、主坝、发电厂房、右岸翼坝（混凝土大头坝）、溢流坝、右岸土坝等，枢纽全长7744米。发电厂房设在主坝和控制建筑物下游一侧，左岸堆石坝与导流明渠及其控制建筑物之间预留有后期扩建新发电厂房的位置。主坝为双支墩大头坝，最大坝高196米，长1064米，是世界上最高的大坝。

最大的石刻佛像

乐山大佛是世界上最大的石刻佛像，通体高71米，其中头部高14.7米，耳朵长7米，眼睛长3.3米，脚背宽8.5米。唐玄宗开元元年（713年）开始修建，贞元十九年（803年）完工，历时90年，坐落于四川省乐山市凌云山。

在唐代280多年的历史中，佛教一直是思想领域的重要支柱。生产力和科学技术的发展，为佛教雕塑艺术的发展提供了优越的物质基础和技术条件。唐代修建的佛像，不仅数量众多，而且规模宏大、工艺精巧，雕刻水平令人叹为观止。乐山大佛是弥勒坐像，由贵州名僧海通和尚首先募捐修建。海通圆寂后，四川节度使韦皋继续将其修建完成。

乐山大佛是直接在凌云山山崖上开凿的，地处岷江、青衣江和大渡河的交汇处。大佛坐东朝西，面江而坐，“山是一尊佛，佛是一座山”。佛像面目慈祥和善，眼睛半合，神态安详，双手放于膝上，端坐在山侧。大佛比例适度，体积感很强。佛像本来全身彩绘，并覆盖有宽60米的7层13檐楼阁，但楼阁在元代时不幸毁于战火中，之后就再没有重建。

今天，楼阁已经完全看不到了，大佛身上的彩绘也几乎看不出来，但是他雄伟壮观的姿态仍展现于世人面前，充分显示了我国古代劳动人民高超的雕刻技艺与智慧。

乐山大佛

乐山大佛是世界上最大的石刻弥勒佛坐像，也是唐代摩岩造像中的艺术精品之一。大佛双手抚膝、正襟危坐，造型庄严，佛像内的排水设施隐而不现，设计巧妙。

体育之最

古代奥运史上第一个冠军

首届古代奥运会的第一个冠军获得者是希达城邦的科莱巴。他是一位厨师，而且厨艺高超，常被富翁们重金聘请。公元前 773 年，第一届奥运会在距雅典 330 千米外的伊利斯城邦的奥林匹亚开幕，厨师科莱巴也兴致勃勃赶去参加。当时的奥运会只有赛跑一个项目，因为在远古时代，人类为了生存和寻找食物，早已自然而然地形成了人与兽之间的赛跑，跑步是人人都会的。

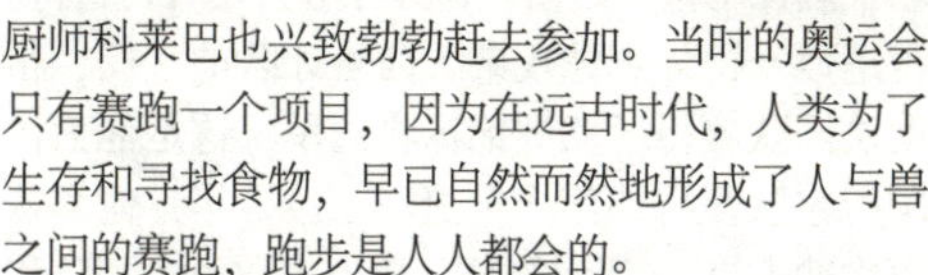

第一届雅典现代奥运会奖牌

1896 年雅典第一届现代奥运会上，主办国只给获得竞技项目前两名的参赛选手颁发金牌和银牌。但据说东道主希腊人认为金子俗气，所以金牌的主要成分是白银镀金，而银牌的主要成分是铜。

参赛者抽签分组，每个组的第一名进入决赛，决赛胜利者就是本届奥运冠军。厨师科莱巴以小组第一名的成绩进入了决赛，并领先一步冲过终点，成了历史上的第一个奥运冠军。

据说，厨师科莱巴一生都因这份荣誉而备受尊崇。他去世后，他的墓碑被立于伊利斯和希达之间，成为这两个强大城邦的边界石，并以此象征永久的和平。

现代奥运史上第一个冠军

第一届现代奥运会于 1896 年 4 月 6 日在希腊首都雅典开幕。这是历届奥运会举行月份最早的一次，东道主之所以将开幕式选在这一天，是为了纪念希腊反抗土耳其统治起义 75 周年。

现代奥运史上的第一个冠军是美国运动员康纳利。他在第一个项目三级跳远比赛中旗开得胜，以 13.71 米的成绩获得了现代奥运会历史上的第一个冠军。康纳利当时还是哈佛大学的学生，之前，校方并不同意他去雅典参加奥运会，但倔强的康纳利自费赶到雅典。他从雅典返回美国后，保守的哈佛大学竟因他“破坏校规”而开除了他的学籍。但半个世纪后，哈佛大学承认了自己的错误，并授予康纳利名誉博士学位，以肯定他对奥运会作出的贡献。

最早骑自行车环游世界的人

我国旅行家潘德明是最早骑自行车环游世界的人。1930 年，他参加了“中国青年亚细亚步行团”（共 8 人），开始徒步和骑自行车环球旅行。

他们从上海出发，当行至越南时，就只剩下潘德明一个人了。他继续前行，经东南亚、印度次大陆、中东、近东、非洲到达欧洲的巴尔干半岛，再转入中欧、斯堪的纳维亚半岛，然后从英国横渡大西洋，进入北美洲、中美洲，接着西渡太平洋，到达大洋洲，再抵达亚洲，最后于 1937 年 7 月回到上海。至此，潘德明历尽千辛万苦，延续七载，行程数万千米，途经 40 多个国家和地区的环球旅行正式结束。

潘德明

潘德明（1908 ～ 1976），浙江湖州人，自行车环球旅行家。他的环球旅行历时 7 年，行程数万千米，途经 40 多个国家和地区。

途中，潘德明自制了《名人留墨集》，全集共 260 页，有中外名人用世界各种文字书写的签名和题词，其

中包括 20 多位国家元首和政府首脑的手迹，以及世界各地 1200 多个组织团体和个人的签名题词。此集中还盖有潘德明所到各地大量的地方邮戳。在他的环球旅行中，世界文豪泰戈尔曾与他合影留念；英国首相麦克唐纳、土耳其总统凯末尔将军、美国总统罗斯福曾亲自接见他；印度圣雄甘地还赠与他一面印度国旗。

“鱼雷”索普

索普是澳大利亚历史上最出色的游泳运动员之一，5 枚奥运金牌得主。1998 年，年仅 15 岁的他就已经获得了游泳世界锦标赛的冠军。他在澳大利亚享有“鱼雷”之称。

蝉联“欧洲足球先生”次数最多的球星

法国名将普拉蒂尼是蝉联“欧洲足球先生”次数最多的球星，1983 年至 1985 年，普拉蒂尼连续三届蝉联“欧洲足球先生”的殊荣，堪称前无古人，后无来者。

普拉蒂尼出生在法国一个偏僻的山村里，受家庭熏陶，他从小就迷上了足球。1972 年，他加盟南希甲级俱乐部，为该队首次夺得法国杯赛冠军。1979 年，他转会至法国首强圣埃蒂安队，建立起了自己球星的地位。1982 年，他又转会至意大利尤文图斯队，在这里开创了他足球生涯中最辉煌的时代，成为全球最走红的球星之一，享有“任意球之王”的美誉。

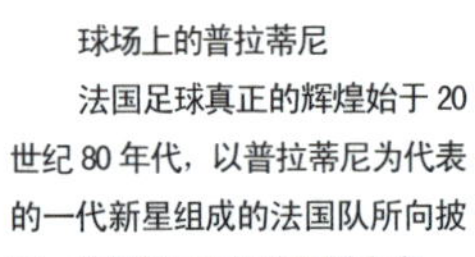

球场上的普拉蒂尼

法国足球真正的辉煌始于 20 世纪 80 年代，以普拉蒂尼为代表的一代新星组成的法国队所向披靡。普拉蒂尼现任欧足联主席。

1982 年，普拉蒂尼率领当时不被看好的法国队冲击第 12 届世界杯，并跻身前四名，震惊了世界足坛。1984 年 6 月 27 日，普拉蒂尼以一记任意球攻破了西班牙队的大门，帮助法国队赢得了欧洲锦标赛冠军，这是他为法国国家队赢得的第一个冠军。1986 年，他率队再次冲击第 13 届世界杯，接连击败意大利队和巴西队，但因意外负于德国队而未能捧杯，留下一段憾事。但普拉蒂尼和他的“铁三角”阵营，却给世界足坛留下了难以磨灭的记忆。

1986 年 11 月 19 日，普拉蒂尼告别了足坛。

游泳史上最年轻的世界冠军

在 1998 年游泳世界锦标赛上，年仅 15 岁的澳大利亚选手索普在同胞的助威声中，夺得了 400 米自由泳金牌，成为历史上最年轻的游泳世界冠军。

索普改写了世界游泳史上的多项纪录，尤其是 200 米和 400 米自由泳项目的纪录。在联邦运动会上他以 1 分 47 秒 24 的成绩打破了该运动会 200 米自由泳保持了 10 年的纪录，也是当时的世界纪录。这是游泳史上第 5 个最快的纪录，也是 5 年来最快的纪录。

索普在2000年悉尼和2004年雅典两届奥运上获得了5枚金牌，成为澳大利亚历史上最伟大的运动员之一。他在“世纪大战”200米自由泳比赛中的胜利，引爆了全澳大利亚的疯狂热情，连霍华德总理都盛赞索普“成为澳大利亚历史上最伟大的奥运冠军是巨大荣誉，是了不起的成就。”

奥运会篮球决赛的首任裁判员

奥运会篮球决赛的首任裁判员是中国人舒鸿。

1936年8月中旬的一天，德国柏林第11届奥林匹克运动会上，首次被列入奥运会项目的男子篮球比赛中，出任美国对加拿大队决赛裁判员的是一位鼻架眼镜、身材不高、黑瘦的黄种人。当时的场上只有他一人裁判。比赛紧张激烈，比分交替上升，时有精彩场面出现。裁判员执法严明、心明眼快，判罚公正、准确。最后美国队以18 ： 14取胜，获得冠军。赛后，该裁判员博得大会的一致称赞。这位裁判就是我国的舒鸿。

舒鸿（1894~1964），浙江慈溪人，我国早期体育专业的留美学生。他在美国斯普林菲尔德学院体育系毕业后，又继续攻读卫生学，获硕士学位。舒鸿回国后先后在上海、南京、杭州等地工作。1934年起，他任浙江大学体育部主任、教授，1952年离开浙大，先后任浙江体育学院副院长、杭州体育专科学校 校 长、 浙江师范学院副院长等职。

奖牌最贵的奥运会

第28届雅典奥运会可谓历届奥运会中奖牌最昂贵的一届。这届奥运会大约产生了3000枚奖牌，它们的总价值达到了令人咋舌的40万美元。

舒鸿

舒鸿是奥运会篮球决赛中的首任裁判。在1936年第11届奥运会的篮球决赛中，担任主裁判的他以高超的水平和公正的裁决，为中国赢得了荣誉。

希腊盼望了百年才等到奥运会的回归，不巧的是，奥运会这次回家正好赶上了国际金价大爆炸，因此本届奥运会的冠军捧到了最昂贵的金牌。

不包括在基础设施建设上的投入，第28届奥运会花费了约90亿欧元（约为116亿美元），是历史上最“昂贵”的一届奥运会。2000年的悉尼奥运会只用去了15亿美元，1996年亚特兰大奥运会的开支也只有17亿美元。而在雅典，这些钱只够用于支付安全防范方面的费用。

最早的奥林匹克村

奥林匹克村又称奥运村，是运动员的“家”，是举行奥运会不可缺少的一个组成部分。

经过几十届奥运会的发展演变，奥运 村逐渐扩充为庞大的建筑群。每届奥运会都要付出巨额资金来建筑这一宏大的工程。

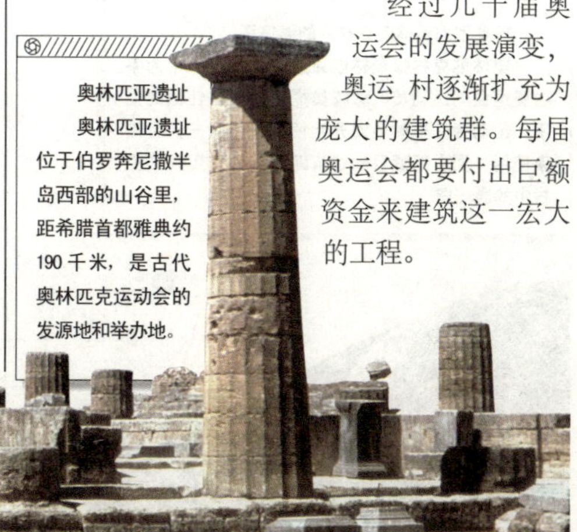

奥林匹亚遗址

奥林匹亚遗址位于伯罗奔尼撒半岛西部的山谷里，距希腊首都雅典约190千米，是古代奥林匹克运动会的发源地和举办地。

建筑奥运村的设想最早是由法国前橄榄球队队长伏·久查里克提出的。

1924年，为了纪念奥林匹克运动复兴30周年，表彰奥林匹克运动的奠基人、不久即将卸任的国际奥委会主席顾拜旦为奥林匹克运动作出的贡献，在国际奥委会诞生地巴黎举行了第8届奥运会。为开好这届奥运会，各种各样的设想和方案从法国各地寄到了巴黎奥运会筹委会。伏·久查里克建议兴建一座能容10万观众的体育建筑群和一个能安排2000人住宿的奥运村，这个设想得到了赞同。后来，筹委会在运动场旁盖了一排简易的房屋，这便是最早的奥运村。

距离最长的奥运火炬传递

2000年悉尼奥运会上，火炬传递首次在水下进行，穿越著名的大堡礁，创下了奥运史上火炬传递距离最长的纪录。

作为神圣的象征，火的历史可以追溯至史前。火在希腊历史上代表创世、再生和光明；在希腊神话中，火是火神与匠神赫菲斯托斯的象征，是普罗米修斯从宙斯手中盗得赠送给人类的礼物。

在古希腊每个城邦的中心，都有一个燃烧长明圣火的祭坛，家家户户都有长明圣火，以供奉女灶神赫斯提亚。在古奥林匹亚城的议事厅，有一个供奉赫斯提亚的祭坛，祭坛的圣火是用凹面圆盘或镜面聚焦太阳光点燃的，圣火永不熄灭。采集圣火的过程非常简单，但令人印象深刻。凹陷的光滑平面将阳光的热力汇集到焦点，最高女祭司将火炬伸到焦点处，将火炬点燃。

巴塞罗那奥林匹克村中的通信塔

奥林匹克村指奥林匹克运动会主办城市为参加奥运会的运动员、教练员提供的集中住宿的处所，运动会开幕前两周开始使用，闭幕三天后结束使用。图中那醒目的建筑即巴塞罗那奥林匹克村中的通信塔。

奥运圣火取火仪式

奥运会期间在主体育场燃烧的火焰即是奥林匹克圣火，它象征着光明、团结、友谊、和平、正义。

古希腊人火炬传递的宗教仪式每四年举行一次，以祭奠女神雅典娜。火炬传递的起点是普罗米修斯的祭坛，终点是设于古雅典卫城的女神雅典娜的祭坛。当时的火炬传递由40位来自10个雅典人部落的青年完成，全程2.5千米。

现代奥林匹克圣火点燃仪式与古希腊相同，也是由女祭司在奥林匹亚点燃，不同的是，圣火点燃仪式已转变为庆祝奥运会开幕的一项重要活动。在宣读运动员誓言后，奥运圣火被授予第一位火炬手，这也是火炬传递正式开始的标志。至今，奥运火炬传递的力量仍影响和打动着千万人的心。

最大的足球场

世界上最大的足球场是马拉卡纳体育场，球场设有15万个座位，300个包厢，可容纳20万名观众。

马拉卡纳体育场位于巴西里约热内卢市的马拉卡纳体育中心，建筑面积11.85万平方米，场内全部草坪面积14610平方米，足球场草坪面积为8250平方米。它不仅记录了巴西足球的历史，也记录了巴西球员和球迷的历史，被巴西人永久保留的雷米特杯就存放在这里。为了维护这一“足球遗产”，当地政府不惜重金对马拉卡纳体育场进行改造和加固。2000 年，经过改造后的马拉卡纳体育场已经成为一个著名的文化、体育和旅游中心。改造后的体育场不仅是世界上最大的体育场，同时也是世界上最现代化的体育场之一。

马拉卡纳体育场是为 1950 年 7 月在此举行的第 4 届世界杯足球赛而建的，巴西和乌拉圭的冠军争夺战就在这里打响。当时的观众有 19.9 万，而实际观战人数则达到了 25 万之多。迄今为止，这一惊人纪录仍为全球之最。

由于安全方面的原因，该球场目前只能容纳 10 万名观众。而朝鲜的“五 · 一”体育场可容纳 15 万人，是目前可容纳观众数量最多的综合性体育场馆。

【百科链接】

欧洲顶级足球俱乐部：

英超：利物浦、曼联、阿森纳。
西甲：皇家马德里、巴塞罗那。
意甲：国际米兰、尤文图斯、AC 米兰。
德甲：拜仁慕尼黑。
法甲：里昂。

最昂贵的体育场

位于法国巴黎郊区圣旦尼的法兰西体育场是世界上最昂贵的体育场。这座体育场专为承办 1998 年世界杯足球赛而建，耗资 4.66 亿美元。法兰西体育场由建筑师米歇尔 · 麦克利、艾莫里克 · 祖博里纳、米歇尔 · 里贾波尔和克劳德 · 康斯坦提尼等共同设计，由法国三大建筑公司布瓦吉斯公司、马赛大型运输公司和企业总公司联合承建。该体育场最引人注意的是它巨大的顶棚。据测算，建造这个顶棚所用的钢框架的总重量相当于埃菲尔铁塔的重量，但其所采用的支撑物却多数不易被人发现。正是在这个体育场，法国队战胜了巴西队，捧回了大力神杯。

法兰西体育场

法兰西体育场是为承办 1998 年世界杯足球赛而修建的，共耗资 4. 66 亿美元，是世界上最昂贵的体育场，该体育场可容纳 8 万名观众。

最早出现足球俱乐部的国家

英国是最早出现足球俱乐部的国家。1857 年，第一个足球俱乐部——谢菲尔德足球俱乐部成立，并确定了谢菲尔德规则。1863 年，第一个足球协会在英国成立。英国也是最早出现职业球员的国家。1885 年，职业化足球在英国首次得到法律认可，英国的足球俱乐部开始付酬招聘球员，从此职业足球开始在英国盛行。

英国是现代足球的发祥地，英国人对足球有着特别的情感。100 多年来，英国足球的发展蓬勃有力。

正因为其足球运动历史悠久，传统深厚，所以英国拥有最成熟的足球组织和最完善的足球管理机构，其联赛竞赛体系也相当的复杂。英国足球联赛体系是世界一流的，各级别联赛的划分非常合理，英国也是世界上联赛级别最多的国家，从超级联赛到英甲、英乙、英丙、英丁，到各地区的业余联赛。不同层次的球员都可以有组织地参与到足球运动中来。

马拉卡纳体育场

马拉卡纳体育场位于巴西著名旅游城市里约热内卢，是世界第一足球场，可容纳 20 万观众，被巴西人永久保留的雷米特杯就存放在这里。

获欧洲冠军杯次数最多的球队

获欧洲冠军杯次数最多的球队是西班牙皇家马德里队。

欧洲足球冠军杯联赛又称欧洲冠军联赛，是由欧洲各国联赛的冠军或前几名球队参加的一项足球赛事，由于其间云集了世界上最优秀的足球运动员，赛事水平为目前世界最高，所以又被人们称为“小世界杯”。欧洲冠军联赛于1957年正式开赛。

2007至2008赛季皇家马德里队全队合影

皇家马德里队原名马德里社会队，1920年6月由西班牙国王阿方索十三世授予皇家称号，球队因此更名为皇家马德里队。

皇家马德里队队徽

皇家马德里队的队徽最初是1902年根据章程确定的，后几经改变。如今，皇家马德里队的队徽与其大牌球队的身份相得益彰。

在欧洲足球冠军杯联赛历史上，战果最为辉煌的是西班牙皇家马德里队，该队分别于1956年至1960年、1966年、1998年、2000年以及2002年9次捧杯，是获得欧洲冠军杯次数最多的球队。1943年，圣地亚哥·伯纳乌就任皇家马德里队第10任俱乐部主席，他把实现皇家马德里队世界第一的目标视为自己一生的追求，努力寻找出色的教练和球员，造就了该队长久的辉煌。1998年，西班牙皇家马德里队被国际足联授予“世纪之队”的荣誉称号。

世界上最早的足球锦标赛

1930年7月13日，国际足联一致决议通过的第一届世界足球锦标赛（后称世界杯赛）在克服了重重困难后，终于在乌拉圭首都蒙得维的亚隆重开幕。

本届比赛没有预选赛，只要能来到乌拉圭的球队都能参加决赛阶段的比赛。此时正值1929年的经济危机爆发后不久，只有4支欧洲国家队与另外9支国家队参加了比赛。

揭幕战上，法国的洛昂攻入了第一个进球，并帮助法国队4 ： 1战胜墨西哥队。然而欧洲球队并没有取得更好的成绩。东道主乌拉圭队在决赛中4 ： 2战胜了阿根廷队，为乌拉圭在独立100周年纪念日赢得了一尊形似希腊神话中的胜利女神的纯金奖杯。

最远距离的有效投篮纪录

投篮技术是篮球运动中主要的进攻技术之一。它要求运动员不仅要有力量，还要有技术、技巧、准确度。重大比赛中，常会涌现出不少的神投手，神投手一次次的准确投篮和高难度的成功投篮总会给观众留下难忘的回忆。在激烈的比赛中，偶然地、超远距离地将球投中，更会给观众留下深刻的印象。1980年1月21日，在美国的一场篮球比赛中，球员勒·汉森在距离篮筐27.2米的地方将球投中，使观众目瞪口呆。随后，观众席上爆出了雷鸣般的掌声和欢呼声。

勒·汉森这次成功的投篮创造了世界上最远距离的有效投篮纪录，被载入篮球运动史册。

【延伸阅读】

世界篮球邮票之最知多少？

世界上第一次发行篮球邮票始于1934年，是菲律宾为纪念第10届远东运动会而设计发行的，全套3枚。

世界上第一枚女子篮球邮票是1950年问世的，由匈牙利发行。

1961年美国发行纪念篮球运动创始人——奈史密斯诞生100周年邮票，只1枚。

世界男子篮球锦标赛纪念邮票最早是由巴西发行的，时间是1954年。之后，巴西又发行了第一枚世界女篮锦标赛邮票，时间是1957年。

第一个能扣篮的女子篮球队员

扣篮技术的掌握与运用在当今世界男子篮球比赛中已习以为常，屡见不鲜，但女队员要掌握这项技术似乎是不可思议的。然而在20世纪80年代，美国女篮运动员谢里尔·米勒却很好地掌握了这一技能，成为第一个能扣篮的女子篮球队员。

谢里尔·米勒1964年出生在美国加利福尼亚州南部的黑维尔沙德城。从小受家庭影响，她6岁开始玩篮球，17岁就学会了扣篮，是美国优秀女子篮球运动员的第一号人物。她所掌握的篮球技术，在比赛中表现出来的力量、速度和作风、意志，与男子球星毫无区别，堪称第一个达到男子化的女子篮球运动员。

1984年，她在洛杉矶奥运会初露锋芒，比赛中她的得分、抢篮板球、助攻和抢断球都是全队第一名，封盖技术列全队第二名。她获得了美国大学生女篮1984年最佳运动员奖，更多次参加世界性大赛。1986年，她参加了第10届世界女子篮球锦标赛，帮助美国队夺得了冠军。就是在这届世界锦标赛中，她抢到前场篮板球后轻松自如地扣篮的举动，使在场的所有观众为之震惊，她因此获得了观众和篮球界人士的高度赞扬。

谢里尔·米勒

谢里尔·米勒出生在一个黑人体育世家，她身高1.92米，身体素质好，弹跳力相当强，退役后成了一名出色的体育解说员。

身材最高的篮球运动员

到目前为止，苏丹一名叫哈萨的运动员是世界男子篮球队中最高的运动员。哈萨22岁，身高2.62米，他把手臂伸起来能超出篮圈一大截。在世界性的篮球比赛中，他每场都要独得30分以上。世界女子篮球运动员中，最高的是美国加利福尼亚州恩格尔伍德的格温达琳·巴克曼，她的身高是2.13米。

美国职业篮球联赛（NBA）史上最矮的扣篮冠军是安东尼·韦伯。在1986年2月的扣篮锦标夺冠赛上，年仅19岁、身高只有1.70米的安东尼·韦伯在观众惊疑的目光下，原地纵跳1.27米，在空中完成了高难度的转体360度后将球扣入篮筐，博得了在场的1.6万名观众的喝彩，战胜了比他高得多的所有对手夺得冠军，并获得了1.2万美元的奖金。

正在扣篮的韦伯

在1986年的扣篮大赛上，韦伯凭借一双“弹簧腿”力压群雄，获得扣篮大赛冠军，震惊篮坛。